1

Hey Baby,
that's 4 you my
Sweet ♡
Best wishes
yr. Yaz 07

Die Leidenschaften erscheinen als unentscheidbar. Es werden ihnen zugleich schöpferische und zerstörerische Wirkungen zugeschrieben. Inspiriert durch die Arbeiten Foucaults untersuchen Krell und Weiskopf, wie durch heterogene Diskurse (zum Beispiel der Psychologie, des Managements, ...) die *Ordnung der Gefühle* - und zugleich der Geschlechter - erzeugt und damit den Leidenschaften ihr, nicht nur disziplinärer, Ort zugewiesen wird.
Eindämmen und Trockenlegen, Kanalisieren, Reinigen und Richten, Überfluten und Mobilisieren beschreiben vier Strategien der *Organisation der Ströme*, über die die Leidenschaften in die kontrollierten Kreisläufe der Ökonomie eingespeist werden - und das nicht ohne paradoxe Effekte.

Gertraude Krell, geboren 1952, ist Professorin am Institut für Management der Freien Universität Berlin. Richard Weiskopf, geboren 1963, ist Assistenzprofessor am Institut für Organisation und Lernen der Universität Innsbruck.

DIE ANORDNUNG DER LEIDENSCHAFTEN

PASSAGEN ÖKONOMIE

Gertraude Krell,
Richard Weiskopf

Die Anordnung der Leidenschaften

Passagen Verlag

Deutsche Erstausgabe

Gedruckt mit freundlicher Unterstützung des
Bundesministeriums für Bildung, Wissenschaft und Kultur in Wien.

Bibliographische Information Der Deutschen Bibliothek
Die Deutsche Bibliothek verzeichnet diese Publikation in der
Deutschen Nationalbibliografie; detaillierte bibliografische Daten
sind im Internet über http://dnb.ddb.de abrufbar.

ISBN-10: 3-85165-586-9
ISBN-13: 978-3-85165-586-5

http://www.passagen.at
Graphisches Konzept: Ecke Bonk
Druck: Manz Crossmedia GmbH & Co KG, 1051 Wien

Inhalt

Vorwort

Forschen hat etwas von einer Entdeckungsreise. Neugierig brechen wir auf, um ein uns noch unbekanntes Terrain zu erkunden. Begeistert betrachten wir das, was wir dort entdecken. Viele, denen wir von unserer Reise zur Erkundung der Leidenschaften erzählt haben, teilten unsere Neugier und Begeisterung. Und häufig folgte auf dem Fuß der Wunsch nach dem Reisebericht.

Über das Ziel der Reise, über Wege und Stationen und damit über den Inhalt des Reiseberichts gab und gibt es jedoch höchst unterschiedliche Vorstellungen. Für einige steht fest, dass der Zweck einer solchen Forschungsreise einzig und allein darin bestehen kann herauszufinden, was und wie die Leidenschaften denn nun „wirklich“ sind, was ihr „Wesen“ ausmacht, um welche Sorte von Gefühlen es sich handelt – und welche Kriterien geeignet sind, sie von anderen Sorten fein säuberlich abzugrenzen. Diese Gruppe von Interessierten müssen wir enttäuschen, denn unsere Entdeckungsreise hat andere Ziele und nimmt andere Wege. Unser Interesse gilt den Leidenschaften als Erkenntnisobjekt von Wissenschaftsdisziplinen, als Objekt disziplinärer Ordnungsversuche und schließlich als Gegenstand des Managements. Wir folgen also den Spuren derer, die sich die Anordnung der Leidenschaften zur Aufgabe gemacht haben, um diese „gewaltigen Kräfte“ begreifbar, klassifizierbar, beherrschbar und schließlich auch nutzbar zu machen. Bedient haben wir uns dabei der „Werkzeugkiste“ Michel Foucaults. Ihre Nutzung lenkt den Blick auf Sehens-Würdigkeiten, die uns ohne diese Orientierungshilfen verborgen geblieben wären, weil wir den Weg dorthin gar nicht gewählt oder weil wir, hätten sie an unserem Weg gelegen, achtlos an ihnen vorbei gegangen wären. Für diejenigen, die eine solche Reise lohnenswert finden, ist unser Reisebericht geschrieben.

Auch wenn die Reise und deren Dokumentation das Projekt von uns beiden ist, so wäre beides doch nicht möglich gewesen ohne die Unterstützung von FreundInnen und KollegInnen. Für Anregungen und Rückmeldungen danken wir Elisabeth Brauner, Iris Daermann, Martina Dören, Karin Hausen, Monika Huesmann, Stephan Manning, Bernhard Mark, Renate Ortlieb, Günther Ortmann, Stefan Salzgeber, Barbara Sieben, Arnold Windeler und Tilo Wesche. Bedanken möchten wir uns auch bei Monika Neitzke, die uns geholfen hat, das Manuskript Korrektur zu lesen und in eine druckfertige Form zu bringen, und bei Kristina Riegger und Birgit Voge, die uns bei der Quellenbeschaffung unterstützt haben. Und zu guter Letzt ein ganz besonderes Dankeschön an Johanna Hofleitner vom Passagen Verlag für ihre geduldige und ermutigende Begleitung unseres Projekts.

Annäherungen

Eintauchen

To be in passion, you good may do,
but no good if passion is in you.
William Blake

Das Bild hat eine surrealistische Komponente. Teile zertrümmerter Maschinen umgeben einen blutverschmierten Körper, der von Sägespänen nur zum Teil bedeckt ist. Es ist der Körper des Sägewerksbesitzers eines kleinen schwäbischen Dorfes. Man findet ihn an einem Septembermorgen, kurz vor Sonnenaufgang. Alles weist auf ein Gewaltverbrechen hin. Vier Personen werden der Tat verdächtigt.

Der Bruder des Opfers widersetzte sich als Jugendlicher dem Wunsch des Vaters, in dessen Fußstapfen zu treten, eine Lehre als Holzkaufmann zu absolvieren und gemeinsam mit dem unglücklichen Opfer das Sägewerk zu übernehmen. Er konnte sich weder für Geschäfte noch für umgeschnittene Bäume *begeistern*. Seine Leidenschaft galt der Musik. Schon als Kind träumte er davon, einmal der Miles Davis des Schwabenlandes zu sein. Er studierte Musik und wurde Trompeter. Bei einem entscheidenden Wettbewerb schaffte er es, einer der letzten drei Teilnehmer zu werden. *Besessen* von der Vorstellung, er würde gewinnen, wenn er nur endlich eine Larasse-Trompete hätte, wendete er sich an seinen Bruder. Dieser willigte ein, ihm das Geld für das für ihn unbezahlbare Instrument zu geben. Als Gegenleistung verlangte er die Unterschrift unter eine Vollmacht. Der Musiker, für den nur die Erfüllung seiner *Sehnsucht* zählte, unterschrieb das Dokument, ohne auf das Kleingedruckte zu achten. Er kaufte das begehrte Objekt und gewann tatsächlich den Wettbewerb. Erst später wurde ihm klar: Er hatte sich dazu *hinreißen* lassen, seine Unterschrift unter eine Verzichtserklärung auf sein Erbe zu setzen. Er versuchte, die Sache rückgängig zu machen. Vergeblich. Selbst dann noch, als akutes Asthma seinem Traum von der Karriere als Musiker ein jähes Ende bereitete, blieb der Bruder, der im Geld zu schwimmen schien, hart. Am Abend vor der Tat bat der gescheiterte den erfolgreichen Bruder ein letztes Mal um finanzielle Unterstützung. Doch statt Geld erntete er nur Hohn und Spott. Der

Geizhals schien das Ganze noch zu genießen. Dem Geprellten blieb nur der *Hass*. Die Situation eskalierte ...

Am Vortag der Gewalttat wurde ein Arbeiter des Sägewerks fristlos entlassen, und sein Chef vollzog den Akt der Kündigung auch noch als ein Ritual der Demütigung. Am Boden zerstört, machte sich der Mann auf den Heimweg. Dass dann auch noch seine Frau wenig Verständnis und Mitgefühl zeigte und es zu einer weiteren Auseinandersetzung kam, brachte das Fass zum Überlaufen. Er geriet *außer sich*. Hals über Kopf verließ er das Haus. Nachdem er eine Weile ziellos durch die Gegend gerast war und sich schließlich in der Nacht verlor – *lost highway* –, fand er sich plötzlich vor dem Sägewerk wieder. Ein gefährliches Gemisch aus Verzweiflung, Enttäuschung, Wut, Hass und Selbstmitleid schien sich ein Objekt zu suchen ...

Die Lebensgefährtin des Opfers litt schon lange unter dessen Faible für genormte Bretter, welche sie als Tristesse empfand. Auch im Bett lief nicht mehr viel. Im Laufe der Zeit hatte sich die einst erfüllende Liebesbeziehung in einen zähen Kleinkrieg gewandelt, in dem er seine männliche Größe durch die kontinuierliche Abwertung seiner Partnerin zu erhalten suchte. Das trug wahrscheinlich mit dazu bei, dass sie sich auf eine verhängnisvolle Affäre einließ – ausgerechnet mit dem Neffen des Sägewerksbesitzers. Am Abend vor der Tat musste der Lebensgefährte das Ungeheuerliche entdecken. Die Antwort war kurz, aber heftig: Er würde sofort sein Testament ändern und den gesamten Besitz nicht ihr, sondern seinen treuen Kameraden vom Jagdverein vererben. Am Morgen, nachdem die Leiche gefunden worden war, rief sie sofort den Geliebten an. Dieser schwor ewige Liebe und drängte sie, das neue Testament zu vernichten. Für ihn würde sie alles tun. Also verbrannte sie das Testament. Die Spuren der Tat blieben allerdings dem Kommissar und seinen professionellen Helfern nicht verborgen. Und sie drängten ihnen die Frage auf, was sie in ihrem *Liebeswahn* noch alles getan haben könnte ...

Der Neffe des Sägewerksbesitzers war hoch verschuldet. Für ihn hatte es sein Vater auf sich genommen, den reichen Bruder noch ein letztes Mal um Geld zu bitten. Jetzt erpresste der Sohn den Vater. Würde er dem Vater ein Alibi geben, das heißt bestätigen, zur Tatzeit zu Hause gewesen zu sein, wäre dieser nicht mehr verdächtig und könnte das Erbe antreten. Als Dank für die Gefälligkeit hätte der Sohn allerdings gerne selbst die entsprechende Summe ausbezahlt. Er will nicht nur seine Schulden begleichen, sondern raus aus der Enge des Dorfes. Mit dem Erlös für den schon in die Wege geleiteten Verkauf des Sägewerks wäre er ein gemachter Mann. Wie sich freilich bald herausstellte, war die Geliebte nicht Teil dieses Projekts, sondern nur ein nützliches Werkzeug, um ihm den Weg in die weite Welt zu ebnen. An diesem Punkt der Ermittlungen drängte sich dem Kommissar die Frage auf, wie weit der junge Mann in seiner *Habgier* gegangen war ...

Aber auch der Kommissar selbst erscheint im Zwielicht. Schon vor der Tat war er im näheren Umkreis des Ortes des Verbrechens gesehen worden. Eigentlich wollte er ja nur im nahen Stuttgart seiner Ex zum Geburtstag gratulieren. Schon vor einiger Zeit hatte diese ihn verlassen, weil ihn die Arbeit zu sehr vereinnahmt hatte. Dennoch gab er nie die Hoffnung auf, sie zurückzugewinnen, und sofern es der Dienst erlaubte, wurde er auch aktiv. Der Geburtstag erschien ihm als ideale Gelegenheit, sich ihr wieder zu nähern. Doch dazu sollte es nicht kommen. Stattdessen musste er mit ansehen, wie ein anderer die Begehrte abholte und mit ihr im flotten Cabrio in Richtung Schwäbische Alb davonfuhr. Die Eifersucht ließ ihn die Verfolgung bis in jenes Dorf aufnehmen, in dem später das Verbrechen geschehen wird. Dort angekommen, beobachtete er verstohlen durchs Fenster des Landgasthofs die beiden beim romantischen Dinner im Kerzenlicht. Aber damit nicht genug: Er musste es genau wissen. Mithilfe seines Dienstausweises verschaffte er sich beim Personal Gewissheit über die Ordnung der Gemächer. Höchst peinlich, als diese Handlung später – noch dazu in Gegenwart seines Mitarbeiters – ans Tageslicht kam. Wozu hatte er sich doch in seiner *blinden Eifersucht* hinreißen lassen?

Diese Szenerie ist natürlich frei erfunden. Nicht von uns. Der Autor eines Kriminalromans[1] und der Regisseur des darauf basierenden *„Tatorts“* haben die Figuren, Motive und Geschehnisse so angeordnet und liefern uns damit eine Vorlage, die wir etwas frei variiert haben, um einige Facetten des Phänomens zu illustrieren, um das es uns hier geht: die Leidenschaften.

Ambivalenz der Leidenschaften

Nicht nur im *„Tatort"* begegnen uns die Leidenschaften oder Passionen in vielerlei Gestalt: Aristoteles bezeichnet die Begierde, den Zorn, die Angst, die blinde Zuversicht, den Neid, die Freude, die Freundschaft, den Hass, die Sehnsucht, die Missgunst und das Mitleid als Passionen beziehungsweise Affekte.[2] Immanuel Kants Auflistung der Leidenschaften enthält die Freiheits- und Geschlechtsneigung sowie die Ehrsucht, die Herrschsucht und die Habsucht.[3] Liebe, Hass und Neid sind Gegenstand der *„Psychoanalyse der Leidenschaften"*, die Peter Kutter präsentiert.[4] Es gibt Studien über *„Wissen als Leidenschaft"* [5], über *„Die Leidenschaft der Erkenntnis"* [6] – und diese Aufzählung ließe sich noch beliebig fortsetzen.

Worin soll nun der gemeinsame Nenner dieser heterogenen Leidenschaften bestehen? Schon die Etymologie macht uns darauf aufmerksam, dass die Leidenschaft oder die Passion einerseits mit dem (Er-) Leiden und andererseits mit der Passivität (Passion im Unterschied zu Aktion) verknüpft ist.[7] Niklas Luhmann zeichnet in *„Liebe als Passion"* nach, dass die Begriffe Leidenschaft und Passion ursprünglich für einen Gemütszustand standen, in dem man sich passiv (er-)leidend statt aktiv handelnd erfährt.[8] Erst seit der zweiten Hälfte des 17. Jahrhunderts wird Passion mit Aktivität verbunden beziehungsweise als „leidenschaftliches Handeln" verstanden.[9]

Agnes Heller, die die Leidenschaften in ihrer *„Theorie der Gefühle"* diskutiert, betont die *Intensität der Wünsche beziehungsweise des Begehrens*, die sich auf einen Menschen, eine Sache oder eine Idee richten kann.[10] In das Engagement für das Objekt des Begehrens ist die *ganze Persönlichkeit involviert.* Für diejenigen, die von einer Leidenschaft getrieben oder besessen sind, versinkt alles andere in die Bedeutungslosigkeit. Den Leidenschaften wird zugeschrieben, die Fähigkeit zur reflexiven Distanzierung und, verbunden damit, auch die Fähigkeit zum verantwortlichen Handeln auszuschalten. Dieser Auffassung zufolge bewirkt Leidenschaft eine Missachtung beziehungsweise Überschreitung aller Grenzen. Der Musiker ist so besessen davon, den Wettbewerb zu gewinnen, dass er blind unterschreibt und dafür den Preis des Verzichts auf sein Erbe zahlt. Die Eifersucht und der Wunsch, die Gunst der Exfreundin wiederzuerlangen, treiben den ansonsten korrekten und auf Korrektheit bedachten Kommissar zum Missbrauch seiner Amtsmacht und zur Überschreitung seiner Befugnisse. Aus leidenschaftlicher Liebe lässt sich die Lebensgefährtin des Ermordeten dazu hinreißen, das Testament zu vernichten ...

Dass Leidenschaften Kräfte sind, die Menschen dazu bringen, alles andere zu *vergessen* und *Grenzen zu überschreiten*, wird schon im alltäglichen Sprachgebrauch deutlich: Man ist von Sinnen, verliert die Kontrolle, ist außer sich, vergisst sich und so weiter. Von der Gewaltigkeit dieser Kräfte zeugen auch Metaphern wie *hingerissen sein*, *in einen Strudel* beziehungsweise *Sog geraten* oder *überflutet werden*, *Feuer fangen* oder *brennen*. Diese Metaphern verdeutlichen darüber hinaus die mit den Leidenschaften – beziehungsweise mit deren Bewertung – verbundene *Ambivalenz*.

Dass die Leidenschaften zur Überschreitung von Grenzen tendieren, bedeutet aber nicht unbedingt, dass sie rationale und kalkulierte Handlungen oder strategische Überlegungen ausschließen. Wer von Hass oder Liebe getrieben ist, reflektiert vielleicht nicht das übergeordnete Ziel, das seinen oder ihren Anstrengungen eine Richtung verleiht, kann jedoch höchst kalkuliert vorgehen: „je mehr Leidenschaft, desto mehr Umsicht und durchdachte Verhaltensplanung", konstatiert Luhmann.[11] Auch Heller betont, dass die Leidenschaften „kalt und berechnend" sein können.[12]

Vielfach wird die Unerreichbarkeit des begehrten Objekts als konstitutiver Bestandteil der Leidenschaften gesehen – und damit deren Leidenscharakter begründet. So schreibt Georges Bataille: „Die Leidenschaft verwickelt uns auf diese Weise in das Leiden, denn sie ist im Grunde das Streben nach etwas Unmöglichem."[13] Die Unerreichbarkeit des Objekts der Begierde verleiht den Leidenschaften ihren mitunter tragischen Charakter, der aber zugleich auch den lustvollen und bewegenden Charakter ausmacht. Hans Peter Dreitzel hat diese Sichtweise anschaulich artikuliert. Für ihn ist eine Leidenschaft „eine sehnsuchtsvolle emotionale Fixierung auf ein unerreichbares Ziel. Sie ist Leiden, weil ihre Sehnsucht nicht gestillt wird; sie ist ständiger Antrieb wegen ihrer

Fixierung; und sie ist spannend und angespannt, also lustvoll, wie eine erotische Erregung."[14]

Von der Intensität jenes Antriebs als einer Quelle von Inspiration und Kreativität weiß auch Nick Cave zu berichten, der wie kaum ein anderer in der modernen Rockmusik die Leidenschaften in all ihrer Ambivalenz zum Ausdruck bringt. Gegenstand einer Vorlesung, die er unter anderem in Wien hielt, ist *„The Secret Life of the Love Song"*.[15] Dort reflektiert er über die Kraft, die ihn im Laufe von 20 Jahren an die 200 „love songs" produzieren ließ: „My artistic life has centred around the desire or more accurately, the need to articulate the various feelings of loss and longing that have whistled through my bones and hummed in my blood, throughout my life." Und dies scheint an kein Ende zu kommen: „Twenty years of song-writing have now past and still the void gapes wide." Durch die Unerfüllbarkeit ist das Begehren eine unerschöpfliche Kraftquelle für immer neue Kreationen. Aber auch für Destruktionen.

Nicht nur im und am *„Tatort"* wird aus Leidenschaft zerstört und gemordet. Als Resultat ihrer *„Expeditionen in die Niederungen der Leidenschaft"* gelangen zum Beispiel Cheryl Benard und Edit Schlaffer zu dem Schluss, dass die Leidenschaften angesichts von Mord und Totschlag, Wutausbrüchen und Vernichtungsorgien, denen sie bei ihren Erkundungen begegneten, „schon eher ins Reich der Pathologien [gehören]".[16] Aber dennoch, fahren sie fort, wird kaum jemand vor sich und anderen als völlig „leidenschaftslos" gelten wollen. Wie den Gefühlen im Allgemeinen wird den Leidenschaften nicht nur ein Gegenpol zugeordnet, sondern zwei: Neben der Gegenüberstellung von Leidenschaften und Verstand, Vernunft, Rationalität, bei der herkömmlich die Leidenschaften das Negativvorzeichen erhalten, gibt es die von Leidenschaften und Leidenschaftslosigkeit, bei der die Leidenschaften in der Regel mit dem positiven Vorzeichen versehen werden. Damit „wird aus der ordentlichen Dialektik der Gegensätze eine verworrene Dreiecksgeschichte".[17] Bei Heller ist das Gewicht etwas verschoben. Sie konzediert zunächst, man könne zwar den Leidenschaften weder Größe noch Bedeutung abstreiten.[18] Weil sie aber alles andere in den Hintergrund drängen oder gar „ausrotten", beinhalten für sie die Leidenschaften immer auch etwas Widersprüchliches: Leidenschaft „macht einen blind" *und* „läßt einen mehr sehen".[19]

Noch verworrener und widersprüchlicher wird es, wenn uns vor Augen gehalten wird, welche Entwicklungen Leidenschaften nehmen oder bewirken können. Eine Passion kann zur Obsession werden. Der Enthusiasmus als die Leidenschaft für Ideen kann zum Fanatismus werden beziehungsweise führen. Wer entflammt ist, kann ausbrennen. Liebe kann in Hass umschlagen. Am Beispiel von Liebe und Hass bemerkt Luhmann, dass diese im Code der romantischen Liebe zwei Seiten beziehungsweise Ausdrucksformen „einer im Grunde einheitlichen Passion“[20] markieren. Liebe und Hass sind hier keine gegensätzlichen Positionen, die klar abgegrenzt sind und sich wechselseitig ausschließen. Der Code schreibe vielmehr vor, dass wer für seine Liebe keine Gegenliebe findet, den oder die Geliebte hassen muss. Genau in dieser wechselseitigen Abhängigkeit von Liebe und Hass finde die (leidenschaftliche) Liebe ihre Besonderheit, die sie etwa von der Freundschaft unterscheide.

Diese paradoxe Verfassung spricht auch Slavoj Žižek an, der den *exzessiven* Charakter der Leidenschaften noch dort entdeckt, wo man ihn nicht vermuten würde. Der Exzess (das exzessive Begehren) manifestiere sich nicht nur in der Verschwendungssucht, sondern auch in der gegenteiligen Leidenschaft, dem *Geiz*. Der Geizhals mache gerade die Mäßigung zum Exzess. Um das Geheimnis des Begehrens zu verstehen, sollten wir, so Žižek, nicht den Mörder oder den Liebhaber, „die Knechte ihrer Leidenschaft sind und alles und jeden für diese opfern würden“,[21] studieren, sondern uns die Einstellung des Geizhalses gegenüber seiner Geldtruhe vergegenwärtigen. Der Geizhals, so Žižek weiter, hortet, hält zurück – und scheint sich deshalb auf den ersten Blick zu versagen, dem Begehren nachzugehen und zu genießen. Ein zweiter Blick offenbart jedoch, dass hier der Genuss genau im Verzicht besteht. In der Figur des Geizhalses fallen Exzess und Mangel, Macht und Ohnmacht, „geiziges Horten mit der Erhöhung des Objekts zum verbotenen/unberührbaren Ding, das man nur beobachten, aber nie völlig genießen kann“,[22] zusammen. Für Žižek offenbart sich in dieser Figur die „wahre Struktur“ des (exzessiven) Begehrens, das sich zum obsessiven Wahnsinn steigern kann. Das ist es auch, was uns entsprechend dem Diskurs der Psychoanalyse im Sinne Žižeks zu einem menschlichen Wesen macht, das sich vom rational-utilitaristischen Subjekt unterscheidet: jene „tragische ‚menschliche‘ Beziehung zu dem absoluten Objekt ..., das unser Begehren gerade wegen seiner Unerreichbarkeit für immer fesselt“.[23]

Hier wird einmal mehr jene „Fixierung“ auf ein Objekt angesprochen, die Menschen zu einer ständigen Erneuerung treibt, aber auch auf Irr- und

Abwege führt (sei es in moralischer, ökonomischer oder ästhetischer Hinsicht). Heller spricht hier davon, dass die Leidenschaft zur Sucht werden kann, und bezeichnet sie deshalb als „dämonisch".[24]

Die Leidenschaften lassen sich also nicht eindeutig zuordnen: weder der Rationalität noch der Irrationalität, weder dem Guten noch dem Bösen, weder der Aktivität noch der Passivität, weder der Produktivität noch der Destruktivität, wenn überhaupt, dann dem *Unentscheidbaren.*[25] Sie sind vergleichbar mit dem *pharmakon*,[26] das zugleich das Gift und das Heilmittel bezeichnet – und darüber hinaus eine „Substanz", in die diese Ambiguität eingeschrieben ist. Wie das Wasser (oder auch das Feuer[27]) erscheinen die Leidenschaften als Leben spendende und erhaltende Energien oder Produktivkräfte und zugleich als (Natur-)Katastrophen oder bedrohliche Destruktivkräfte.

Wasser als Symbolreservoir

Verweilen wir ein wenig beim Wasser, dessen metaphorischer Gehalt im Zusammenhang mit den Leidenschaften generell und auch bei unserer Erkundung eine wichtige Rolle spielt.

Für Hartmut Böhme[28] ist das Wasser eine zugleich Tod bringende und Leben erzeugende Kraft, die eine Reichhaltigkeit von Deutungen und Wertungen evoziert. Die naturphilosophische Position, so Böhme, betone die erotisch-mythische, kreative Komponente des Wassers.[29] In der Bibel dagegen sei von diesem erotischen Moment des Wassers nicht die Rede, sondern nur von der als destruktiv und chaotisch charakterisierten Urflut.

Wegen seines Reichtums und der Evidenz seiner Erscheinungen sei das Wasser ein „Reservoir kultureller Symbolwelten".[30] Dafür nennt er zahlreiche Beispiele, wobei das erotische Moment im Mittelpunkt steht: das Sich-Versenken, das Dürsten nach der Geliebten, das Eintauchen in die Geliebte, das Gleiten im Glück der zärtlichen Sexualität, das Untergehen im Strudel der Lust, aber auch das Aufbrausen des Zorns ...[31]

In diesem Zusammenhang wirft Böhme die Frage auf, ob das Wasserhafte des Eros nur auf eine Metaphorisierung zurückzuführen sei oder (im Sinne der Leibphänomenologie) eine „Realanalogie" darstelle. Er tendiert zu Letzterem, wenn er die Metaphern als „sachlich zutreffende Sprachzeichen, die dem Zusammenhang von leiblichen Gefühlen und der Erscheinungsstruktur von Elementen entsprechen"[32] markiert.

An anderen Stellen argumentiert Böhme allerdings eher im Sinne der Diskursanalyse und postuliert, um die mit dem Wasser verbundenen kulturellen Symbolwelten zu verstehen, müssten sie mit der Geschichte der Entstehung von Subjektivität verbunden werden, vor allem mit den Formen des Gefühls und der Imagination. Hier nennt er die Affekte, den Wunsch, das Begehren, den Traum, die Phantasie und schließlich die Bildung des Unbewussten. Aus diesem Kontext stammt auch seine Bemerkung, etwa um 1800 werde das Wasser „zu dem Symbolreservoir, das die Entdeckung des Unbewußten speist sowie dieses auch strukturiert".[33]

Aus diesem Symbolreservoir schöpft auch Immanuel Kant, der Philosoph, der im folgenden Kapitel noch ausführlich zu Wort kommen wird. Er grenzt die kurzfristigen Affekte von den langfristigen Leidenschaften ab und beschreibt deren Wirkungsweise: „Der Affekt wirkt wie ein Wasser, was den Damm durchbricht; die Leidenschaft wie ein Strom, der sich in seinem Bette immer tiefer eingräbt."[34]

Aus diesem Symbolreservoir schöpft auch Sigmund Freud. Der Begründer der Psychoanalyse spricht vom „ozeanischen Gefühl",[35] also einem Gefühl von etwas Unbegrenztem, Schrankenlosem, einem Gefühl der unauflösbaren Verbundenheit, in dem die Grenzen des Ichs verfließen. Dieses Gefühl, das von manchen als „Rückkehr zu den Wassern des Ursprungs" besungen und von anderen als Grundlage jeder „wahren Religion" gesehen wird, konnte Freud nach eigener Aussage jedoch „nie in [sich] entdecken".[36] Er tendierte deshalb dazu, es im Reich des Pathologischen anzusiedeln.

Aus diesem Symbolreservoir schöpft auch die Jungianerin Joanne Wieland-Burston. Sie berichtet zunächst, dass in der Psychoanalyse das Wasser als Symbol für das Chaos, das Unbewusste, die Emotionen gilt, und betont einmal mehr die Ambivalenz jener „Urkraft des Chaos", der gleichermaßen furchtbare und fruchtbare Potenziale innewohnen.[37] Das Furchtbare und damit Furchterregende liegt in der Möglichkeit der Überflutung. Das Fruchtbare und damit Produktive liegt in der Leben spendenden Kraft des Wassers, das die Wüsten zum Blühen bringt. „In einem konkreteren menschlichen Sinn ist das Chaos all das, was undifferenziert oder unbewußt ist; oft sind es die Emotionen, deren negative Prägung von der Tatsache herrührt, daß sie abgelehnt werden. Doch sobald sie angenommen und gewürdigt werden können, bereichern sie den Menschen. Er kann seine einst unannehmbaren Emotionen dann begreifen und in sein Selbstbild integrieren. Auf diese Weise wird das Chaos fruchtbar; wir fühlen uns durch das ihm eigene Fließen und die ihm eigene Dynamik belebt."[38] Mehr noch: Folgt man den JungianerInnen, dann sind wir sogar auf der Suche nach dem Chaos und werden angetrieben von einer „geheimen Lust am Chaos".[39]

Aus diesem Symbolreservoir schöpfen auch der Philosoph Gilles Deleuze und der Psychiater Félix Guattari, ein Schüler und zugleich

Kritiker von Jacques Lacan: „Wer spürte nicht das Lava wie das Wasser in den Strömen seines Wunsches?“,[40] fragen diese beiden Autoren in ihrem *„Antiödipus“*. Hier sind es die „Wunschmaschinen“ des Unbewussten, die produzieren. Die „Wunschmaschinen sind im Tiefen und im Flüssigen in ihrem Element“, schreibt dazu Henning Schmidgen.[41] Ihm zufolge gelangen Deleuze und Guattari mit ihrer Konzeption der Wunschmaschinen in „das tiefe Wasser“.[42] Anders als in der klassischen Psychoanalyse gilt das Unbewusste hier allerdings nicht als Ort oder Sammelbecken der verbotenen und verdrängten Wünsche, sondern vielmehr als eine Kraft, die ähnlich der Libido auf Realisierung in der Welt drängt und sich dort auch manifestiert, wenn sie nicht gewaltsam am Fließen gehindert wird oder worden ist. Deleuze und Guattari charakterisieren diese Kraft des Begehrens als „revolutionär“.[43] Sie produziert, schafft, schöpft und hält sich nicht an Vorgaben. Aus Sicht der OrdnungshüterInnen erscheint sie deshalb als bedrohlich.

Aus diesem Symbolreservoir schöpft auch Klaus Theweleit in seinem Buch *„Männerphantasien“*,[44] dem wir eine Vielzahl von Anregungen verdanken. Gestützt auf die Arbeiten von Deleuze und Guattari untersucht er die Wunsch-/Begehrensproduktionen der soldatischen Männer im Faschismus und folgt den Strömen deren Begehrens. Die Metapher der „Flut“, die Theweleit in den literarischen Repräsentationen faschistischer Autoren immer wieder findet, ist für ihn ein Sinnbild für die Angst vor der revolutionären Macht des Begehrens, ein Bild, das sowohl die Bedrohlichkeit als auch die Attraktivität der „tiefen Wasser“ zum Ausdruck bringt. Die „Flut“ steht für die Gefahren des Versinkens, des Ertrinkens, des Verschmelzens, des Ich-Verlusts, der Auflösung und Überschreitung von Grenzen und zugleich für die Lust des Gleitens auf den Wellen, des Hin- und Mitgerissen-Werdens.

Aus diesem Symbolreservoir schöpft auch Michel Leiris, Ethnologe, Dichter und Anhänger des Surrealismus. In einem seiner Gedichte heißt es: „Welche schöne Fahrt auf der Oberfläche dieser Katastrophe. Man muß das Wasser lieben das hereinbricht und den Boden überschwemmt“,[45] womit einmal mehr die (angst-?)lustvolle Komponente betont wird.

Aus diesem Symbolreservoir schöpft auch Georges Bataille, der Denker der Überschreitung und des Exzesses, der sich durch Michel Leiris inspirieren ließ. Für ihn ist der Mensch als erotisch-ekstatisches Wesen grundlegend durch die Leidenschaften bestimmt und „kann nie unabhängig von diesen Regungen [der Leidenschaften] verstanden werden".[46] Bataille sieht den Menschen als vereinzeltes, diskontinuierliches Wesen, das sich nach einer verlorenen Kontinuität zurücksehnt und von dieser Sehnsucht geprägt und bestimmt ist. In seinem Buch *„Die Erotik"*, das er Leiris widmet, schreibt er: „Die Sehnsucht, von der ich spreche, hat nichts zu tun mit der Kenntnis der von mir angeführten grundlegenden Gegebenheiten. Man kann darunter leiden, nicht so in der Welt zu sein wie eine Welle, die sich in der Vielfalt der Wellen verliert, ohne etwas von den Entzweiungen und Verschmelzungen der einfachsten Wesen zu wissen."[47]

Aus diesem Symbolreservoir schöpft schließlich auch der Geschlechterdiskurs, der die Verbindung zwischen Wasser und Frau beziehungsweise „Weiblichkeit" herstellt. So schreibt zum Beispiel Elaine Morgan[48] die Geschichte der Entstehung der Menschen neu: als Geschichte der Mensch(in)werdung aus dem Wasser. In dieser Geschichte stiegen die Vorfahren des Menschen nicht von den Bäumen herunter, fanden Grasland vor und wurden Jäger. Vielmehr waren die Primaten gezwungen, ins Meer zu gehen, und entwickelten im und am Wasser (in einem Zeitraum, der immerhin rund zwölf Millionen Jahre umfasst) jene Formen, die die Affen zu Menschen werden ließen. Die Hauptrolle in dieser – merkwürdigen – Geschichte spielt *sie*, die Äffin. In Morgans Geschichte war sie es, die in der Geschichte der Menschwerdung den entscheidenden Schritt tat. In der „Wasserperiode" entwickelten sich, so Morgan, die lebensfreundlichen Eigenschaften des Menschengeschlechts, die sie vorwiegend den weiblichen Vormenschen zuschreibt. Theweleit, der Morgans Buch ausführlich rezipiert, bescheinigt ihr, sie stelle eine Verbindung zwischen Frau und Wasser her, die keineswegs mythologisch sei.[49] „Wenn ihr Buch mit den Worten schließt: ‚Wir brauchen weiter nichts zu tun, als liebevoll die Arme ausbreiten und zu sagen >Komm nur herein! Das Wasser ist herrlich<' – ... spricht sie den Wunsch nach einem Leben unter dem Zeichen eines weiblichen Lustprinzips aus, dem das ‚Wasser' als Gegensatz der männlichen Aggression gilt."[50] Diese von Morgan und Theweleit hergestellte Verbindung beschwört den Mythos der Frau als Verkörperung des Natürlichen, Ursprünglichen und Lustvollen, das dem zivilisierten und aggressiven beziehungsweise kriegerischen „männlichen Prinzip" gegenübergestellt wird.

Auch Hartmut Böhme, zu dem wir am Ende unseres ersten Streifzuges ans Wasser zurückkehren, thematisiert den Zusammenhang von „Wasser und Weiblichkeit"[51] und setzt diesen sogleich mit (s)einer Männerphantasie in Beziehung. Er kleidet diese in die Frage, wo „uns" das „Ewig-Weibliche" denn nun hinziehe: hinan in die lichten Höhen oder hinab in die tödliche Tiefe des Abgrunds oder in die tödlichen Wassermassen. Die unzähligen Geschichten von Nixen und anderen Wasserfrauen, deren Verführungskünste viele tapfere (See-)Männer in den (Wasser-)Tod getrieben oder gezogen haben, zeigen, dass solche Phantasien und Phantasmen weit verbreitet und tief verankert sind. Nicht zuletzt ist es Odysseus, der den Verlockungen und dem verführerischen Gesang der Sirenen – jener eigenartigen gefiederten Gestalten, die, mit Frauenstimmen ausgestattet, die Sehnsüchte anstacheln und jeden, der ihnen folgt oder erliegt, in den sicheren Tod führen – widersteht, indem er sich an den Mast des Schiffes kettet und seinen Gefährten die Ohren mit Wachs verstopft. Im Mittelpunkt vieler dieser Imaginationen steht, wie zum Beispiel Inge Stephan in ihrem Beitrag *„Weiblichkeit, Wasser und Tod"* hervorhebt,[52] der Mythos der Frau als Naturwesen, das Bild der Weiblichkeit als einer elementaren Kraft, die Wunsch- und Schreckensbild zugleich ist.

Bei diesem Ausflug an beziehungsweise in das Wasser haben unsere Blicke die Ambivalenz der Gefühle und insbesondere der Leidenschaften sowie die Verwobenheit von Gefühlsdiskurs und Geschlechterdiskurs nur gestreift. Beides wollen wir im weiteren Verlauf unserer Erkundung noch etwas genauer in Augenschein nehmen. Doch zunächst wollen wir einen Blick in die „Werkzeugkiste"[53] Michel Foucaults werfen, der wir die wichtigsten theoretischen Hilfsmittel für unsere Erkundung entnommen haben.

Foucaults „Werkzeugkiste“

Wie schon erwähnt, geht es uns nicht darum, das vermeintliche „Wesen“ der Leidenschaften zu ergründen, sondern darum, Diskurse und Praktiken zu untersuchen, die diese hervorbringen und regulieren. Mit Michel Foucault gehen wir davon aus, dass *Diskurse* ihren Gegenstand konstituieren beziehungsweise „als Praktiken zu behandeln [sind], die systematisch die Gegenstände bilden, von denen sie sprechen“.[54] Es gibt dementsprechend nicht die Leidenschaften „an sich“, die man im Laufe der Zeit mit immer besseren Methoden und Kategorien erfasst, zerlegt, geordnet und so immer besser verstanden hat. Es ist vielmehr umgekehrt. Was unter Leidenschaften verstanden wird, wie diese gesehen, bewertet, voneinander abgegrenzt, miteinander in Beziehung gesetzt werden et cetera, ist selbst schon ein Produkt oder Effekt von (An-)Ordnungsprozessen. In dieser Anordnung spielen heterogene Diskurse eine Rolle, ebenso wie eine Vielzahl von Praktiken, über die das Verhalten, die Einstellungen, die Gesten von Menschen wahrgenommen, dokumentiert, beurteilt beziehungsweise bewertet, belohnt und bestraft, geformt und so weiter werden.

Foucault, dessen Interesse den Diskursen und Praktiken galt, mit denen unsere Kultur Menschen zu Subjekten (und zu Objekten) macht, hat seinen eigenen methodischen Zugang in *„Der Gebrauch der Lüste“* rückblickend als „Problematisierung“ bezeichnet. Darunter versteht er eine Analyse, in der es nicht darum geht, „die Verhaltensweisen zu analysieren und nicht die Ideen, nicht die Gesellschaften und nicht ihre ‚Ideologien‘ sondern die *Problematisierungen*, in denen das Sein sich gibt als eines, das gedacht werden kann und muß, sowie die *Praktiken*, von denen aus sie sich bilden“.[55] Übertragen auf unseren Kontext heißt das: Wir interessieren uns nicht dafür, was die Leidenschaften „sind“, sondern dafür, wie diese in unterschiedlichen Diskursen zum „Problem“ gemacht werden, und für die Praktiken, die zur Handhabung der so konstruierten Probleme erfunden wurden.[56]

Dabei betrachten wir Diskurse, wie dies Foucault in seinen genealogischen Arbeiten tat, als Teil eines weiteren Feldes der Praxis und der Machtbeziehungen. Dass Diskurse mit Macht verknüpft sind, bedeutet jedoch nicht, dass sie als Projektionsflächen herrschender Kräfte oder Mächte verstanden werden sollten. Ebenso wenig stehen sich herrschende und unterdrückte Diskurse in einem dualistischen Sinne gegenüber: „Die Welt des Diskurses ist nicht zweigeteilt zwischen dem zugelassenen und dem ausgeschlossenen oder dem herrschenden und beherrschten Diskurs. Sie ist als eine Vielfältigkeit von diskursiven Elementen, die in verschiedenen Strategien ihre Rolle spielen können, zu rekonstruieren."[57] Im Diskurs fügen sich Macht und Wissen ineinander. Macht und Wissen sind zwar voneinander verschieden, aber unauflöslich ineinander verwoben.[58] Diesen Verwebungen und Verknüpfungen gilt unser Interesse. Es gilt den diskursiven und nicht diskursiven Praktiken, durch welche die Leidenschaften geordnet, klassifiziert, hierarchisiert, benennbar, kalkulierbar, berechenbar und nutzbar gemacht – kurz: angeordnet – werden (sollen).

Vor diesem Hintergrund können Leidenschaften als historisch-diskursiv konstituierte Erfindung und Erfahrung verstanden werden. Als eine solche sind sie keine höchst persönlichen und privaten Gefühle, die im Gegensatz zu einer äußeren oder „objektiven" materiellen Realität stehen, sondern diskursive Effekte.[59] Die Leidenschaften werden in diesem Sinne vielmehr in Ordnung(en) gebracht, sie werden angeordnet (im doppelten Sinne des Wortes). Da dieser Anordnungsprozess auch eine reflexive Komponente beinhaltet, können wir auch sagen, dass die Leidenschaften „organisiert" werden.

Mit Blick auf Diskurse und Praktiken des Managements beziehungsweise der Organisation der Leidenschaften gehen wir deshalb nicht, wie in der traditionellen Organisationsforschung weitgehend üblich, von einer polaren Gegenüberstellung „des Individuums" (mit seinen unberechenbaren Leidenschaften) und „der Organisation" (als rationaler beziehungsweise rationalisierter Institution) aus.[60] Bei dieser Gegenüberstellung handelt es sich selbst um eine historische Konstruktion, die aus einem bestimmten Diskurs hervorgeht und bestimmte Praktiken hervorbringt oder nahe legt. Die historisch und diskursiv hervorgebrachten „Bilder der Organisation",[61] die Organisation(en) und deren Verhältnis zu den organisierten Individuen in unterschiedlicher Weise konzipieren, sind selbst Realität prägende und formende Kräfte, die in rekursiver Weise mit den Praktiken und Strategien des Organisierens verbunden sind.[62] Organisation*en* und Individuen sind in diesem Sinne nicht gegebene Einheiten, sondern diskursiv hervorgebrachte Erfindungen und Effekte.[63]

Mit Blick auf die Individuen untersucht Foucault das komplexe Zusammenspiel von objektivierenden und subjektivierenden Praktiken, durch die Individuen „verfertigt“[64] beziehungsweise *„Menschen zu Subjekten gemacht“* [65] und „ihre Materialität, ihre Kräfte, ihre Energien, ihre Empfindungen, ihre Lüste *organisiert“* [66] werden.

Objektivierende Praktiken, wie sie Foucault vor allem in *„Überwachen und Strafen“* untersucht, machen Individuen (oder auch gesellschaftliche Bereiche, ungeordnete Kräftefelder, die Psyche und das Innenleben und so weiter) zu einem *Gegenstand des Wissens.* Vielfältige Techniken der Ordnung, Klassifizierung, der Analyse, Bewertung und Beurteilung dienen diesem Zweck. Diese Techniken sind allerdings keine neutralen Instrumente, mittels derer Vorgefundenes oder Vorfindbares nur repräsentiert oder geordnet wird. Vielmehr handelt es sich dabei um fundamentale Technologien, in denen Wissen und Macht verbunden sind. So dient zum Beispiel die „Kunst der Verteilungen“ unter anderem dazu, jedem Individuum einen Rang als Platz in einer Klassifizierung zuzuweisen.[67] Auch die Prüfung ist eine Technik, die Wissen und Objekte des Wissens hervorbringt und zugleich Machteffekte hat. In dieser „winzigen Technik“ steckt nach Foucault „ein ganzer Wissensraum und ebenso ein ganzer Machttyp“.[68] Die Prüfung steht für ihn sogar im Zentrum der (Disziplinar-) Prozeduren und „fungiert als objektivierende Vergegenständlichung und subjektivierende Unterwerfung“.[69]

Subjektivierende Praktiken sind ebenso vielfältig. Sie umfassen Techniken, mit deren Hilfe Menschen zur Selbstbeobachtung und -reflexion gebracht werden. In *„Der Wille zum Wissen“* analysiert Foucault Subjektivierungsmechanismen und -techniken als Machttechnologien, die verstärkt auf die „Regierung der Seele“[70] und die Bindung von Individuen an diskursiv erzeugte Identitäten zielen. Eine solche Technologie ist das *Geständnis.* Diese Machttechnologie wirkt weniger über das Verbot beziehungsweise die Einschränkung, sondern vielmehr über die positive „Anreizung zum Diskurs“.[71] Sie wirkt über das Versprechen, mithilfe von ExpertInnen einen als ideal oder begehrenswert ausgezeichneten Zustand zu erreichen.[72] Wie auch die Prüfung und die verschiedensten Klassifizierungsverfahren hat das Geständnis eine weite

Verbreitung gefunden: „[I]m Alltagsleben wie in den feierlichen Riten gesteht man seine Verbrechen, gesteht man seine Sünden, gesteht man seine Gedanken und Begehren, gesteht man seine Vergangenheit und seine Träume, gesteht man seine Kindheit, gesteht man seine Krankheiten und Leiden ... Man gesteht oder wird zum Geständnis gezwungen.“[73] Das Geständnis, so Foucault, hat sich „ins Herz der Verfahren eingeschrieben, durch die die Macht die Individualisierung betreibt“.[74]

Im Unterschied zur objektivierenden Praktik der Prüfung ist es beim Geständnis nicht der „stumme Körper“, der der Beobachtung und Klassifizierung unterworfen wird, sondern das sprechende Subjekt, das Subjekt, das in den Kategorien des Diskurses über sich berichtet: über „seine“ Leidenschaften (oder auch seine Leidenschaftslosigkeit), über seine Wünsche und Träume, über seine „Stärken“ und „Schwächen“, über seine innersten Absichten und Ziele, über seine „wirklichen“ Persönlichkeitsmerkmale – sei es, um über sich zu reflektieren, um sich von der Schuld zu reinigen, sei es, um sich im Sinne diskursiv erzeugter Ideale zu „entwickeln“.

Subjektivierung wird allerdings nicht verstanden als passiver Prozess der Unterordnung unter vorgegebene Normen, die von außen aufgezwungen werden und den Menschen an der Entfaltung einer essenziell gegebenen Persönlichkeit (in der zum Beispiel die wilden, ungezähmten oder „natürlichen“ Leidenschaften schlummern) hindern. Vielmehr erfordert sie, wie Foucault in seinen späteren Arbeiten betont, die aktive Arbeit des Subjekts an sich selbst. Das (moderne) Subjekt *muss* an sich arbeiten – es muss sich selbst zum Gegenstand machen (zum Beispiel in der Selbstreflexion). Die „Selbsttechniken“ als „bewußte und gewollte Praktiken ..., mit denen sich die Menschen nicht nur die Regeln des Verhaltens festlegen, sondern sich selber zu transformieren, sich in ihrem besonderen menschlichen Sein zu modifizieren und aus ihrem Leben ein Werk zu machen suchen, das gewisse ästhetische Werte trägt und gewissen Stilkriterien entspricht“[75] sind hier von grundlegender Bedeutung.[76] Diese Selbsttechniken und -praktiken waren nach Foucault im antiken Griechenland Bestandteil einer „Ästhetik der Existenz“, in der es unter anderem darum ging, „daß man sich nicht von seinen Begierden und Lüsten fortreißen läßt …, daß man frei bleibt von jeder inneren Versklavung durch die Leidenschaften und daß man zu einer Seinsweise gelangt, die durch den vollen Genuß seiner selbst oder die vollkommene

Souveränität seiner über sich definiert werden kann".[77] Später wurden diese Selbsttechniken zum Bestandteil der „Pastoralmacht", die in ihrer ursprünglichen Form auf die Führung von Individuen in Hinblick auf „ein individuelles Seelenheil in einer anderen Welt"[78] zielte – und schließlich, in ihrer säkularisierten Form, zum Bestandteil der zentralen Technologien zur „Verfertigung" und Organisierung der Individuen und ihrer Leidenschaften.

Reiseroute

Zum Schluss dieses Kapitels erfolgt noch ein Ausblick auf unsere Reiseroute und die einzelnen Stationen, die wir aufgesucht haben.

Im Kapitel *„Die Ordnung der Gefühle"* verfolgen wir einige Teilungs- und Durchdringungslinien, durch die den Leidenschaften ihr nicht nur disziplinärer Ort zugewiesen wird. Am Beispiel der (Emotions-)Psychologie zeigen wir exemplarisch, wie durch objektivierende Praktiken der Wissenschaften beziehungsweise durch „Untersuchungsverfahren, die sich den Status von Wissenschaften zu geben versuchen",[79] die Leidenschaften geordnet werden und diesen in der Folge auch ihr Ort im gesellschaftlichen Raum zugewiesen wird. Wir gehen sowohl Diskursen nach, die mit einer Abwertung von Gefühlen und Leidenschaften gegenüber der Vernunft verbunden sind, als auch der supplementären Bewegung der diskursiven Aufwertung der Emotionen, wo diese vom Stör- zum Produktionsfaktor werden. Und schließlich verfolgen wir die Verwobenheit der Gefühls- und Geschlechterdiskurse.

Im Kapitel *„Die Organisation der Ströme"* untersuchen wir unterschiedliche Strategien, durch die die Leidenschaften geordnet und reguliert werden.

Die erste Strategie bezeichnen wir als *„Eindämmen und Trockenlegen"*. Das klassische Organisationsverständnis hat seine Wurzeln in der Philosophie der Aufklärung. Hier ist „Organisation" den „Leidenschaften" *diametral entgegengesetzt*. Die Leidenschaften stehen für das Irrationale und Unberechenbare, das es durch „Organisation" zu bändigen und zu bekämpfen gilt. Das zuverlässige Funktionieren, die Herstellung einer Ordnung, die nach den Prinzipien der Berechenbarkeit und Kalkulierbarkeit funktioniert, ist hier das Ziel. Exemplarisch dafür ist die „Bürokratie" im Sinne Max Webers, die als eine rationale und rationalisierte Ordnung konstruiert wird, deren Vorteile auf dem Ausschluss beziehungsweise der Eindämmung von „irrationalen" Leidenschaften beruhen.

Eine zweite Strategie nennen wir *„Kanalisieren"*. Auch hier geht es um die Regulierung der Leidenschaften. Jedoch wird hier nicht darauf gezielt, die Leidenschaften auszugrenzen oder zu unterdrücken, sondern vielmehr darauf, sie nutzbar zu machen. Diese Strategie hat ihre Vorläufer bereits im 16. und 17. Jahrhundert. Wie Albert O. Hirschman in seiner Studie *„Leidenschaften und Interessen"* zeigt, ging es darum, verschiedene (als gefährlicher oder harmloser kategorisierte) Leidenschaften gegeneinander auszuspielen beziehungsweise so in ein Verhältnis zu setzen, dass sie für gesellschaftliche Ziele produktiv genutzt werden konnten. Kanalisieren heißt also, die Leidenschaften in geordnete Bahnen zu lenken.

„Reinigen und Richten" steht für eine dritte Strategie, die des *Ausfilterns* von als bedrohlich wahrgenommenen und konstruierten Emotionen und Leidenschaften. Diese Strategie verknüpft ein Bedrohungsszenario mit einem Diskurs der Hygiene und der Reinigung, der gleichermaßen Rettung und Heilung wie Produktivität und ökonomischen Erfolg verspricht. Exemplarisch für diese Strategie steht der Diskurs der „Emotionalen Intelligenz", der eine Antwort auf die Fragen gibt, wie die wundersame Metamorphose von dunklen, gefährlichen und schmutzigen Fluten in die stillen und reinen und wohltemperierten Wasser organisiert und auf ein Erfolgsziel gerichtet werden kann.

Als *„Mobilisieren und Überfluten"* benennen wir schließlich eine vierte Strategie, die darin besteht, Kräfte freizusetzen und anzuordnen, indem Limitierungen verschiedener Art aufgehoben werden. Diese Strategie illustrieren wir exemplarisch am Beispiel des Diskurses der „Excellence", der mit den Namen der Bestsellerautoren Tom Peters und dessen KoautorInnen verbunden ist und im Managementdiskurs eine „Revolution" verspricht, die sich im wahrsten Sinne des Wortes „gewaschen" hat – und die „Liquidität" der Firmen und Individuen durch die Liquidierung aller Grenzen verspricht, die der Entfaltung des Produktivitäts- und Kapitalstroms entgegenstehen. Hier wird die (bürokratische) „Organisation" als Hemmnis der Entfaltung und Entfesselung der menschlichen Potenziale konstruiert. Der Diskurs schreibt das Niederreißen jeglicher Dämme und Grenzen vor, damit die Leidenschaften ungehemmt fließen können. Mehr noch: *„Leistung aus Leidenschaft"*[80] wird zum Gebot, zum Imperativ: „Passion wanted".

Es folgt ein Schluss, der kein Abschluss ist.

Die Ordnung der Gefühle

Aufteilung auf die Wissenschaften

Laut Foucault ist die *Taxonomia* als „Wissenschaft der Gliederungen und der Klassen"[81] zuständig für die ordnende Behandlung der Empirizitäten, das heißt für deren „Anordnung in geordneten Tableaus von Identitäten und Unterschieden".[82] Von der Taxonomia werden die Empirizitäten „bestätigt, festgesetzt, angeordnet und im Raum des Wissens für eventuelle Erkenntnisse und mögliche Wissenschaften aufgeteilt".[83] Folgen wir diesem Hinweis, und verweilen wir ein wenig bei der Aufteilung der Gefühle beziehungsweise Emotionen auf die Wissenschaften.

Jahrhunderte lang sind Gefühle beziehungsweise Emotionen Gegenstand der *Philosophie* gewesen. Für das, was heute als Gefühl oder Emotion bezeichnet wird, sind in der antiken Philosophie synonym die Begriffe Pathos, Passion oder auch Affekt verwendet worden.[84] Erst mit Beginn der Neuzeit ist eine Unterscheidung von Leidenschaften und Affekten vorgenommen worden[85] – zum Beispiel bei Kant, von dem noch ausführlich die Rede sein wird. Schließlich wurden die Begriffe „Affekt" und „Leidenschaft" zunehmend durch die harmloseren Begriffe „Gefühl" oder „Emotion" verdrängt beziehungsweise ersetzt.[86] Martin Hartmann zufolge gelten heute die beiden Begriffe Leidenschaft und Affekt als „im philosophischen Sinne gewissermaßen überholt ... Sie sind zu speziellen Gefühlsvarianten geworden und haben damit ihren umfassenden definitorischen Status eingebüßt."[87] Zum aktuellen Wissensbestand der Philosophie (der Gefühle) gehören sowohl Abhandlungen über einzelne Gefühle[88] als auch generelle Gefühlstheorien[89]. Und schließlich ist ein zentrales Thema der abendländischen Philosophie in Geschichte und Gegenwart die wertende Gegenüberstellung von Gefühl und Vernunft, auf die wir noch genauer eingehen werden.

Inzwischen sind es VertreterInnen diverser wissenschaftlicher Disziplinen, die die Emotionen als „ihren" wissenschaftlichen Gegenstand reklamieren beziehungsweise Emotionen zu ihrem Gegenstand der Analyse machen. Wir betrachten im Folgenden – ohne Anspruch auf Vollständigkeit[90] – die Psychologie, die Soziologie sowie die Organisations- und Managementforschung.

Die *Psychologie*, so Philipp Mayring in seiner *„Geschichte der Emotionsforschung"*, hat sich als wissenschaftliche Disziplin gegen Ende des 19. Jahrhunderts von der Philosophie emanzipiert.[91] Nach ersten Ansätzen der psychologischen Emotionsforschung, zum Beispiel von William James und Wilhelm Wundt,[92] ist allerdings in den 1930er Jahren prognostiziert worden, der unnötige Begriff „Emotion" werde alsbald aus der wissenschaftlichen Psychologie verschwinden und schon 1950 von (amerikanischen) Psychologen nur noch als eine Merkwürdigkeit der Vergangenheit betrachtet werden.[93] Das ist nicht eingetreten. Vielmehr hat sich die Emotionspsychologie als eigene Teildisziplin entwickelt und ausdifferenziert. Sowohl theoretisch als auch und insbesondere empirisch orientiert, beschäftigt sich diese mit der Beschreibung und Erklärung von Emotionen. Dies umfasst sowohl deren Entstehung als auch deren Auswirkungen und betrifft sowohl Emotionen im Allgemeinen als auch einzelne Emotionen.[94]

Wie sich die (Emotions-)Psychologie mit ihrem Gegenstand befasst, wurde und wird wiederum von einigen Philosophen sehr skeptisch betrachtet. In seinem *„Entwurf einer Theorie der Emotionen"* kritisiert Jean-Paul Sartre 1939 aus einer phänomenologischen Perspektive die „Unzulänglichkeiten der Psychologie".[95] Er bemerkt lakonisch: „Die heutigen Psychologen ... wollen ihrem Gegenstand so gegenüberstehen wie der Physiker dem seinen."[96] Aufgrund ihres Anspruchs, eine positive Wissenschaft zu sein, könne die Psychologie „nur eine Summe uneinheitlicher Tatsachen liefern, von denen die meisten keine Verbindung untereinander haben".[97] Der Psychologe gebe zwar zu, dass der Mensch Emotionen habe, denn dies lehre ihn die Erfahrung. Aber die Emotionen würden in den psychologischen Abhandlungen einem von vielen Kapiteln zugeordnet und dort abgehandelt wie in den Lehrbüchern der Chemie das Kalzium nach dem Wasserstoff oder dem Schwefel.[98] Jahrzehnte später bemerkt der amerikanische Philosoph Robert C. Solomon lapidar, das Gefühl gebe für die Psychologie als eine „nüchterne (um nicht zu sagen kalte) ‚objektive' Wissenschaft einen ziemlich sperrigen Gegenstand ab".[99]

Wir werden im folgenden Abschnitt noch eingehender betrachten, wie

(Emotions-)Psychologen ihren Forschungsgegenstand beschreiben und klassifizieren, denn der Psychologie wird immerhin bescheinigt, sie habe das Schicksal der Emotionen im 20. Jahrhundert bestimmt.[100]

Dergleichen wird von der *Soziologie* zwar nicht behauptet, aber dennoch macht auch diese Disziplin, die sich wiederum in Abgrenzung von der Psychologie – und der (National-)Ökonomie – entwickelt hat,[101] Emotionen zu ihrem wissenschaftlichen Gegenstand. Das gilt zunächst für die europäischen „Väter" der Soziologie, zum Beispiel Emile Durkheim, Georg Simmel, Norbert Elias und schließlich Max Weber,[102] der für uns noch eine wichtige Rolle spielen wird. Wenn in der (emotions-)soziologischen Literatur über die Bedeutung von Emotionen in den Arbeiten dieser „Klassiker" berichtet wird, ist dies in der Regel verbunden mit der Feststellung, Emotionen seien – aufgrund der diskursiven Dominanz von „Rationalität" – bis Mitte der 1970er Jahre in der Soziologie nur Randerscheinungen beziehungsweise Nebenthemen geblieben.[103]

Zu dieser Zeit sind in den USA Arlie R. Hochschilds Beiträge zum Thema „Emotionsarbeit" erschienen.[104] Diese erfahren auch in zumindest Teilen der deutschen Soziologie (und über diese Disziplin hinaus) große Aufmerksamkeit[105] und gelten als bahnbrechend beziehungsweise Impuls gebend für die Entwicklung einer Soziologie der Emotionen.[106] Diese beschäftigt sich unter anderem auch mit der kulturellen Codierung von Emotionen[107] und den so genannten kollektiven beziehungsweise sozialen Gefühlen, die durch soziale Strukturen beziehungsweise Bedingungen hervorgerufen werden[108].

Die Soziologie der Emotionen, so Helena Flam mit kritischem Blick auf die eigene Disziplin, spiele jedoch zum einen in Deutschland, im Gegensatz zu den USA und Großbritannien, nur eine „hintergründige Rolle" und werde zum anderen in allen drei Ländern „als spezielle Soziologie abgestempelt"[109] – und damit in die Reihe zahlreicher Bindestrich-Soziologien gestellt. Dies verkenne allerdings das „theoretische Potential" der Soziologie der Emotionen beziehungsweise deren Beitrag zur Analyse sozialer Strukturen und von Gefühlen und Gefühlsmanagement in Organisationen.[110]

Letzteres ist ein Grund dafür, dass sich schließlich auch die *Organisations- und Managementforschung* dem Thema Emotionen zuwendet,[111] wobei sie sich auf Erkenntnisse aus der Psychologie und der Soziologie stützt. Ebenso wie in der Soziologie wird hier die lange Abstinenz beziehungsweise Abwertung von Emotionen mit der Dominanz rationalistischer Paradigmen begründet.[112] Die „Entdeckung“ der Emotionen als wichtiger Forschungsgegenstand führt zur Analyse und Konzeptionalisierung von deren Bedeutung in ganz unterschiedlichen Kontexten wie zum Beispiel Entscheidungsprozessen[113], Emotionsarbeit – insbesondere in Dienstleistungsberufen[114] –, Führung und Zusammenarbeit[115], organisationalem Wandel[116] und Stress[117]. Auch hier handelt es sich um spezialisierte Fragestellungen und ausdifferenzierte Zugänge, in denen Emotionen als ein Faktor betrachtet werden, der „organisationales Verhalten“ beeinflusst beziehungsweise durch Strukturen und Abläufe in Organisationen beeinflusst wird. Dem werden wir im Folgenden noch ausführlicher nachgehen.

Bevor wir weitergehen und an einigen der geschilderten Stationen Halt machen, um das Geschehen dort etwas genauer zu betrachten, ziehen wir noch einmal unseren „Reiseführer“ zurate. Grundlage der Taxonomien ist nach Foucault die „Organisation der Wesen“.[118] Deren Merkmale werden nicht mehr bloß beschrieben, sondern mit Funktionen verbunden und hierarchisiert. Mit anderen Worten: Der „Begriff der Organisation“ beginnt als „Methode der Charakterisierung zu funktionieren. Er ordnet die Merkmale einander unter. Er verbindet sie mit Funktionen, teilt sie ebensowohl nach einer inneren wie externen und nicht weniger sichtbaren als unsichtbaren Architektur ein.“[119] Die Bildung von Tableaus ist konstitutiv auch für jene disziplinäre Anordnung, deren Entfaltung Foucault in *„Überwachen und Strafen“* genealogisch nachgezeichnet hat. Dort heißt es: „Die erste große Operation der Disziplin ist also die Errichtung von ‚lebenden Tableaus‘, die aus den unübersichtlichen, unnützen und gefährlichen Mengen geordnete Vielheiten machen. ... Das Tableau ist im 18. Jahrhundert zugleich eine Machttechnik und ein Wissensverfahren. Es geht um die Organisation des Vielfältigen, das überschaut und gemeistert, dem eine ‚Ordnung‘ verliehen werden muß.“[120] Bei der Erstellung von Tableaus besteht demnach ein enger Zusammenhang zwischen der Aufteilung und der Analyse, zwischen der Kontrolle und dem Verständnis.

Im Folgenden möchten wir dies am Beispiel der Psychologie etwas genauer betrachten, die laut Foucault als Humanwissenschaft besonders eng mit der Ausbreitung der Disziplinartechnologien verbunden ist.[121]

Ordnungsbemühungen der (Emotions-)Psychologie

Die Wissenschaften tragen das ferne Projekt
einer erschöpfenden Ordnung stets mit sich:
sie zielen immer auf die Entdeckung einfacher Elemente
und ihrer fortschreitenden Komposition ab.
Michel Foucault

Als Beispiel für ein solches „Projekt einer erschöpfender Ordnung“[122] dient uns hier die Psychologie, die bei der Ausbreitung der Disziplinartechnologien eine besonders wichtige Rolle spielte und spielt. Von ihr erwartete man „die Bereitstellung von Wissen und Methoden, um die Gefühle bändigen beziehungsweise in ‚konstruktive‘ Bahnen lenken zu können“.[123] Um sie – im doppelten Wortsinn – zu disziplinieren, mussten und müssen die Emotionen zunächst einmal zum Gegenstand wissenschaftlich anordnender Analyse gemacht werden. Deren Spuren folgend, haben wir folgende Facetten der Disziplinierung etwas näher betrachtet: die Lokalisierung der Leidenschaften im menschlichen Körper sowie emotionspsychologische Definitions- und Klassifikationsversuche.

Die Bemühungen um die *Lokalisierung* der Leidenschaften im menschlichen Körper sind ein bemerkenswertes Forschungsfeld. Unter Verweis darauf, dass die Emotionen ursprünglich Gegenstand der Philosophie waren, wird in diesem Zusammenhang in Lehrbüchern zur Emotionspsychologie zunächst einmal „Philosophiegeschichte“ betrieben, so zum Beispiel von Philipp Mayring.[124] Diese Philosophiegeschichte führt über Platons Lehre von den drei Seelenteilen, in der der Sitz der Vernunft der Kopf, der Sitz der Begierden der Unterleib und der des Zornes die Brust ist, über Aristoteles’ Lokalisierung der Seele im Herzen zu Descartes, der die Leidenschaften im Gehirn – beziehungsweise in einer speziellen Region desselben – ansiedelte.[125]

Lassen wir den zuletzt Genannten selbst zu Wort kommen. „Nachdem ich aber die Sache sorgfältig untersucht habe, bin ich mir gewiß“, verkündet Descartes in seinem Mitte des 17. Jahrhunderts erschienenen Buch *„Die Leidenschaften der Seele“*, „erkannt zu haben, daß der Körperteil, über den die Seele ihre Funktionen unmittelbar ausübt, keineswegs das Herz ist, noch das ganze Gehirn, sondern nur der innerste von dessen Teilen, welches eine gewisse sehr kleine Drüse ist, die inmitten der Hirnsubstanz liegt und so oberhalb des Wegs, den die Lebensgeister von dessen vorderen Kammern zu den hinteren nehmen, hängt, daß ihre kleinsten Bewegungen sehr stark den Strom der Lebensgeister zu verändern vermögen und daß umgekehrt die geringsten Veränderungen, die im Strömen der Lebensgeister vorkommen, sehr viel dazu beitragen, die Bewegungen dieser Drüse zu verändern."[126] Der Herausgeber der deutschen Ausgabe von 1996 fügt eine Illustration zum Sitz der Zirbeldrüse bei, die wir in Abbildung 1 wiedergeben. Auch wenn die Abhandlungen von Descartes seitens der modernen Emotionspsychologie als zum Teil „abenteuerliche Hypothesen"[127] bezeichnet werden, so gebührt ihm doch der Verdienst, als erster die Leidenschaften im Gehirn angesiedelt zu haben. Korrigiert wird nur noch die Region. Unter Berufung auf Erkenntnisse der Neuropsychologie[128] gibt der amerikanische Psychologe Daniel Goleman zum Ende des 20. Jahrhunderts in seinem Buch *„Emotionale Intelligenz"* den Mandelkern als „Sitz jeder Leidenschaft" bekannt. Dabei handelt es sich um ein Gebilde, das die Form einer Mandel hat und sich oberhalb des Hirnstammes befindet, in der Nähe der Unterseite des limbischen Ringes.[129] Dieser Mandelkern werde im Regelfall durch die Präfrontallappen „als emotionaler Manager" unter Kontrolle gehalten.[130]

Im Vergleich zu derartig überwältigenden Erkenntnissen eher bescheidene Erfolge zeitigt das beharrliche Ringen um eine *Definition von Emotionen.* Am Anfang vieler (emotions-)psychologischer Abhandlungen zu dieser Thematik wird denn auch beklagt, wie schwierig es sei, Emotionen eindeutig zu definieren.[131] Nichtsdestotrotz wird aber beharrlich weitergefragt „Was *sind* Emotionen?"[132] oder „Was *ist* nun ein Gefühl?"[133] Um eine Antwort auf diese Frage zu finden, werden in der Emotionspsychologie sehr unterschiedliche Wege und Richtungen eingeschlagen.

So gibt es den Weg, unterschiedliche theoretische Ansätze aufzugreifen, um deren Erkenntnisse zusammenzuführen und auf einen kleinsten gemeinsamen definitorischen Nenner zu bringen. Diesen Versuchen wird jedoch in der wissenschaftlichen Gemeinde attestiert, sie trügen weniger zur Klärung als zur Verwirrung bei.[134]

Deshalb wählen einige Emotionspsychologen einen anderen Weg und listen „Bestimmungsmerkmale von Emotionen" auf. Dieter Ulich zum

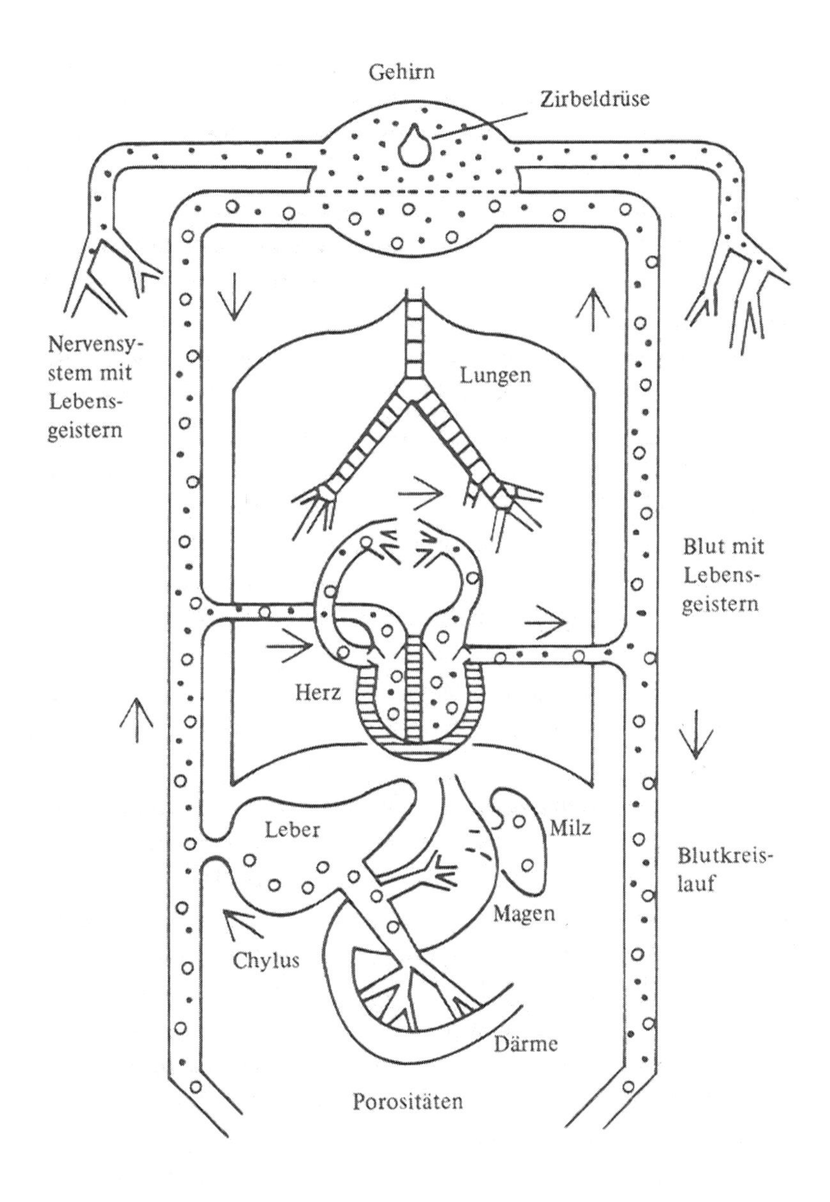

Abbildung 1: Schematische Darstellung der Physiologie[135]

Beispiel nennt 1992[136] noch fünf „Bestimmungsmerkmale von Emotionen", 1995 sind es bereits doppelt so viele, und zwar:[137]

1. „Beim emotionalen Erleben steht die leib-seelische Zuständlichkeit einer Person im Zentrum des Bewußtseins …"
2. „Grundlage dieses Zustandsbewußtseins ist Selbstbetroffenheit – als das vielleicht einzige notwendige Bestimmungsmerkmal von Emotionen."
3. „Emotionen erscheinen häufig ‚wie von selbst' ... Aber auch das Umgekehrte gilt, wie Freud gezeigt hat: Bestimmte ‚verdrängte' Emotionen können auch durch größte Anstrengung nicht wieder ans Tageslicht gefördert werden. In beidem scheinen Emotionen ‚extremer' zu sein als andere Bewußtseinsinhalte."
4. „Im Erleben von Gefühlen erfährt sich die Person eher als passiv."
5. „Das Erleben einer Gefühlsregung ist oft mit einer ... Erregung oder Aufregung verbunden. Von dieser Erregung kommt auch die ‚Wärme' der Emotionen, ihre subjektive Glaubwürdigkeit und Überzeugungskraft."
6. „Die aktuellen Gefühlsregungen einer Person in einer Situation sind ... meist einzigartige Erscheinungen und Bewußtseinsinhalte."
7. „Emotionen ... geben mehr als andere psychische Erscheinungen dem Bewußtsein Kontinuität" und auch „Identität".
8. „Emotionen ... bedürfen keiner Zwecke außerhalb ihrer selbst."
9. „Das Ausdrücken und Verstehen von Emotionen läuft ... bevorzugt auch über nichtverbale Kommunikationskanäle."
10. „[B]ei der Entwicklung von Emotionen [ist] die Verwobenheit in zwischenmenschliche Beziehungen besonders stark", und damit auch die Verbindung mit den „Werte[n] einer Gesellschaft oder Gruppe".

Dass es nicht gelingt, „Emotion(en)" auf einen Begriff zu bringen, hält die Emotionspsychologen aber nicht davon ab, ihr wissenschaftliches Territorium abzustecken und zu ordnen. Ein weiteres zentrales Forschungsgebiet der Disziplin ist die Erstellung eines „*Ordnungssystem[s] für Emotionen*".[138] In diesem Zusammenhang richtet Lothar Schmidt-Atzert den Blick zunächst auf Wissenschaften wie die Biologie oder die Chemie. Diese gelten offensichtlich als vorbildlich, denn sie „verfügen über bewährte Klassifikationssysteme, die es ihnen gestatten, Lebewesen oder chemische Elemente anhand *objektiver* Merkmale zu unterscheiden und einzuteilen. Für die Emotionen fehlen bisher vergleichbare objektive Unterscheidungsmerkmale."[139] In einer früheren Veröffentlichung führt derselbe Autor die Schwierigkeiten der Emotionspsychologie, „ein brauchbares Ordnungssystem zu finden", darauf zurück, dass es eine Vielzahl von Bezeichnungen gebe und zwischen diesen noch einmal so viele Ähnlichkeitsbezeichnungen, wodurch das Ganze unüberschaubar werde.[140]

All diesen Schwierigkeiten zum Trotz werden verschiedene *„Ordnungsstrategien“* entwickelt.[141] Zwei gängige wollen wir hier skizzieren, um diese Facette der Ordnung der Gefühle zu illustrieren. Die erste ist die Suche nach Basis- oder Primäremotionen, die zweite das Aufstellen von Klassifikationssystemen beziehungsweise Strukturmodellen.

Auf der Suche nach der „Entdeckung einfacher Elemente und ihrer fortschreitenden Komposition“[142] will die Emotionspsychologie *„Basis- oder Primäremotionen“* bestimmen. Als Vorbild für diese Suche nach dem „harten Kernbereich“ nennt Schmidt-Atzert[143] wiederum die Chemie mit ihrer Unterscheidung zwischen chemischen Elementen und aus ihnen zusammengesetzten Verbindungen. Eine ähnliche Analogie wählt Klaus R. Scherer, der von einer „Palettentheorie der Emotionen“[144] spricht, weil aus wenigen Grundfarben viele Farbtöne gemischt werden können. Im Gegensatz zur Chemie und zur Farbenlehre ist es der Emotionspsychologie jedoch nicht gelungen, sich auf Art und Anzahl allgemein anerkannter Grundelemente zu verständigen.[145] Der Ärger, die Furcht, die Traurigkeit und die Freude werden zwar am häufigsten als „Grundemotionen“ identifiziert, finden sich aber nicht in allen Auflistungen. Die Anzahl der „Grundemotionen“ schwankt zwischen 2 und 18.[146]

Nicht genug damit, dass diese Bemühungen nicht zum gewünschten Erfolg geführt haben, sie evozieren auch wenig schmeichelhafte Reaktionen. So mokiert sich zum Beispiel Robert C. Solomon, die Fragen, wie viele Gefühle es überhaupt gebe und welche davon als „elementar“ einzustufen seien, seien irreführend.[147] Die beharrliche Suche nach den „Gefühlsatomen“, aus denen alle Emotionen zusammengesetzt sein sollen, und die Bemühungen, alles mit Etiketten zu versehen, einzuteilen und zu klassifizieren, zeugten darüber hinaus auch von einer Buchhaltermentalität, die dem Gegenstand fremd sei.

Allerdings vermag weder die konzedierte Vergeblichkeit ihrer Bemühungen, Basisemotionen zu identifizieren, noch der Spott der Kritiker dem Ordnungsdrang der Emotionspsychologen Einhalt zu gebieten. Davon zeugt auch die zweite „Ordnungsstrategie“, die darin besteht, ein Klassifikationssystem beziehungsweise Strukturmodell aufzustellen. Hier verweilen wir ein wenig länger und schauen einem „Gefühlsbuchhalter“ bei seiner Arbeit über die Schulter. Sehen wir zu, wie er seinen „Gegenstand“

aufbereitet und Ordnung in die verwirrende Vielheit und Vielfalt der Erscheinungsformen bringt, wie er die Widerstände im „Material“ überwindet, um zu seinen wissenschaftlichen Objekten zu gelangen.

Wenn schon eine Einteilung der Emotionen mittels „objektiver Kriterien“ nicht möglich sei, so könne man, meint Schmidt-Atzert, doch zumindest versuchen, „eine Übereinkunft zu erzielen, wie ähnlich oder unähnlich sich die einzelnen Emotionen sind, um daraus ein *Strukturmodell* herzuleiten“.[148] Aber auch dabei sind die Ordnungsbemühungen beziehungsweise die Ordnenden mit dem schon angesprochenen Problem konfrontiert, dass man nur dann umfassend ordnen kann, wenn man einen Überblick über das zu ordnende Material hat. Mit anderen Worten: „Die Gesamtheit oder das Universum der Emotionen muss bekannt sein.“[149] Was dieses „Universum“ absteckt, das sind *Wörter* – genauer: „Emotions- und Stimmungswörter“. Die Summe aller „Emotions- oder Stimmungswörter“ ist das „Ausgangsmaterial“ für die Hervorbringung von Strukturmodellen der Emotionen.

Wie aber kommt man zu einer „vollständigen“ Liste dieser Wörter? Der „Gefühlsbuchhalter“ weiß um die Schwierigkeiten, die in diesem Vorhaben verborgen sind, lässt sich aber von diesen nicht entmutigen. Es geht, so erfahren wir, letztlich dann doch ganz einfach: „Ein brauchbares Verfahren besteht darin, viele Leute zu fragen, welche Emotionen sie kennen.“[150] Auf diesem Wege haben zum Beispiel 2000 deutsche Studierende als „Probanden“ insgesamt 119 Emotionswörter geliefert. Die umfangreichste Sammlung von Emotionswörtern, so erfahren wir, enthält sogar 717 Begriffe.[151] Allerdings ist hier Menge nicht mit Qualität gleichzusetzen, denn es besteht die Möglichkeit, dass die Probanden auch Begriffe nennen, die gar keine Emotionen bezeichnen. Deshalb ist es üblich „die ‚Rohliste‘ zu bereinigen“ – zum Beispiel, indem man sich auf die mehrfach genannten Wörter beschränkt oder alle Wörter noch einmal von anderen Probanden danach beurteilen lässt, ob sie „wirklich“ eine Emotion bezeichnen.[152] Den auf diese Weise bereinigten „Pool von Emotionswörtern“ legt man dann einer „sprachkompetenten Probandenstichprobe“[153] vor und fordert diese auf, die Wörter nach ihrer Ähnlichkeit zu ordnen.

Die so gewonnenen – umfangreichen – Datensätze werden dann zum Zweck der „Datenreduktion“ mithilfe von Verfahren der Multidimensionalen Skalierung oder faktor- oder clusteranalytischen Verfahren untersucht.[154] Allerdings wird die „Suche nach der ‚richtigen' Lösung dadurch kompliziert", dass die Analyse ein- und desselben Datensatzes mit unterschiedlichen Verfahren auch zu unterschiedlichen Ergebnissen führt.[155]

Damit sind allerdings noch nicht alle Tücken und Fallstricke benannt, geschweige denn umgangen: Die Ergebnisse zur *Struktur der Emotionen* können auch aufgrund von „Unterschiede[n] im Ausgangsmaterial divergieren. Das gilt besonders für die Suche nach Kategorien, denn wenn eine potentielle Emotionskategorie von Anfang an nicht im Versuchsmaterial vertreten ist, kann man sie später nicht entdecken."[156]

Nachdem diese Vorgehensweise in gebührender Ausführlichkeit beschrieben worden ist, soll sie nun noch anhand eines Beispiels veranschaulicht werden. Bei diesem Beispiel handelt es sich um *„Ein Beitrag zur Taxonomie der Emotionswörter"* von Lothar Schmidt-Atzert und Walter Ströhm.[157] Das Ausgangsmaterial dieser Studie war ein Pool von 56 Emotionswörtern, darunter auch Leidenschaft. Diese wurden einzeln auf Karten getippt, die, wie uns die Autoren wissen lassen, das Format DIN A 8 hatten.[158] Die Versuchspersonen („21 männliche und 19 weibliche Psychologiestudenten des zweiten und vierten Fachsemesters mit einem Durchschnittsalter von 24,1 Jahren")[159] wurden mündlich instruiert, die Wörter, die ihrer Ansicht nach ähnlich sind, auf einen Stapel zu legen. Nachdem sie dies getan hatten, wurden sie aufgefordert, für jeden der von ihnen angelegten Stapel einen passenden (Ober-)Begriff zu suchen; dieser sollte möglichst aus den vorgegebenen Emotionswörtern ausgewählt werden. Die Versuchspersonen bildeten zwischen „3 und 36 Stapel (Md 14,4) einander jeweils ähnlicher Wörter".[160] Die Forscher verwendeten die Häufigkeit, mit der zwei Begriffe in einem Stapel vorkamen, als Maß der Ähnlichkeit. Die so bestimmten „Ähnlichkeitswerte" variierten zwischen 0 (zum Beispiel Abneigung – Freude) und 37 (Erstaunen – Verwunderung). Durch komplexe Verfahren der Abstraktion, die Errechnung von Distanzwerten und die Durchführung von „Clusteranalysen" gelangen Schmidt-Atzert und Ströhm zu einem Ergebnis, das in Abbildung 2 wiedergegeben ist.

Auf der untersten Ebene sind alle 56 angeführten Emotionswörter als „separate Elemente" dargestellt,[161] heißt es in der Erklärung. Diejenigen Emotionswörter mit der größten Ähnlichkeit beziehungsweise der geringsten Distanz werden „zuerst zu einem neuen Cluster verschmolzen", dann werden sukzessive weitere „Elemente" oder schon bestehende Cluster zu

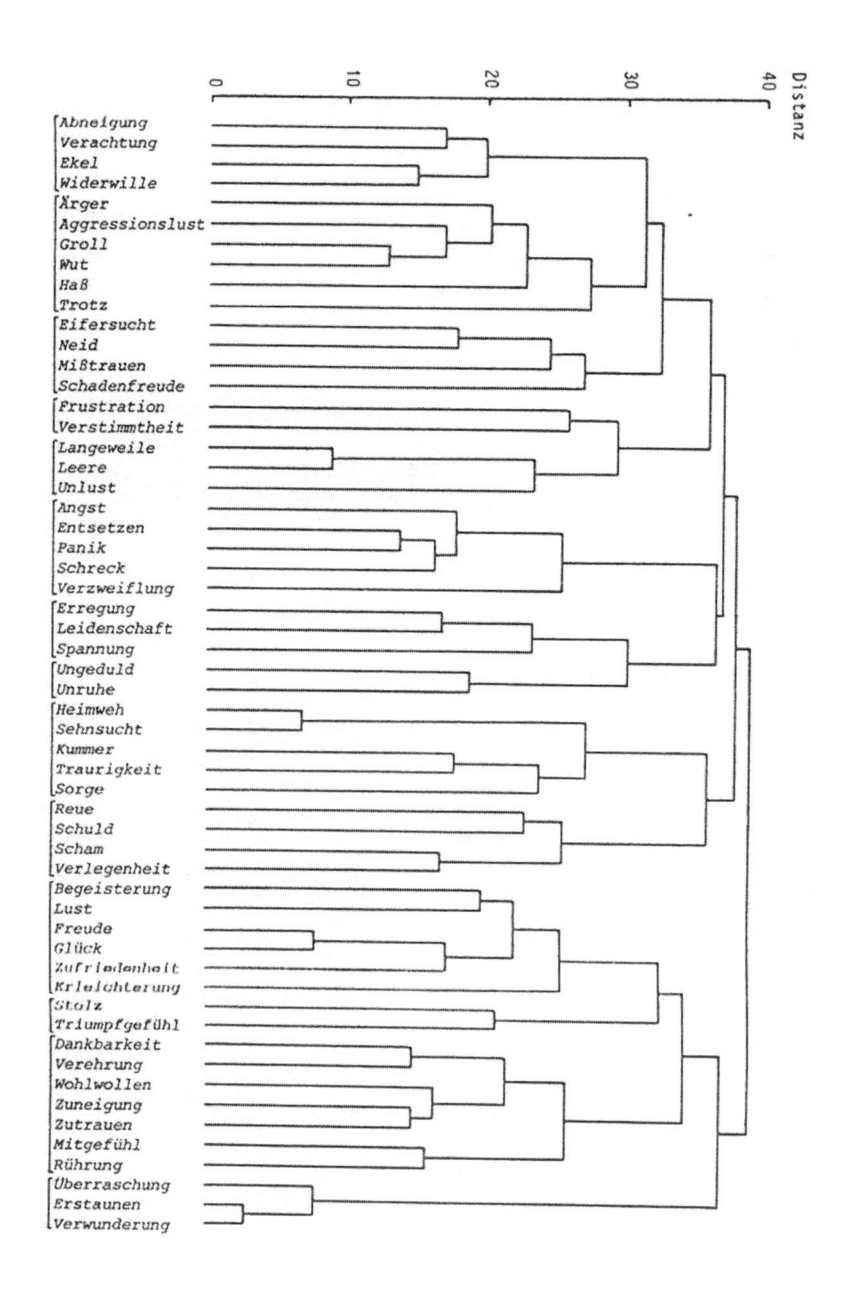

Abbildung 2: Ergebnis der Clusteranalyse[162]

neuen Clustern verdichtet, wodurch die Zahl der Cluster sukzessive reduziert wird. Dieser Prozess wird solange fortgesetzt, bis die vorhandenen Cluster „in sich homogen und untereinander heterogen“ sind, dann wird er abgebrochen. Einen Hinweis auf die „optimale Clusterzahl“ liefert auch die durchschnittliche Anzahl der Stapel im Experiment. „Unter Berücksichtigung dieser Kriterien erscheint uns eine Reduktion auf 14 Cluster angemessen.“[163]

Zur Bezeichnung eines Clusters wurde in der Regel der Begriff verwendet, für den sich die Versuchspersonen zur Benennung ihrer Stapel entschieden hatten. Nur ausnahmsweise wurde anders verfahren, und eine dieser Ausnahmen ist das in unserem Zusammenhang besonders interessierende Cluster, bestehend aus „Erregung, Leidenschaft, Spannung“. Hier wurde von den Vorschlägen der Versuchspersonen abgewichen und als Oberbegriff „sexuelle Erregung“ gewählt, ein Begriff, der im ursprünglichen Pool der Emotionswörter als Ausgangsmaterial gar nicht vorhanden war. Damit sollte, so die Erklärung der beiden Emotionsforscher, „zumindest *nachträglich die Mehrdeutigkeit* Erregung und Spannung *beseitigt* werden. Ein kleiner Teil der Versuchspersonen hatte diese Begriffe offenbar als Aufregung und Anspannung interpretiert und sie mit Unruhe und Ungeduld zusammengelegt, was zu einer späteren Verschmelzung der Cluster Unruhe und sexuelle Erregung führte. Dominant ist jedoch die Ähnlichkeit mit Leidenschaft und (Complete Linkage Methode)[164] Lust – daher die Bezeichnung sexuelle Erregung.“[165]

„[U]nter Berücksichtigung früherer Arbeiten“ werden schließlich Abneigung, Ärger, Neid, Angst, sexuelle Erregung, Unruhe, Traurigkeit, Scham, Freude, Zuneigung und Überraschung zu „eigenständige[n] Emotionskategorien“ erklärt.[166]

Die „Verschmelzung“ von „Leidenschaft“ mit „sexueller Erregung“ ist symptomatisch für die Verortung dieser – dort im Singular verwendeten – Kategorie in der (Emotions-)Psychologie. Sucht man dort in den Registern von Lehrbüchern nach dem Stichwort „Leidenschaft“, landet man in den Abschnitten über Liebe und Sexualität.[167] Das Territorium ist abgesteckt, und die Grenzen werden somit wissenschaftlich festgeschrieben. Betrachten wir diese Verschmelzung von Liebe, Sexualität und Leidenschaft etwas genauer und sehen wir, wie uns dieses Konglomerat in der Emotionspsychologie präsentiert, erklärt und entschlüsselt wird.

Zum Standardrepertoire von Lehrbüchern der Emotionspsychologie[168] und der Sozialpsychologie[169] gehört die so genannte *„Dreieckstheorie der Liebe“*.[170] Dieses Klassifikationssystem wird vor allem als nützlich erachtet, „weil es eine Reihe von Unterschieden in engen Beziehungen zwanglos darstellt. So werden Mögen, romantische Liebe und kameradschaftliche Liebe durch eine systematische Abstufung der den Beziehungen zugrundeliegenden drei Merkmale in überzeugender Weise voneinander abgehoben. Darüber hinaus werden Arten von Liebe abgeleitet, die weniger häufig in wissenschaftlichen Abhandlungen berücksichtigt werden (wie Verliebt sein ...) aber doch aus der alltäglichen Erfahrung und den Berichten der Presse bekannt sind.“[171] Konstruiert wird ein Dreieck aus emotionaler Vertrautheit/Intimität, Verpflichtung/Bindung und „Leidenschaft“ – verstanden als physische Attraktivität, physiologische Erregung und sexuelle Anziehung. Maßstab für die Klassifizierung von Liebes-Beziehungen ist der Grad der Ausprägung der drei Komponenten. Aus der Fülle der damit eröffneten Kombinationsmöglichkeiten sollen hier nur einige exemplarisch herausgegriffen werden. Ist nur die Leidenschaft hoch ausgeprägt, handelt es sich um „Verliebt sein.“[172] Im umgekehrten Fall, keine Leidenschaft (mehr), aber hohe Vertrautheit und Bindung, liegt „kameradschaftliche Liebe“ vor. Im Falle einer hohen Ausprägung aller drei Komponenten handelt es sich um „erfüllte Liebe“. Diese gilt als „positiver Bezugspunkt“. Bei einem derart ambitionierten „Projekt einer erschöpfenden Ordnung“ (Foucault) darf nichts draußen bleiben. Wenn keine der drei Variablen positiv ausgeprägt ist, dann handelt es sich eindeutig und zweifelsfrei um einen Fall von „Nicht-Liebe.“[173]

Eine unserer Fundstelle[174] zufolge ebenfalls „sehr populäre Klassifikation von *Liebes-Stilen* in Partnerbeziehungen“ stammt von John A. Lee.[175] Dieser unterscheidet:

1. *Eros*, die auf körperlicher Anziehung beruhende leidenschaftliche Liebe;
2. *Ludus*, die keine Verpflichtung und Verantwortung (aner-)kennende spielerische Liebe;
3. *Storge*, die auf Übereinstimmung und zunehmender Vertrautheit basierende freundschaftliche oder kameradschaftliche Liebe;
4. *Mania*, die besitzergreifende Liebe, die mit intensiver Eifersucht verbunden ist;
5. *Pragma*, die Liebe, bei der die für die Partnerwahl ausschlaggebenden Kriterien Verträglichkeit und Nützlichkeit sind;
6. *Agape*, die am christlichen Ideal der Nächstenliebe orientierte selbstlose und aufopferungsvolle Liebe.

Wie die Darstellung zeigt, wird auch hier die „leidenschaftliche Liebe" gleichgesetzt mit „körperlicher Anziehung", während im Zusammenhang mit der „Mania" nicht von Leidenschaft gesprochen wird.

Halten wir fest: Im Zuge des Prozesses, den „Dschungel der Gefühle" in ein übersichtliches Tableau zu verwandeln, wird im psychologischen Diskurs – wie im philosophischen – der Begriff der Leidenschaften durch den der Gefühle oder der Emotionen ersetzt. „Die Leidenschaft" wird im Singular verwendet und in eine Reihe mit anderen Gefühlen gestellt. Bei keiner der skizzierten Ordnungsstrategien wird ihr der Platz beziehungsweise der Rang einer „elementaren" Emotion zugewiesen. Und schließlich findet ein Zuordnungsprozess statt, den man als Reduktion und Reservatsbildung bezeichnen kann: „Die Leidenschaft", reduziert auf sexuelle Begierde, wird dem Territorium der Liebe zugeordnet und damit zugleich aus dem restlichen „Universum der Gefühle" verbannt. So wird mit der Liebe ein Reservat geschaffen, welches den offenen Raum der Leidenschaften ein- beziehungsweise abschließt und begrenzt.

Auf dieses Phänomen, dem wir nicht nur in den wissenschaftlichen Abhandlungen der (Emotions-)Psychologie, sondern auch im Alltagsdiskurs begegnen, verweisen im Übrigen auch einige Soziologen: Niklas Luhmann beispielsweise stellt heraus, dass die *Liebe* zur „Quintessenz der Passionen schlechthin [wird]".[176] Für Anthony Giddens ist die Privatisierung der Leidenschaft charakteristisch für die spätmoderne Gesellschaft.[177]

Abwertung der Gefühle gegenüber der Vernunft

Die Leidenschaften sind Krebsschäden
für die reine praktische Vernunft.
Immanuel Kant

Von grundlegender Bedeutung für die Verbannung der Leidenschaften in das Reservat von Liebe und Sexualität ist die *hierarchische Differenzierung zwischen Emotion und Vernunft* als ein zentrales Thema der abendländischen Philosophie. „Der Kampf der Vernunft gegen die Fallstricke der Leidenschaft bildet das Leitmotiv der abendländischen Philosophie", schreibt dazu Robert C. Solomon.[178] Den lichten Höhen von Rationalität, Verstand, Vernunft werden die Niederungen oder Sümpfe der Passionen, Affekte, Emotionen gegenübergestellt. Diese Position ist jedoch keineswegs auf die Philosophie beschränkt, sondern wird, wie schon deutlich geworden ist, auch in anderen Disziplinen vertreten. Exemplarisch wollen wir hier die Positionen von Immanuel Kant als Vertreter der Philosophie, Erich Fromm als Vertreter der humanistischen Psychologie und Max Weber als Vertreter der Soziologie betrachten.

Immanuel Kant beschäftigt sich in seiner erstmals 1798 erschienenen *„Anthropologie in pragmatischer Hinsicht"* [179] unter der Überschrift „Vom Begehrungsvermögen" sowohl klassifizierend als auch bewertend mit „Affekten" und „Leidenschaften". Beide gehören ihm zufolge zu den „Neigungen" als Formen des Begehrens.[180] Affekte und Leidenschaften als Neigungen unterscheiden sich, Kant zufolge, in ihrer Dauer und in ihrer Wirkungsweise. Der Affekt wirkt spontan und als eine kurzfristige Aufwallung, die Leidenschaft hingegen ist länger andauernd. Um seine Unterscheidung zu veranschaulichen, nutzt Kant, wie bereits erwähnt, das „Symbolreservoir des Wassers": „Der Affekt wirkt wie ein Wasser, was den Damm durchbricht; die Leidenschaft wie ein Strom, der sich in seinem Bette immer tiefer eingräbt."[181] Wenige Seiten später heißt es: „Affekt ist wie ein Rausch, der sich ausschläft, Leidenschaft [ist] als ein Wahnsinn anzusehen, ... der sich immer tiefer einnistelt."[182]

Zu den Affekten zählt Kant unter anderen:[183] Vergnügen und Missvergnügen, Freude und Traurigkeit, Verwunderung und Erstaunen, Zorn, Scham (aus Angst vor der Verachtung einer gegenwärtigen Person im Gegensatz zum Gram als Leidenschaft, sich selbst mit Verachtung zu quälen[184]), Angst, Grauen und Entsetzen als „Grade der Furcht“[185] sowie Lachen und Weinen.

Unter der Überschrift „Einteilung der Leidenschaften“[186] werden diese einer diskursiven Ordnung unterworfen. Zunächst wird unterschieden zwischen den „natürlichen“ Leidenschaften, die angeboren seien, und den „erworbenen“ Leidenschaften, die von der Kultur des Menschen hervorgebracht seien. Als „natürliche“ Leidenschaften benennt Kant die Freiheitsneigung und die Geschlechtsneigung, die beide mit dem Affekt verbunden seien, als „erworbene“ Leidenschaften die Ehrsucht, die Herrschsucht und die Habsucht. Letztere können „*erhitzte* (passiones ardentes)“ Leidenschaften genannt werden, andere, wie beispielsweise der Geiz, „*kalte* Leidenschaften (frigidae)“.[187]

Für Kant steht fest: „Affekten und Leidenschaften unterworfen zu sein, ist wohl immer *Krankheit des Gemüts*, weil beides die Herrschaft der Vernunft ausschließt.“[188] Im Vergleich mit den Affekten gelten allerdings die Leidenschaften als die (noch) schlimmeren Krankheiten: „Der Affekt wirkt auf die Gesundheit wie ein Schlagfluß, die Leidenschaft wie eine Schwindsucht oder Abzehrung. Er ist wie ein Rausch, den man ausschläft, obgleich Kopfweh darauf folgt, die Leidenschaft aber wie eine Krankheit aus verschlucktem Gift oder Verkrüppelung anzusehen, die einen inneren oder äußern Seelenarzt bedarf.“[189]

Einigen Affekten gesteht Kant jedoch zu, gesundheitsfördernd zu sein. So könne zum Beispiel das Weinen schmerzlindernd wirken.[190] Und: „Das gutmütige (nicht hämische, mit Bitterkeit verbundene) Lachen ... stärkt durch die heilsame Bewegung des Zwerchfells das Gefühl der Lebenskraft.“[191] Zwar hätten auch die Leidenschaften „ihre Lobredner gefunden ... und es heißt: ‚daß nie etwas Großes in der Welt ohne heftige Leidenschaften ausgerichtet worden, und die Vorsehung selbst habe sie weislich gleich als Springfedern in die menschliche Natur gepflanzt‘“.[192] Aber gegen diese – namentlich nicht genannten – „Lobredner“ erwidert Kant: „Von den mancherlei Neigungen mag man zwar dieses zugestehen, deren, als eines natürlichen und tierischen Bedürfnisses, die lebende Natur (selbst die des Menschen) nicht entbehren kann. Aber daß sie Leidenschaften werden dürften, ja wohl gar sollten, hat die Vorsehung nicht gewollt.“[193]

Die Leidenschaften werden bei Kant also stigmatisiert und pathologisiert. Sie seien „nicht bloß, wie die Affekte unglückliche Gemütsstimmungen, die mit vielen Übeln schwanger gehen, sondern auch ohne Ausnahme böse ... nicht bloß pragmatisch verderblich, sondern auch moralisch verwerflich“.[194] Als „Krebsschäden für die reine praktische Vernunft“ seien sie „mehrentheils unheilbar: weil der Kranke nicht will geheilt sein und sich der Herrschaft des Grundsatzes entzieht, durch den dieses allein geschehen könnte“.[195] An anderer Stelle bestimmt er die Leidenschaft als jene „Neigung, durch welche die Vernunft verhindert wird“.[196]

Für Hartmut und Gernot Böhme verrät sich in den Metaphern, die Kant verwendet, das „Phantasma, von dem Kant besessen ist“: „Trieb ist Zerstörung, anarchistische Ströme und wildes Wasser, das die Kolonialisierungswerke, die Dämme der Vernunft gefährdet.“[197] Die Gebrüder Böhme heben mit Blick auf Kants Vorgehensweise noch einen weiteren Aspekt hervor, der in gewisser Hinsicht paradigmatisch ist und in Hinblick auf die Anordnung der Leidenschaften grundlegend. Denn was in der sorgfältigen Auflistung und Analyse der verschiedenen Leidenschaften durch Kant zum Ausdruck kommt, das ist eine Ordnung der Vernunft, die einem dynamischen, verwickelten, körpernahen Geschehen seinen Ort in einem diskursiven Raum zuweist, der ausschließlich aus sprachlichen und logischen Operationen konstituiert wird. „Uninteressant ist, als was Begehren, Schmerz oder Lust in der Matrix des Leibes oder der des sozialen Lebens sich zeigen; die Frage ist vielmehr: welche Örter nehmen sie im diskursiven Raum der Klassifikationen ein.“[198] Mit dieser Haltung, welche die verschiedenen Leidenschaften und Affekte sorgfältig analytisch differenziert und aufgliedert, geht das erkennende Subjekt auf Distanz zu den Phänomenen, die im Rohzustand als wild und ungeordnet – und damit gefährlich – erscheinen.

Die Leidenschaften gelten als grundlegende Bedrohungen der reinen praktischen Vernunft, ebenso wie die Anästhetisierung zur Voraussetzung der moralischen Selbstbestimmung wird. Diese setzt voraus, sich vom Begehren und seinen Verstrickungen zu distanzieren. Für Böhme und Böhme stellt sich die Logik hingegen anders dar: „[E]rst durch diesen Akt der Exterritorialisierung des Begehrens wird dieses zur Wildnis, zum Bösen Tier im Menschen, das als Anderes der Vernunft deren Herrschaft herausfordert.“[199]

Ebenso wie Kant gehört auch Erich Fromm nicht zu den „Lobrednern" der Leidenschaften. In *„Die Kunst des Liebens"* unterscheidet dieser in Anlehnung an Spinoza zwischen aktiven Affekten als Aktionen und passiven Affekten als Passionen und legt kategorisch fest: „Neid, Eifersucht, Ehrgeiz und jede Art von Gier sind Leidenschaften, Passionen; die Liebe dagegen ist eine Aktion, Ausübung einer menschlichen Macht, die nur in Freiheit ausgeübt werden kann und niemals das Ergebnis eines Zwanges ist."[200] Diese humanistische Reinigung der Liebe ist ein weiteres Beispiel dafür, wie die Abwertung der Leidenschaften (diskursiv) organisiert wird.

Generell sind für Fromm Menschen, die „durch das Gefühl größter Unsicherheit oder Einsamkeit zu besessener Arbeit" oder „von Ehrgeiz oder Geldgier" an- und umgetrieben werden, Sklaven ihrer Leidenschaft.[201] In *„Die Seele des Menschen"* stellt er fest, dass „irrationale Leidenschaften ... den Menschen überwältigen und ihn zwingen, seinen wahren eigenen Interessen zuwider zu handeln. Sie schwächen und zerstören seine Kräfte und lassen ihn leiden."[202] Wer von irrationalen Leidenschaften beherrscht werde, der finde sich, wenn es um die moralischen Lebensfragen (wie „Liebe *oder* Hass?", „Unabhängigkeit *oder* Abhängigkeit?", „Weiterentwicklung *oder* Regression?") gehe, immer auf der Seite des Bösen. Nur wer von der Vernunft beherrscht werde, könne frei sein und frei und verantwortlich beziehungsweise moralisch richtig entscheiden: „Freiheit bedeutet nichts anderes, als die Fähigkeit, der Stimme der Vernunft, der Gesundheit, des Wohl-Seins und des Gewissens gegen die Stimmen irrationaler Leidenschaften folgen zu können."[203]

Mit Spinoza sieht Fromm das ethische Ziel des Menschen darin, das Ausmaß an Determiniertheit zu vermindern und ein Optimum an Freiheit zu realisieren. „Der Mensch kann dies dadurch erreichen, daß er sich seiner selbst bewußt wird, daß er seine Leidenschaften, die ihn blind machen und in Fesseln halten, in solche Affekte verwandelt, die es ihm erlauben, *seinen wahren Interessen als menschliches Wesen* gemäß zu handeln."[204] Dass die „wahren eigenen Interessen" allerdings selbst historisch-diskursive Produkte[205] sind, das gerät in dieser Betrachtung aus dem Blick. Dementsprechend wird der „freie und unabhängige Mensch",[206] der sich der Kräfte bewusst ist, die „hinter seinem Rücken wirken", zum Maßstab der Kritik, aber auch zum Leitbild des beziehungsweise für den „gesunden" Menschen, denn: „Was ist psychische Gesundheit anderes als die Fähigkeit des Menschen, seinem wahren Interesse entsprechend zu handeln?"[207] Auch hier werden die Leidenschaften zu Krankheitserregern erklärt. Die irrationalen Leidenschaften machen den Menschen krank, weil sie ihn daran hindern, auf die „Stimme der Vernunft" zu hören und seine „wahren Interessen" zu verfolgen.[208]

Nicht ganz so leidenschaftlich – und, wie wir sehen werden, auch nicht durchgängig beziehungsweise einseitig – für die Ratio(-nalisierung) und gegen die Emotionen und Leidenschaften argumentiert Max Weber. Er behandelt diese Thematik insbesondere im Zusammenhang mit der protestantischen Ethik, der Bürokratie und der Politik.

In *„Die Protestantische Ethik"* [209] nimmt Max Weber an zahlreichen Stellen Gegenüberstellungen vor, die an Kants Verteufelung der Affekte und Leidenschaften erinnern: beispielsweise: „rationale" Askese versus „Affekte" und „Unbefangenheit des triebhaften Lebensgenusses",[210] Askese versus „Fleischeslust",[211] Askese versus „rein triebhafte Habgier",[212] Askese versus „Überschwang des Gefühls" und Askese als „Ablehnung alles ethisch Irrationalen, sei es Künstlerischen, sei es persönlich Gefühlsmäßigen, innerhalb der Welt ihrer Ordnungen"[213]. Ziel einer aktiv-asketischen, das heißt kontrollierten, rational(isiert)en Lebensführung sei immer die „Überwindung bestimmter Begehrungen oder Affekte der religiös nicht bearbeiteten rohen Menschennatur".[214]

Eine rationalisierte Lebensführung betrachtet Weber als eine wesentliche Voraussetzung für den Kapitalismus generell und speziell für die bürokratische Organisation, auf die wir im folgenden Kapitel noch ausführlich eingehen werden. Hier nur so viel: Weber beschreibt und bewertet die Bürokratie als Prototyp technisch-rationaler Vernunft. Ihr effizientes Funktionieren erfordere nicht nur die Unterdrückung von „triebhafter" Habgier und Fleischeslust, sondern die jedweder Emotionen, Affekte, Leidenschaften. Der ideale Beamte waltet seines Amtes „sine ira et studio, ohne Haß und Leidenschaft, daher ohne ‚Liebe' und ‚Enthusiasmus'".[215]

Er muss sich an die bürokratisch-vernünftigen Regeln halten, egal was seine „innere Stimme" oder „sein Gefühl" sagen. An anderer Stelle spitzt Weber diesen Gedanken zu: „Ehre des Beamten ist die Fähigkeit, wenn – trotz seiner Vorstellungen – die ihm vorgesetzte Behörde auf einem ihm falsch erscheinenden Befehl beharrt, ihn auf Verantwortung des Befehlenden gewissenhaft und genau so auszuführen, als ob er seiner

Überzeugung entspräche; ohne diese im höchsten Sinn sittliche Disziplin und Selbstverleugnung zerfiele der ganze Apparat."[216]

Mit Blick auf den Politiker postuliert Weber ausgesprochen normativ: „Politik wird mit dem Kopfe gemacht und nicht mit anderen Teilen des Körpers oder der Seele."[217] Diese – gern zitierte[218] – Passage stammt aus *„Politik als Beruf"*, einem Vortrag, den Max Weber ein Jahr vor seinem Tod vor Studierenden hielt. Wie Marianne Weber in ihrer Vorbemerkung zur Publikation betont, sollte dieser Vortrag (wie auch *„Wissenschaft als Beruf"* [219]) der Nachkriegsjugend eine Orientierung geben.[220] Mit dem Statement, dass Politik mit dem Kopf gemacht wird, will ihr Gatte Max Weber sowohl sich als auch die Studierenden, denen er den Weg weisen will, abgrenzen beziehungsweise abbringen von den revolutionären „Gesinnungspolitikern", die „an dem Rausch teilnehmen, den diese Revolution bedeutet",[221] und die sich nur für eines verantwortlich fühlen, nämlich dafür, dass die „Flamme der reinen Gesinnung" nicht verlischt[222].

Allerdings relativiert Max Weber schon wenige Seiten später seine „kopflastige" Auffassung, wenn er hinzufügt: „aber ganz gewiß nicht nur mit dem Kopf".[223] Mehr noch: Er macht sich sogar zum „Lobredner" der Leidenschaften. Auf die Frage, welche Art von Mensch man sein müsse, um „seine Hand in die Speichen des Rades der Geschichte legen zu dürfen",[224] antwortet er, dass „Leidenschaft – Verantwortungsgefühl – Augenmaß" die drei entscheidenden Qualitäten seien, die einen Politiker zu solchen Eingriffen befähigen und berechtigen. Damit ist der Übergang zur anderen Seite jener „verworrenen Dreiecksgeschichte"[225] markiert, wo nicht die destruktiven, kranken und krank machenden Gefühle der konstruktiven, heilen und heilenden Vernunft gegenübergestellt werden, sondern die warmen, lebendigen beziehungsweise Leben spendenden Emotionen der kalten, leblosen Welt der Vernunft.

(Wieder-)Entdeckung und Aufwertung der Emotionen

Denn nichts ist für den Menschen
als Menschen etwas wert,
was er nicht aus Leidenschaft tun kann.
Max Weber

Folgen wir nun exemplarisch einigen Spuren und Stationen der (Wieder-) Entdeckung und Aufwertung der Emotionen. Aufwertung kann zunächst bedeuten, dass Emotionen als relevanter oder wichtiger Forschungsgegenstand anerkannt werden; hier sprechen wir von einer Aufwertung im weiteren Sinne. Von einer Aufwertung im engeren Sinne ist dagegen die Rede, wenn Emotionen nicht (nur) negativ, sondern (auch) positiv bewertet werden: als lebendige und produktive Kräfte, in der Regel verbunden mit einer mehr oder weniger stark ausgeprägten Vernunfts- beziehungsweise Rationalitätskritik.

Im Unterschied zum vorigen Abschnitt orientieren wir uns hier, mit einer Ausnahme, nicht an den Werken einzelner Autoren, sondern an diskursiven Strömungen ganz unterschiedlicher Art, deren gemeinsamer Nenner darin besteht, dass sie die Aufwertung der Gefühle (im engeren Sinne) beschreiben oder postulieren. Als solche Strömungen beziehungsweise Bewegungen sollen zunächst kurz die Romantik und der Surrealismus gestreift werden. Dann kehren wir zu Max Weber zurück und betrachten ausführlicher, wo und wie sich dieser zum Kritiker der Rationalität und zum „Lobredner" der Leidenschaften beziehungsweise der Gefühle macht. Schließlich wenden wir uns jenen – historischen und aktuellen – Strömungen im Führungsdiskurs zu, die Emotionen als Produktivkräfte konzeptualisieren. Abgerundet wird das Bild durch einige aktuelle Impressionen zur Aufwertung der Emotionen (im weiteren und im engeren Sinne) aus Philosophie, Psychologie, Soziologie, Politikwissenschaft sowie Organisations- und Managementforschung.

Es war zunächst die Romantik, die „den *kalt berechneten* Projekten einer vernünftig geplanten Gesellschaft die spontanen Aufwallungen von Leidenschaft und ‚Sympathie'"[226] gegenüberstellte und eben das von der Aufklärung verworfene Gefühlsleben verherrlichte: das Spirituelle, die

Sympathie, das Gemüt beziehungsweise Empfinden, die Kreativität, die Phantasie, die Leidenschaft. Weil die Romantik all das verherrlichte, was die Aufklärung verteufelte, lautete ihr Credo, sich den von außen aufgezwungenen rationalen und vernünftigen Regeln und Normen zu widersetzen und einzig und allein auf die eigene innere Stimme zu hören.[227] Getragen und getrieben war dies von einer skeptischen Einstellung gegenüber dem Herrschaftsanspruch der Vernunft. In einer etwas anderen Lesart ist es der *Allein*herrschaftsanspruch der Vernunft, der infrage gestellt beziehungsweise bekämpft wird. So argumentiert beispielsweise Ralph-Rainer Wuthenow, das zentrale Ziel der Romantik sei nicht die Bekämpfung der Vernunft gewesen, sondern „die Vervollständigung eines rationalistisch verkrüppelten Menschenwesens"; hier sei es der Romantik um „Korrektur und Heilung" gegangen.[228]

Aus dieser Perspektive erscheint die Romantik als Supplément im Sinne Derridas,[229] das heißt nicht nur als Gegenbewegung beziehungsweise Unterminierung, sondern auch als Ergänzung der Aufklärung. Dem entsprechend können auch Gefühle und Leidenschaften nicht nur als Gegensätze, sondern auch als Ergänzungen zu Rationalität und Vernunft verstanden werden (und umgekehrt) – eine Position, die wir noch häufiger antreffen werden.

Ein weiteres Glied in der Kette der Gegenbewegungen zum Rationalismus ist der Surrealismus, den der Ethnologe Michel Leiris eine Rebellion gegen den okzidentalen Rationalismus nennt.[230] Getrieben vom Hass auf diesen Rationalismus und die damit verbundenen Denk- und Verhaltensmuster sei der Surrealismus im Kern eine „Aufwertung des Irrationalen".[231]

In beiden Strömungen, der Romantik und dem Surrealismus, gehen Rationalitätskritik und Emotionsaufwertung mit einer rebellischen Komponente einher, auch wenn diese unterschiedlich stark ausgeprägt zu sein scheint. Das Credo der Romantik, sich allen von außen aufgezwungenen Regeln zu widersetzen, seine Kreativität und Phantasie auszuleben und nur auf die eigenen Gefühle als innere Stimme zu hören, steht den Anforderungen der Bürokratie an „Disziplin und Selbstverleugnung" der idealen Beamten diametral entgegen.

Damit kommen wir zurück zu Max Weber. Ein kurzer Streifzug soll zeigen, dass sich die Problematisierung der negativen Seite der (Herrschaft der) Rationalität sowie die Betonung der positiven Seite der Leidenschaften beziehungsweise der Emotionen als ein roter Faden durch dessen Werk zieht. Das gilt nicht nur für die drei bereits betrachteten Kontexte, protestantische Ethik beziehungsweise Askese, Bürokratie und Politik (als Beruf), sondern auch für Webers Konzeptualisierungen von Wissenschaft (als Beruf) und von „Charisma“ und „charismatischer Führung“.

Die von der protestantischen Ethik propagierte asketisch-rationale Lebensführung wird zwar, wie geschildert, bei der Gegenüberstellung mit der triebhaften „Fleischeslust“ mit einem Positivvorzeichen versehen. Aber dort, wo er über Liebe und Erotik schreibt,[232] nimmt Max Weber anders akzentuierte Gegenüberstellungen und Bewertungen vor. So formuliert er beispielsweise, der Liebende wisse sich „in dem jedem rationalen Bemühen ewig unzugänglichen Kern des wahrhaft Lebendigen eingepflanzt, den *kalten Skeletthänden rationaler Ordnungen* ebenso entronnen wie der Stumpfheit des Alltags“.[233] Die „Grenzenlosigkeit der Hingabe“ der Liebenden sei „allem Sachlichen, Rationalen und Allgemeinen so radikal wie möglich entgegengesetzt“.[234] Die Erotik bezeichnet er als eine der „intensivsten Erlebnisarten des Daseins“[235] und als „Pforte zum irrationalsten und dabei realsten Lebenskern gegenüber den Mechanismen der Rationalisierung“[236]. Weber beschreibt hier in bewegenden Worten ein Spannungsfeld zwischen „kalter“ Rationalität einerseits und Liebe und Erotik als dem „wahrhaft Lebendigen“ beziehungsweise als dem „Lebenskern“ andererseits.

Mit Blick auf das Bürokratiemodell thematisiert Weber auch den Widerspruch, der in diese Organisationsform eingeschrieben ist: „Das ‚Ethos‘ aber ... stößt mit seinen am konkreten Fall und der konkreten Person orientierten Postulaten nach materieller ‚Gerechtigkeit‘ mit dem Formalismus und der *kühlen* ‚Sachlichkeit‘ der bürokratischen Verwaltung unvermeidlich zusammen und muß dann aus diesem Grund *emotional verwerfen, was rational gefordert worden war.*“[237] Damit wird die strikte Ausgrenzung und Unterdrückung aller Gefühle nicht nur als Funktionsbedingung formuliert, sondern zugleich auch problematisiert.

In *„Politik als Beruf“* nimmt Weber eine in unserem Zusammenhang ebenfalls aufschlussreiche Unterscheidung vor: Den bürokratisch-emotionslos als bloße „Verwalter“ agierenden Berufsbeamten werden die Politiker als „echte“ Führer gegenübergestellt.[238] Bereits an dieser Stelle erklärt Weber „Parteinahme, Kampf, Leidenschaft“ zum „Element des

Politikers".[239] Später folgt die bereits zitierte Auflistung der drei Qualitäten eines Politikers: „Leidenschaft – Verantwortungsgefühl – Augenmaß". Mit Leidenschaft, so Weber weiter, meine er aber nicht jenes Verhalten, das sein verstorbener Freund Georg Simmel als „sterile Aufgeregtheit" bezeichnete und das kennzeichnend sei für einen bestimmten Typ russischer Intellektueller und „in diesem Karneval, den man mit dem stolzen Namen einer ‚Revolution' schmückt, eine so große Rolle auch bei unseren Intellektuellen spielt: eine ins Leere laufende ‚Romantik des intellektuell Interessanten' ohne alles Verantwortungsgefühl".[240] Denn die „bloße" Leidenschaft, sei sie auch noch so echt empfunden, mache eben nicht die Qualität des ‚echten' Politikers aus. Diese bestehe vielmehr in einer „Leidenschaft im Sinne von Sachlichkeit: leidenschaftliche Hingabe an eine ‚Sache', an den Gott oder Dämon, der ihr Gebieter ist", gepaart mit dem Verantwortungsgefühl und mit dem Augenmaß als der „entscheidende[n] psychologische[n] Qualität des Politikers".[241] Das mit dieser Mischung verbundene Problem sieht er darin, „wie heiße Leidenschaft und kühles Augenmaß miteinander in derselben Seele zusammengezwungen werden können".[242] Und genau an dieser Stelle folgt der Satz, Politik werde mit dem Kopf gemacht. Dass Leidenschaft eine fundamentale (Produktiv-)Kraft ist, steht für Weber demnach außer Frage. Aber ebenso außer Frage steht für ihn, dass es – als Supplément – des kühlen Augenmaßes bedarf, um die „heiße" Leidenschaft unter Kontrolle zu halten.

Als Produktivkraft erscheint Leidenschaft bei Weber nicht nur mit Blick auf die Politik, sondern auch mit Blick auf die Wissenschaft. Das von ihm in *„Wissenschaft als Beruf"* konstruierte Bild des idealen Wissenschaftlers besteht ebenfalls aus drei Komponenten: „harte Arbeit", „Eingebung" und: „Leidenschaft".[243] Bezüglich der Leidenschaft formuliert Weber wiederum ausgesprochen normativ: „Und wer also nicht die Fähigkeit besitzt, sich einmal sozusagen Scheuklappen anzuziehen und sich hineinzusteigern in die Vorstellung, daß das Schicksal seiner Seele davon abhängt: ob er diese, gerade diese Korrektur an dieser Stelle dieser Handschrift richtig macht, der bleibe der Wissenschaft nur ja fern. Niemals wird er in sich das Durchmachen, was man das ‚Erlebnis' der Wissenschaft nennen kann. Ohne diesen seltsamen, von jedem Draußenstehenden belächelten Rausch, diese Leidenschaft ... hat einer den Beruf zur Wissenschaft nicht und tue etwas anderes. Denn nichts ist für den Menschen als Menschen etwas wert, was er nicht aus Leidenschaft tun kann."[244] Leidenschaft und Arbeit zusammen lockten zwar die Eingebung, könnten sie aber nicht erzwingen. Weber betont schließlich, dass die Eingebung in der Wissenschaft keine geringere Rolle spiele als in der Kunst. Beide seien Eingebung und „Rausch (im Sinne von Platons ‚Mania')".[245] Mit den Leidenschaften in der Wissenschaft werden wir uns im folgenden Kapitel noch ausführlicher beschäftigen, wo wir Strategien zu deren *Kanalisierung* als ein Beispiel gewählt haben.

Betrachten wir schließlich Webers Konzeptualisierungen von „Charisma" und „charismatischer Führung". Schon in *„Politik als Beruf"* spricht er davon, dass es „die inneren charismatischen Qualitäten [sind], die eben zum Führer machen".[246] Diese „charismatischen Qualitäten" sind auch und insbesondere Gegenstand von *„Wirtschaft und Gesellschaft"*.[247] Dort definiert Weber Charisma als eine außeralltäglich geltende Qualität, die nur geweckt und nicht erlernt werden könne und die bewirke, dass jemand als Führer anerkannt wird. Diese Anerkennung des charismatischen Führers durch die „Beherrschten" erfolge „aus Begeisterung, Not oder Hoffnung geborene gläubige, ganz persönliche Hingabe".[248]

Diese Passagen zur Hingabe an den charismatischen Führer erinnern in bemerkenswerter Weise an jene, in denen die Hingabe der Liebenden beschrieben und die Liebe der Rationalität radikal entgegengesetzt wird. In ähnlicher Weise betrachtet Weber das Charisma als allen Traditionen und Regeln gegenüber revolutionäre Kraft: Aufgrund ihrer „Regelfreiheit" sei charismatische Herrschaft – und auch darin gleicht sie Liebe und Erotik – „spezifisch irrational".[249] Das auf „emotionaler Überzeugung" beruhende Charisma revolutioniere die Menschen „von innen heraus".[250] Es könne „eine Wandlung der zentralen Gesinnungs- und Tatenrichtung unter völliger Neuorientierung aller Einstellungen [bewirken]"[251] – und deshalb Regeln und Traditionen sprengen.[252] Diese gewaltige Kraft des Charismas im „reinen" Sinn ist für Weber allerdings an außergewöhnliche Umstände gebunden, und deshalb „prophezeit" er dem Charisma den Weg „von einem stürmisch-emotionalen wirtschaftsfremden Leben zum langsamen Erstickungstod unter der Welt der materiellen Interessen"[253] – und bringt dabei einmal mehr die Emotionen mit dem Leben und die Rationalität (hier der Ökonomie) mit dem Tod in Verbindung.

Webers Ausführungen zum „Charisma" leiten über zum Organisations- und Führungsdiskurs. Auch wenn hier der Hauptstrom lange Zeit rationalitätsfixiert war und deshalb Emotionen entweder gar nicht oder nur als Störfaktor thematisierte, gab es doch auch (Neben-)Strömungen, die Emotionen als produktive Faktoren betrachteten.

Auf die von Max Weber geschilderte Umformung „von innen heraus" setzten zum Beispiel die Werksgemeinschaftsbewegung der 1920er Jahre und die daran anknüpfende nationalsozialistische Betriebsgemeinschaft, die von der (Mit-)Autorin dieses Buches als *„Vergemeinschaftende Personalpolitik"* etikettiert und analysiert werden.[254] Diese Bezeichnung knüpft an eine in der frühen deutschen Soziologie gebräuchliche Unterscheidung an: Ferdinand Tönnies charakterisiert in seinem gleichnamigen Buch *„Gemeinschaft und Gesellschaft"* als „zwei Typen sozialer Verhältnisse". Gesellschaft sei ein „mechanisches Aggregat", das vor allem durch Kontrakte und Satzungen konstituiert werde. Gemeinschaft sei dagegen „ein lebendiger Organismus", konstituiert durch Glaube, Gewohnheiten, Bräuche und so weiter.[255] Darauf basierend, definiert Max Weber „Vergesellschaftung" als soziale Beziehung, die auf „rationaler Vereinbarung" (zum Beispiel in Form von Verträgen) basiert. „Vergemeinschaftung" beruhe dagegen auf „subjektiv gefühlter (affektueller oder traditionaler) Zusammengehörigkeit der Beteiligten".[256]

Im Kontext „Vergemeinschaftender Personalpolitik" soll jene gefühlte Zusammengehörigkeit der Beteiligten unter anderem durch „emotionenorientierte Führung"[257] hergestellt und bewahrt werden. Diese Bezeichnung umschließt „charismatische Führung" und „symbolische Führung",[258] deren gemeinsamer Nenner darin besteht, dass in erster Linie die Emotionen der Geführten angesprochen werden. *Führen* und *geführt werden*[259] bedeutet hier: emotional ergreifen und emotional ergriffen werden. Dies soll im Folgenden an einigen Beispielen aus der „Werksgemeinschaft" und der „NS-Betriebsgemeinschaft" illustriert werden.

Ein Ziel beziehungsweise Motto der Werksgemeinschaftsbewegung war *„Der Kampf um die Seele unseres Arbeiters"*.[260] Gewonnen werden sollten die Seelen durch das Stillen eines *„tiefen Verlangen[s]* ... nach neuer Gemeinschaft"[261] oder auch durch „die Erfüllung der *Sehnsucht* des schaffenden Menschen nach Freiheit und Würde"[262] – und nicht zuletzt durch die Führer, die ein „System ... mit Blut und Leben füllen", das ohne sie „einer leerlaufenden ... Maschine" gleiche.[263]

Auch im nationalsozialistischen Betriebsgemeinschaftsdiskurs wird die Gemeinschaft „irrationalisiert" und das Führertum emotionalisiert: Für

Karl Arnhold, den Leiter des Amtes für Berufserziehung und Betriebsführung der Deutschen Arbeitsfront, ist die Betriebsgemeinschaft „die Krönung der nationalsozialistischen Arbeitsidee“[264] – und mit „Geheimnissen“ verbunden, weil „sich in der wahren Gemeinschaft die Kräfte nicht addieren, sondern multiplizieren, ja potenzieren“.[265] Den Kristallationspunkt der Betriebsgemeinschaft bilde der Betriebsführer, „um den dann die gesamte Gefolgschaft zu *einheitlichem Fühlen*, Denken und Handeln in einer Einheit verschmilzt“.[266] Er schreibt weiter: „Das unerforschliche Geheimnis gemeinschaftlichen Wollens unter einheitlicher Führung offenbart sich darin, daß (sich) die Einzelkräfte nicht *addieren*, sondern *multiplizieren*. Hier versagt der Rechenstift und fängt das Wirken jener geheimen Kräfte an, von denen wir im Kriege oft einen lebendigen Hauch verspürten.“[267] Wenn es dem „Betriebsführer“ gelinge, jene „geheimnisvollen Kräfte“ zu wecken und zu nutzen, dann sei der Betrieb „kein technisch-rationales Gebilde mehr, sondern eine lebendige, stark symbolhaltige geistespolitisch geprägte Einheit“.[268]

Diese Konzepte knüpfen in ihrer Symbolik an das „Sehnsuchtsbild der Romantik“[269] an. Sie stellen der „kalten“ und leblosen Welt der Organisation als Maschine das Bild einer warmen und lebendigen Gemeinschaft entgegen, welche die Sehnsüchte und das Verlangen „unserer“ Arbeiter erfüllt. Und es ist der Führer, der selbst zum Symbol gemacht wird und der – durch symbolische Handlungen vielerlei Art[270] – das ohne ihn leblose „System“ in einen Organismus transformiert, es gleichsam beseelt und dadurch bewirkt, dass alle zu einer auch gefühlsmäßigen Einheit „verschmelzen“.

Angesichts dieser Ausführungen – sowie der Max Webers – wird deutlich, dass es sich bei der vermeintlichen Neuentdeckung der Emotionen als Produktivkraft im aktuellen Führungsdiskurs eher um eine Wiederentdeckung handelt.

Die seit einiger Zeit in der Führungsliteratur so beliebte Gegenüberstellung von „Management“ und „Führung“ erinnert an Webers Gegenüberstellung des Berufsbeamten als bloßem Verwalter und des Politikers als echtem Führer. „Managers do things right. Leaders do the right things“, heißt das Motto auf dem Cover von *„Führungskräfte. Die vier Schlüsselstrategien des erfolgreichen Führens“* von Warren G. Bennis und Burt Nanus.[271] Und im Vorwort zur deutschen Ausgabe bescheinigt der bekannte Consultant Roland Berger den Autoren: „Erfolgreiche Führung – das zeigen Bennis und Nanus – besteht eben nicht nur in der Anwendung immer perfekterer Planungssysteme und der Handhabung des Rationalen, sondern in der Konzentration auf Inhalte und in der Lenkung der emotionalen Energien einer Organisation auf das gemeinsame Ziel."[272]

In dieses Horn stoßen auch und insbesondere Tom Peters und dessen KoautorInnen, mit denen wir uns im folgenden Kapitel noch ausführlicher befassen werden. Tom Peters und Nancy Austin erklären in *„Leistung aus Leidenschaft"* den zuvor erwähnten Warren G. Bennis zur „Leitfigur der neuen Denkrichtung".[273] Tom Peters und Robert Waterman beziehen sich aber auch auf andere Autoren, die ebenfalls zwischen „Managern" und „Führern" unterscheiden, wie zum Beispiel Abraham Zaleznik, von dem sie den Satz zitieren „Manager arbeiten mit Menschen, Führer wecken Emotionen."[274] Und sie wettern: Die „alte Rationalität" sei „nicht mehr brauchbar".[275] „Der rein analytische Ansatz ... führt zu einer abstrakten Philosophie ohne Herz"[276] und ersticke das lebendige Element. Angesichts dessen dürfe sich das Management nicht länger vor der „Aufgabe echter Menschenführung drücken".[277] Eine – weitere – Orientierung dafür biete das auf den Politologen James McGregor Burns zurückgehende Konzept der „transformierenden Führung",[278] das den Führer als „Gestalter von Wertvorstellungen, Vorbild und Sinnvermittler" versteht.[279] „Diese Art der Führung wird mit unterschiedlichen Bezeichnungen belegt: erhebend, mobilisierend, inspirierend, ermunternd, bekehrend".[280] Hinzugefügt sei, dass es sich bei einer der (faktoranalytisch bestimmten) Subdimensionen von „transformationaler Führung" um „Charisma" handelt.[281]

Johannes Steyrer arbeitet heraus, dass im Mittelpunkt des seit Mitte der 1980er Jahre entwickelten „New Leadership Approach" drei Begriffe beziehungsweise Konzepte stehen: „Leadership" (statt Management), „transformationale Führung" und „Charisma".[282] Und auf der Suche nach Erklärungen für die „Interessenskumulation" am Konstrukt „Charisma" kommt er zu dem Ergebnis, dieses scheine eine Antwort auf die Frage bereitzustellen, wie moderne rationalisierte Organisationen „wieder mit Leben, ja Emotion gefüllt werden [können]".[283]

Inzwischen gibt es eine Flut von Ratgebern, die in diese Richtung zielen und von denen wir hier nur noch einige beispielhaft nennen wollen: Daniel Goleman empfiehlt schon in seinem Bestseller *„Emotionale Intelligenz"*, mit dem wir uns im folgenden Kapitel ebenfalls noch eingehender beschäftigen werden, „Führung mit Herz“.[284] Später widmen Goleman und KoautorInnen dem Thema *„Emotionale Führung“* sogar ein ganzes Buch, in dem die These vertreten wird, dass „die grundlegende Aufgabe von Führungskräften ... darin [besteht], in den Menschen, die sie führen, positive Gefühle zu wecken“. Es geht darum, „Menschen zu inspirieren, Leidenschaft und Begeisterung in ihnen zu wecken und ihre Motivation, ihr Engagement aufrechtzuerhalten“.[285] Andere Ratgeber propagieren *„Emotionales Management“*[286] oder sogar *„Führen mit Liebe“*[287]. Emotionenorientierte Führung im Sinne einer Ergänzung propagiert schließlich Peter Müri in seinem Buch *„Dreidimensional führen mit Verstand, Gefühl und Intuition“*. Er plädiert dafür, „die sachliche Perspektive durch eine gefühlsorientierte Sichtweise *zu erweitern* und damit Verstandes- und Gefühlsbetrachtung *zu verbinden*“.[288]

Abschließend noch einige Impressionen zur Aufwertung der Emotionen aus diversen Disziplinen: Von der „Entdeckung“ beziehungsweise von einem zunehmenden Interesse für Emotionen als Forschungsgegenstand wird beispielsweise aus der Philosophie,[289] der Psychologie,[290] der Soziologie[291] und der Organisations- und Managementforschung[292] berichtet. Dies hatten wir zu Beginn dieses Abschnitts als Aufwertung im weiteren Sinne bezeichnet: Gefühle werden als Forschungsgegenstand anerkannt – und damit sozusagen „salonfähig“.

Von einer Aufwertung im engeren Sinne sprechen wir, wenn Emotionen nicht (nur) negativ, sondern (auch) positiv konnotiert werden. Auch dafür finden sich über die bereits skizzierten hinaus zahlreiche weitere Beispiele aus ganz unterschiedlichen Disziplinen: In der Einleitung zur Dokumentation einer interdisziplinären Ringvorlesung heißt es, das Thema Emotionalität erfahre derzeit „eine kulturelle Aufwertung“, denn die „lange gültige, einseitige Valorisierung von Rationalität und Affektkontrolle“ werde den heutigen gesellschaftlichen Verhältnissen nicht mehr gerecht“.[293] Seitens der Philosophie wird postuliert, es sei an der Zeit, die Ansprüche der Vernunft und der Objektivität, die seit Sokrates in der westlichen Philosophie, Religion und Wissenschaft eine verhängnisvolle Alleinherrschaft ausgeübt hätten, in ihre Schranken zu verweisen. Wir sollten endlich unseren Gefühlen die lebensbestimmende Rolle zugestehen, die ihnen so lange und so beharrlich verweigert worden sei.[294]

Während der zuletzt zitierte Autor von einem Dualismus ausgeht und nur die Änderung der Wertung propagiert, problematisieren andere Autoren, zum Beispiel aus der Philosophie[295] und aus der Organisationsforschung[296], eben diesen Dualismus beziehungsweise die antithetische Gegenüberstellung von Emotionalität und Rationalität. Die alternativen Positionen lauten, dass Emotionalität der Rationalität dienlich ist und (noch radikaler) dass beide untrennbar miteinander verbunden sind – und damit Rationalität schlussendlich ein Mythos ist.[297] Last but not least, wird auch im Kontext einer politischen Soziologie der Emotionen von der „Entdeckung der Emotionen als politischer Produktivkraft“ berichtet und werden sich „neue Zugänge zur Gegenüberstellung von Vernunft und Gefühl und der damit häufig verbundenen Logik der Trennung (z.B. öffentlich–privat) verschafft“.[298]

Beide, die Gegenüberstellung von Vernunft und Gefühl und die Logik der Trennung zwischen einem öffentlichen und einem privaten Bereich, sind wiederum eng verbunden mit dem Geschlechterdiskurs. Davon zeugen zunächst eine „Hyper-Emotionalisierung von Frauen“[299] auf der einen Seite sowie eine „Feminisierung“ von Emotionen[300] auf der anderen. Die Verbindungen von Gefühls- und Geschlechterdiskursen wurden schon im ersten Kapitel kurz angesprochen. Im folgenden Abschnitt wollen wir sie nun etwas genauer betrachten.

Verbindungen des Gefühls- mit dem Geschlechterdiskurs

In ihrem Beitrag *„Die Polarisierung der ‚Geschlechtscharaktere' – Eine Spiegelung der Dissoziation von Erwerbs- und Familienleben"* rekonstruiert Karin Hausen,[301] dass noch zu Beginn des 18. Jahrhunderts angenommen wurde, sowohl Frauen als auch Männer seien je nach Stand und Land ganz unterschiedlich. Erst im letzten Drittel jenes Jahrhunderts wurden die jeweils spezifischen Standesdefinitionen durch allgemeine Charakterdefinitionen ersetzt: die „Geschlechtscharaktere". Diese charakterisiert Hausen als Verhaltensmuster von erstens „höchster Allgemeinheit", weil sie für alle Frauen und Männer Gültigkeit beanspruchen, und von zweitens „höchster Intensität", weil sie von Geburt an per Sozialisation eingeschrieben[302] und damit „in das Innere der Menschen verlegt"[303] werden. An anderer Stelle spricht sie von den „Geschlechtscharakteren" als einem „Gemisch aus Biologie, Bestimmung und Wesen", das darauf abzielte, „die ‚naturgegebenen', wenngleich ... durch Bildung zu vervollkommnenden Gattungsmerkmale von Mann und Frau festzulegen".[304] Um welche Festlegungen es sich dabei handelt, verdeutlicht Abbildung 3.

Hausens Analyse der „Polarisierung der ‚Geschlechtscharaktere'" ist zunächst ein ebenso anschauliches wie instruktives Beispiel dafür, wie Geschlecht „fabriziert" wird. „Fabriziert" ist eine Bezeichnung, die Judith Butler verwendet und die sowohl im Sinne von „hervorgebracht" als auch im Sinne von „erfunden"[305] gelesen werden kann.[306] Fabriziert werden die Geschlechtscharaktere auch und insbesondere durch Bildung, wobei die (Ideal-)Bilder von „Weiblichkeit" und „Männlichkeit" als Vorlage dienen. Und die frisch fabrizierten „Geschlechtsunterscheidungen"[307] werden sogleich zu „Geschlechtsunterschieden" naturalisiert. In Butlers Worten ausgedrückt: „Die Konstruktion ‚erzwingt' gleichermaßen unseren Glauben an ihre Natürlichkeit und Notwendigkeit."[308]

Mann	**Frau**
Bestimmung für	**Bestimmung für**
außen	innen
Weite	Nähe
öffentliches Leben	häusliches Leben
Aktivität	**Passivität**
Energie, Kraft, Willenskraft	Schwäche, Ergebung, Hingebung
Festigkeit	Wankelmut
Tapferkeit, Kühnheit	Bescheidenheit
Tun	**Sein**
selbständig	abhängig
strebend, zielgerichtet, wirksam	betriebsam, emsig
erwerbend	bewahrend
gebend	empfangend
Durchsetzungsvermögen	Selbstverleugnung, Anpassung
Gewalt	Liebe, Güte
Antagonismus	Sympathie
Rationalität	**Emotionalität**
Geist	Gefühl, Gemüt
Vernunft	Empfindung
Verstand	Empfänglichkeit
Denken	Rezeptivität
Wissen	Religiosität
Abstrahieren, Urteilen	Verstehen
Tugend	**Tugenden**
Würde	Schamhaftigkeit, Keuschheit
	Schicklichkeit
	Liebenswürdigkeit
	Taktgefühl
	Verschönerungsgabe
	Anmut, Schönheit

Abbildung 3: Die „Polarisierung der ‚Geschlechtscharaktere'" nach Karin Hausen[309]

Schließlich ist Hausens Analyse ein aufschlussreiches Beispiel für die „Anordnung in geordneten Tableaus von Identitäten und Unterschieden“.[310] Ähnlich wie bei der Verschmelzung der Emotionswörter zu in sich homogenen und untereinander heterogenen Clustern werden auch hier aus „unübersichtlichen, unnützen und gefährlichen Mengen geordnete Vielheiten“ gemacht.[311] Durch zahlreiche Disziplinen „wissenschaftlich fundiert“ zur „Natur“ erklärt,[312] legitimieren die Geschlechtscharaktere die Zuordnungen von „Eigenschaften“, wie zum Beispiel Emotionalität und Rationalität, zu Frauen und Männern und deren Anordnung im gesellschaftlichen Gefüge. Hausen zeigt, dass und wie der Prozess der „Polarisierung der ‚Geschlechtscharaktere‘“ mit der Aufteilung der Geschlechter im gesellschaftlichen Raum verbunden war und ist. Insofern illustriert die Hervorbringung der „Geschlechtscharaktere“ auch, wie das Tableau als Wissensverfahren und Machttechnik zugleich fungiert. Foucault weist in diesem Zusammenhang darauf hin, dass der Körper der Frau diskursiv „verkoppelt“ wird mit dem „Gesellschaftskörper (dessen Fruchtbarkeit er regeln und gewährleisten muß), mit dem Raum der Familie (den er als substanzielles und funktionales Element mittragen muß) und mit dem Leben der Kinder (das er hervorbringt und das er dank einer die ganze Erziehung währenden biologisch-moralischen Verantwortlichkeit schützen muß)“.[313] Hausen untersucht diesen Prozess als „Spiegelung der Dissoziation von Erwerbs- und Familienleben“ und arbeitet heraus, wie der Diskurs über die Geschlechtscharaktere sowohl Bedingung als auch Auswirkung der Zuordnung der Frau zum privaten, häuslichen beziehungsweise familiären Bereich und der Zuordnung des Mannes zum öffentlichen, beruflichen, politischen Bereich ist.[314]

Zur Illustration soll hier noch einmal Immanuel Kant dienen, in dessen Ende des 18. Jahrhunderts erschienener *„Anthropologie in pragmatischer Hinsicht“* die „Polarisierung der Geschlechtscharaktere“ bereits eingeschrieben ist. Ein Beispiel dafür ist zunächst Kants fein säuberlich vorgenommene Trennung zwischen dem „männlichen“ Lachen und dem „weiblichen“ Weinen: „Lachen ist männlich, Weinen dagegen weiblich (beim Manne: weibisch), und nur die Anwandlung zu Tränen, und zwar aus großmütiger, aber ohnmächtiger Teilnehmung am Leiden anderer kann dem Manne verziehen werden, dem die Träne im Auge glänzt, ohne sie in Tropfen fallen zu lassen, noch weniger sie mit Schluchzen zu begleiten und so eine widerwärtige Musik zu machen."[315] Auch das ist eine jener Produktionen, die den Anschein des Natürlichen und Unvermeidlichen erzeugen. Was dabei auf der Strecke bleibt, sind nicht nur Begründungen, sondern auch Erinnerungen. Denn noch zu Beginn des 17. Jahrhunderts galt es keineswegs als „unmännlich" oder „weibisch", wenn Männer, auch in der Öffentlichkeit, weinten.[316]

Kants *„Anthropologie in pragmatischer Hinsicht"* enthält sogar einen Abschnitt, der „Charakter des Geschlechts" überschrieben ist.[317] Dabei handelt es sich einmal mehr um ein Paradebeispiel in Sachen Naturalisierung. Dort schreibt Kant nämlich, um zu einer Charakteristik des weiblichen Geschlechts zu gelangen, müsse man herausfinden, „was der Zweck der Natur bei Einrichtung der Weiblichkeit war".[318] Im Mittelpunkt seiner diesbezüglichen Überlegungen steht „die Vorsorge der Natur" für den Fortbestand der „Geschlechtsgemeinschaft in einer häuslichen Verbindung".[319] Hier kommt er zu dem – beruhigenden – Ergebnis, dass die „Vorsorge der Natur" alles klar und gut geregelt hat: „Des Mannes Wirtschaft ist das Erwerben, die des Weibes Sparen."[320]

Aber es gibt auch noch Regelungs- und Klärungsbedarf, und zwar hinsichtlich der Frage, wer im Hause herrschen soll. Dazu bemerkt Kant diplomatisch: „Ich würde in der Sprache der Galanterie (doch nicht ohne Wahrheit) sagen: die Frau soll herrschen, denn die Neigung herrscht und der Verstand regiert."[321] Soweit es der männliche Verstand für vernünftig hält, „unterwirft" sich der Mann sogar dem häuslichen „Regiment" der Frau, „um sich nur in seinen Geschäften nicht behindert zu sehen". Sie aber, die keine anderen Geschäfte hat, die ihre Energie beanspruchen und absorbieren, „scheut den Hauskrieg nicht, den sie mit der Zunge führt und zu welchem Behuf die Natur ihr Redseligkeit und affektvolle Beredtheit gab, die den Mann entwaffnet".[322] Manchmal greift die Frau freilich zu noch heimtückischeren Mitteln und „macht durch Tränen der Erbitterung den Mann wehrlos, indem sie ihm seine Ungroßmütigkeit vorrückt".[323]

Diese Passagen weisen, wie die Gebrüder Böhme bemerken, darauf hin, dass im Hintergrund der Kantschen Philosophie „die Amazonen [drohen]".[324] Sie verdeutlichen damit zugleich, dass die Verfertigung des empfindsamen und fügsamen weiblichen „Geschlechtscharakters" nicht gradlinig und reibungslos vonstatten gegangen ist (und geht). Die Frage, wer im Hause herrschen soll, und die Bemerkung, dass die Frau den Hauskrieg nicht scheue, verweisen auf ein Phänomen, das im zeitgenössischen Diskurs als „Kampf um die Hosen“ bezeichnet wurde. Unter dieser Überschrift arbeiten Gisela Bock und Barbara Duden auf Basis zahlreicher Quellen heraus, dass die Unterordnung der Frau als „natürliche Ordnung“ der Geschlechter gegen erheblichen Widerstand seitens der (Ehe-)Frauen durchgesetzt werden musste.[325]

Bemerkenswert in dem hier betrachteten Zusammenhang ist auch und vor allem die Begründung für die Notwendigkeit dieser Unterordnung: „Die Frau sei ihren Trieben mehr ausgeliefert als der Mann ..., sie sei lustfähiger und begehrlicher als er, Denken und Rationalität wären durch die Einflüsse eines unsteten Temperaments, unvorhersehbarer Gefühle dauernd gefährdet.“[326] Diese Passage kann auch als Beleg für Butlers These gelesen werden, das (männliche) Subjekt bilde sich durch Differenzierungsakte, die es von einem „konstitutiven Außen scheiden, einem Gebiet verworfener Andersheit, das gewöhnlich ... mit dem Weiblichen verbunden wird“,[327] beziehungsweise es werde „durch die Kraft des Ausgrenzens und Verwerflichmachens“ konstituiert.[328]

Auch hier ist die supplementäre Logik am Werk: Seit dem Erscheinen von Simone de Beauvoirs *„Das andere Geschlecht“*[329] wird in zahlreichen Quellen auf die Bedeutung der Konstruktion des Weiblichen gleichsam als Supplément für die Konstruktion der Identität bürgerlicher Männlichkeit verwiesen.[330] Und auch hier handelt es sich um jene „verworrene Dreiecksgeschichte“, denn „das Weibliche“ wird – wie das damit verbundene „Emotionale“ – nicht nur mit einem Negativvorzeichen, sondern auch mit einem Positivvorzeichen versehen.

Die „Negativvariante“ als die Frau, die als triebhaft und unberechenbar, weil von ihren Gefühlen beherrscht, imaginiert wird, wurde bereits angesprochen. Die so konstruierte Frau erscheint dem Mann als bürgerlich-rational-asketisch „fabriziertes“ Individuum als gefährlich. Davon zeugen nicht zuletzt zahlreiche *„Männerphantasein“*. In Theweleits gleichnamigem Buch über die „soldatischen Männer“ der NS-Zeit sind es die Schilderungen der in vielfacher Hinsicht bedrohlichen fanatischen, revolutionären, kastrierenden „Flintenweiber“ und der schamlosen „roten Krankenschwestern“.[331] Aus dem gleichen projektiven Stoff gemacht sind die älteren Mythen der „Feuer-“ und der „Wasserfrauen“. Christina von Braun analysiert den „Mythos der Hexen, bzw. ihrer Nachfolgerin Carmen“[332] folgendermaßen: Sowohl die in ihrer Fleischeslust als unersättlich geltende Hexe als auch die „feurige“, erotisch-leidenschaftliche Carmen stellen eine Gefahr dar, weil sie Männer „verhexen“ und ins Verderben stürzen können – und werden dafür mit dem (Feuer-)Tod bestraft. Hier werden Leidenschaft und Untergang, Eros und Blut miteinander verkoppelt. Weil sie das Blut der Männer in Wallung bringt, muss Carmen schließlich in ihrem eigenen baden. In diesem Zusammenhang verweist von Braun übrigens auf die Ähnlichkeit zu Texten von Ernst Jünger,[333] die wiederum in Theweleits Analysen einen großen Stellenwert haben. In den diversen Undinen- und Sirenenmythen sind es die „Wasserfrauen“, die für die männlichen Helden ebenfalls lustvolle Verführung, verbunden mit der Gefahr des Ertrinkens, verkörpern.[334]

Zur Vervollständigung des (Vexier-)Bildes fehlt noch die „Positivvariante“. Für die „soldatischen Männer“ sind es die a-sexualisierten, zu „reinen“ und tugendhaften Mutter- oder auch Schwesterfiguren stilisierten mitfühlenden „weißen Krankenschwestern“.[335] In Goethes Faust zieht das „ewig Weibliche“ den Mann bekanntlich nicht hinab in den Strudel der Lust und des Todes, sondern hinauf gen Himmel und errettet ihn. Und es ist wiederum die Romantik, die für die Verherrlichung des Gemenges von „Emotionalität“, „Natur“ und „Weiblichkeit“ steht. Von Christina von Braun stammt der Hinweis, dass die Hinwendung der Romantiker zur Weiblichkeit aber nicht gleichzusetzen ist mit deren Hinwendung zu Frauen. Ganz im Gegenteil: Am Beispiel (nicht nur) von Novalis' Beziehung zu seiner Braut Sophie illustriert sie, dass der Tod der realen Frau die „Verwandlung von lebendiger Frau in eine Metapher männlichen Frau-Seins“[336] erheblich erleichtert.

Während Christina von Brauns Analyse geprägt ist von einem tiefen „Misstrauen allen Versuchen einer Rehabilitation und Reinstallation dieser ‚Weiblichkeit‘ gegenüber“ – und das betrifft auch und insbesondere die Frauenbewegung[337] –, greifen differenztheoretisch orientierte Frauen- und Geschlechterforscherinnen jene Zuschreibungen, die Natur, Gefühl und Weiblichkeit verkoppeln, freudig auf – und beteiligen sich an der Aufwertung von „Weiblichkeit“. Paradebeispiele für solche „Aufwertungskampagnen“[338] sind die – ebenfalls supplementären – Konstruktionen einer als spezifisch weiblich geltenden Moral der Fürsorge (als Pendant zur „männlichen“ Moral der Gerechtigkeit)[339] und von „Androgynie“ in der Lesart als „Kombination *positiver* maskuliner und femininer Charakteristika“[340].

Diese Ansätze zur Aufwertung von „Weiblickeit" werden schließlich auch im aktuellen Führungsdiskurs aufgegriffen, den wir hier noch einmal kurz streifen wollen.[341]

Anknüpfend an die im vorigen Abschnitt zitierten Forderungen nach einer (Re-)Emotionalisierung von Führung wird seit geraumer Zeit „weibliche Führung" – oder auch „androgyne Führung" – als Erfolgsmodell propagiert. So argumentieren zum Beispiel Marilyn Loden[342] und Sally Helgesen[343], das „alte" = „militärische" = „männliche" Führungsmodell habe in die Krise geführt und stecke deshalb jetzt selbst in der Krise. Gestützt wird diese Argumentation auf die „Großen" der Zunft – unter anderem Peters und Waterman. Allerdings habe „[i]ronischerweise ... keiner der Autoren und Analysten, die von der Notwendigkeit des Wandels sprechen, eine Verbindung hergestellt, zwischen dem, was ihrer Ansicht nach für das Überleben der Unternehmen erforderlich ist, und den *natürlichen* Fähigkeiten weiblicher Manager".[344]

Maskulines Führungsmodell	**Weibliches Führungsmodell**
Stil des Handelns: wettbewerbsorientiert	Stil des Handelns: kooperativ
Organisationsstruktur: Hierarchie	Organisationsstruktur: Team
Grundlegendes Ziel: gewinnen	Grundlegendes Ziel: Qualitäts-Output
Stil des Problemlösens: rational	Stil des Problemlösens: intuitiv rational
Schlüsseleigenschaften: starke Kontrolle strategisch unemotional analytisch	Schlüsseleigenschaften: geringere Kontrolle einfühlsam auf Zusammenarbeit eingestellt hohe Leistungsstandards

Abbildung 4: Marilyn Lodens Gegenüberstellung „maskuliner" und „femininer" Führung[345]

Auch hier werden, wie Abbildung 4 illustriert, die Geschlechtsunterscheidungen in Form von Tableaus präsentiert.

Und einmal mehr enthalten diese Tableaus die seit der „Polarisierung der ‚Geschlechtscharaktere'" gängigen Geschlechtsunterscheidungen. Und einmal mehr werden diese als „natürlich" bestimmt. Neu ist hingegen die damit verbundene Wertung. Die als „männlich" attribuierten Charakteristika werden jetzt eher abgewertet oder zumindest als ergänzungsbedürftig angesehen, die als „weiblich" attribuierten aufgewertet.

Diese Aufwertung „weiblicher" Führungsqualitäten schlägt sich jedoch nicht in einer deutlich verbesserten Positionierung von Frauen im gesellschaftlichen beziehungsweise organisationalen Machtgefüge nieder. Daraus lässt sich schließen, dass auch hier die Privilegierung von „Weiblichkeit" nicht gleichbedeutend ist mit einer Privilegierung von Frauen. Das zeigt zunächst der Blick auf die „japanische Betriebsfamilie", die nach dem Modell der Gemeinschaft, verbunden mit einem eher „weiblichen" beziehungsweise „mütterlichen" Führungsmodell, konzipiert ist, an deren Spitze aber männliche Führungskräfte stehen. Claudia Weber, die diesem Phänomen nachspürt, stellt dabei eine Verbindung zur Kritik „männlicher" und Aufwertung „weiblicher" Führung im angelsächsischen Diskurs her: „Die Debatte um den neuen ‚weiblichen' Führungsstil deute ich als kaschierten Appell (vorwiegend an den männlichen Managementnachwuchs[346]), sein ‚Ego' in passender Weise zu modellieren."[347] Insofern findet sich auch im aktuellen Führungsdiskurs jene „Verwandlung von lebendiger Frau in eine Metapher männlichen Frau-Seins", die Christina von Braun den Romantikern attestiert.

Die Organisation der Ströme

Eindämmen und Trockenlegen

In diesem Kapitel unterscheiden und untersuchen wir vier Strategien[348] des Organisierens der Leidenschaften – und schöpfen dabei selbst aus dem Symbolreservoir des Wassers. Ausgangspunkt dieses ersten Abschnitts sind jene diskursiven Positionen, in welchen die Leidenschaften als bedrohliche Kräfte erscheinen, deren zerstörerische Macht es zu bannen gilt. Die Strategie, die eine Lösung des so konstruierten Problems verspricht, ist Eindämmen und Trockenlegen.

In einer bestimmten Lesart der Psychoanalyse wird in diesem Zusammenhang auf die Beherrschung des „Es" beziehungsweise der Triebe durch das „Ich" fokussiert. Sigmund Freud hatte, wie erwähnt, sein Misstrauen gegenüber den „ozeanischen Gefühlen" in *„Das Unbehagen in der Kultur"* zum Ausdruck gebracht. Diese „ozeanischen Gefühle", die den Menschen überfluten können und seine Grenzen gegenüber der Welt und dem Anderen aufzulösen drohen, hatten für ihn deutlich pathologische Züge: „Die Pathologie lehrt uns eine große Anzahl von Zuständen kennen, in denen die Abgrenzung des Ichs gegen die Außenwelt unsicher wird, oder die Grenzen wirklich unrichtig gezogen werden."[349] Eine Ausnahme ließ Freud allerdings gelten: das Verliebtsein. „Nur in einem Zustand, einem außergewöhnlichen zwar, den man nicht als krankhaft verurteilen kann, wird es anders. Auf der Höhe der Verliebtheit droht die Grenze zwischen Ich und Objekt zu verschwimmen. Allen Zeugnissen der Sinne entgegen behauptet der Verliebte, daß Ich und Du eines seien, und ist bereit, sich, als ob es so wäre, zu benehmen."[350] Hier wird einmal mehr das Verliebtsein als Reservat konstruiert, innerhalb dessen erlaubt ist, was außerhalb beziehungsweise an allen anderen Orten als krankhaft und bedrohlich stigmatisiert wird – und deshalb bekämpft werden muss. Die Formel des späten Freuds, „Wo Es war, soll Ich werden", wird von Theweleit als ein Programm der Stilllegung und Trockenlegung gedeutet.

Theweleit stellt auch heraus, dass Freud das Ziel der Trockenlegung sogar explizit formulierte, als er den Prozess der Bildung des Ich mit der „Trockenlegung der Zuydersee verglich".[351]

Ökonomische und soziologische Analysen verdeutlichen dagegen, dass es beim Eindämmen und Trockenlegen nicht (nur) um die Bändigung menschlicher Natur(-gewalten) geht, sondern (auch) um historisch-gesellschaftliche Prozesse. Viele AutorInnen stellen hier eine Verbindung zur kapitalistischen Industrialisierung her. Ihr Ausgangspunkt ist die Analyse des mit dieser Entwicklung verbundenen rasanten ökonomischen Wachstums, welches bewirkte, dass auf der einen Seite von wenigen Menschen immer größere Reichtümer angehäuft wurden, während auf der anderen Seite die Massen entwurzelt wurden und verarmten. Als Effekt dieser ökonomischen Entwicklung wurde die Gefahr gesehen, „daß diejenigen, die von diesen gewaltsamen Veränderungen betroffen waren, sich früher oder später einmal ihren Leidenschaften überlassen könnten – nämlich Leidenschaften wie Wut, Angst und Empörung".[352] Mit Kant könnte man auch von der Leidenschaft der Freiheitsneigung sprechen, welche ihm zufolge „die heftigste unter allen" ist, weil sich hier der Mensch gegen das Unglück der Unterwürfigkeit zur Wehr setzt – und zwar so lange, „bis ihn Disziplin allmählich dazu geduldig gemacht hat".[353]

Aus der Sicht derer, die ihre (Vor-)Herrschaft verteidigten, erschienen die widerständigen Beherrschten als Masse, die getrieben war von „irrationalen ... umstürzlerischen, ‚dunklen', ‚weiblichen' Emotionen",[354] während für die eigene Position Rationalität, Verlässlichkeit oder moralisch begründete Überzeugungen in Anspruch genommen wurden – und das gilt ebenfalls in der beziehungsweise für die Gegenwart. „Die Leidenschaft ist", wie auch Michael Walzer betont, „mit den anderen verknüpft, mit der ‚blutgefärbten Flut', die aus den Tiefen steigt."[355]

Von den faschistischen Männern, die im Mittelpunkt von Theweleits Analyse stehen, wurden die aufständischen Arbeitermassen ebenfalls in aufschlussreicher Weise als *rote Flut* beschrieben. Über dem Helden eines der Romane, die Theweleit als Material benutzt, schlug eine „riesige *schmutzigrote* Welle ... zusammen; er glaubt, darin zu ertrinken".[356] In einem anderen Text heißt es: „... der Strom ist rot und Blut".[357] Und schließlich wurde die „rote Flut" sogar mit dem Menstruationsblut in Verbindung gebracht.[358]

Diese Bezeichnungen und Verknüpfungen verweisen nicht nur einmal mehr auf die Verbindung von Gefühls- und Geschlechterdiskurs. Sie verdeutlichen auch, dass die Fluten, mit denen wir es hier zu tun haben, keineswegs aus reinem, klarem Wasser bestehen. Das ist der Ausgangspunkt der Strategie des Reinigens, die Gegenstand des übernächsten Abschnitts ist.

Allerdings wurden im Diskurs über den entstehenden Kapitalismus nicht nur die Leidenschaften der widerständigen Beherrschten, sondern auch die der Herrschenden problematisiert. Auf der Seite der KapitalistInnen waren es vor allem die Geldgier oder die Gewinnsucht, die Anlass zur Besorgnis gaben.[359]

Beide Leidenschaften – die aufbegehrende und die gierende – galt und gilt es zu bekämpfen. Die Aufgabe bestand und besteht also darin, „die schlimmsten Äußerungen und die gefährlichsten Folgen der Leidenschaften notfalls mit Gewalt einzudämmen".[360] Dabei waren und sind Machtausübung durch Umformung „von außen" (durch Regeln, Verbieten, Überwachen und Strafen) und durch Umformung „von innen" (durch subjektivierende Diskurse und Praktiken jeglicher Art) eng miteinander verwoben.

Mit Blick auf die *Kapitalisten* ist es Max Weber, der in der *„Protestantischen Ethik"* nicht müde wird zu betonen, der Kapitalismus sei auf keinen Fall gleichzusetzen mit schranken- beziehungsweise hemmungsloser Erwerbsgier oder triebhafter Habgier, sondern vielmehr „mit der Bändigung, mindestens mit rationaler Temperierung, dieses irrationalen Triebes".[361] Ein von Weber ausführlich behandeltes Mittel zur rationalen Temperierung oder Bändigung ist die asketische Lebensführung. Der Kapitalist soll sein Kapital akkumulieren und sich nicht auf seinem Reichtum ausruhen. Denn wenn er nicht asketisch lebt und akkumuliert, sondern seinen Reichtum genießt, dann besteht die Gefahr von „Müßigkeit und Fleischeslust".[362] Müßiggang und Zeitvergeudung gelten als die ersten und schwersten aller Sünden. Fleischeslust und Erotik sind aus der Perspektive der Askese eine „todfeindliche Macht".[363] Aber Weber kennt auch ein Heil- und Gegenmittel, ein „Präventiv gegen all jene Anfechtungen, welche der Puritanismus unter dem Begriff ‚unclean life' zusammenfaßt":[364] die Arbeit.

Die Arbeit galt nicht nur als das geeignete Mittel der Disziplinierung der Kapitalisten, sondern vor allem auch als das Mittel, das die *ArbeiterInnen* fügsam – und damit verfügbar – machen konnte. In diesem Zusammenhang ging es nicht nur darum, die erotischen Leidenschaften zu bekämpfen, zumindest innerhalb der Arbeitszeit und am Arbeitsplatz. Es ging auch und insbesondere um die Leidenschaften des Aufbegehrens und der Freiheitsneigung. Gegen all diese aus der Perspektive der Herrschenden destruktiven Leidenschaften sollte eine strikte Arbeits- und Zeitdisziplin Abhilfe schaffen. Deren Durchsetzung und Einschreibung in die Köpfe und Körper der ArbeiterInnen ist ein oft geschriebenes Kapitel des Organisierens von Leidenschaften. Michel Foucault fokussiert in seiner Untersuchung der Disziplin vor allem auf die Ökonomisierung der Körper.[365] Er will diesen Prozess jedoch nicht auf den kapitalistischen Betrieb beschränkt sehen, sondern thematisiert auch die Gleichzeitigkeit und Strukturähnlichkeit dieser Disziplinierung in Organisationen wie Militär,[366] Anstalt, Schule und Gefängnis.

Disziplinierung durch Arbeit, das betraf schließlich in ganz besonderem Maße jene *Entwurzelten und Verarmten*, die sich hinreißen ließen und sich eines Verbrechens schuldig machten. Für sie war, wie unter anderem Foucault herausarbeitet, das Gefängnis als Arbeitshaus Strafe und Erziehungsmittel zugleich. Foucault, der die Strafpraktiken als gesellschaftliche Funktion genealogisch zurückverfolgt, unterscheidet zwei Modelle der Organisation der Strafgewalt. Das erste Modell, das auf den ersten Blick noch an die öffentlichen Martern des Ancien Regime erinnert, sah vor, die Ökonomie der Strafen in die „zerbrechliche Mechanik der Leidenschaften"[367] einzuschreiben. Dazu musste ein „System von Hemmzeichen"[368] entwickelt werden, das auf einer transparenten Verbindung zwischen Zeichen (Bestrafung) und Bezeichnetem (Straftat) beruhte und den (potenziellen) VerbrecherInnen die üblen Folgen der Tat stets vor Augen führte: „jede Züchtigung ist eine Lehrfabel".[369] Allein der Gedanke an die Tat sollte eindämmend wirken und „das Begehren, welches das Verbrechen anziehend macht [blockieren]".[370] In einer von Foucaults Quellen heißt es dazu: „Also müssen die gedachten Hemmnismittel unaufhörlich vor Augen schweben, wenn sie den starken Eindrücken der stürmenden Leidenschaften das Gleichgewicht halten sollen."[371] Später wurde die Gefängnishaft zur vorherrschenden Form der Bestrafung.[372]

Diese diente zugleich der Erziehung: Ein Gemenge aus ständiger Überwachung, minutiöser Zeiteinteilung, geistlichen Ermahnungen und vor allem disziplinierter Arbeit sollte dort die Häftlinge „zum Guten hinziehen und vom Bösen abwenden“.[373] Verstärkt werden sollte dieser – gewünschte – erzieherische Effekt durch eine angemessene Entlohnung der im Gefängnis oder auch Arbeitshaus geleisteten Arbeit. Dann hätten die „Insassen“ bei ihrer Entlassung etwas Geld angespart und einen Beruf erlernt oder wären zumindest an diszipliniertes Arbeiten gewöhnt, was deren (Wieder-)Eingliederung als nützliche Mitglieder der Arbeitsgesellschaft erheblich erleichtern würde. Damit diente die (Zwangs-)Arbeit nicht nur – wie die älteren Modelle – der Abschreckung, sondern auch der Verfertigung von „Maschinen-Individuen“[374] mit brauchbaren (Arbeits-) Tugenden.

Der Ort, an dem schlussendlich alle hier angesprochenen AkteurInnen zusammentreffen, ist der moderne kapitalistische Betrieb als *Bürokratie*. Die Bürokratie ist der Idealtypus des Terrains, das mittels Eindämmung gegen die Ein-Flüsse von oder gar die Überflutung durch Leidenschaften geschützt ist. Die Bürokratie ist – im Idealfall – die Maschinen-Organisation schlechthin. „Ein voll entwickelter bürokratischer Mechanismus verhält sich ... wie eine Maschine“, schreibt dazu Max Weber.[375]

Bürokratie beziehungsweise bürokratische Herrschaft ist rational, weil sie berechenbar ist, und sie ist berechenbar, weil sie rational ist. „Ihre spezifische, dem Kapitalismus willkommene, Eigenart entwickelt sie um so vollkommener, je mehr sie ‚entmenschlicht‘, je vollkommener ... ihr die ... Ausschaltung von Liebe, Haß und allen rein persönlichen, überhaupt aller irrationalen, sich dem Kalkül entziehenden Empfindungselementen aus der Erledigung der Amtsgeschäfte gelingt.“[376] Die Aufgabenerfüllung erfolgt in bürokratischen Organisationen sachlich, das heißt „ohne Ansehen der Person“.[377] Der ideale Beamte, so Weber, waltet seines Amtes „ohne Haß und Leidenschaft, daher ohne ‚Liebe‘ und ‚Enthusiasmus‘“.[378]

Bürokratische Herrschaft als moderne, rationale Organisation wäre, wie Weber betont, ohne die räumliche Trennung von Betrieb und Haushalt beziehungsweise Wohnstätte nicht möglich gewesen.[379] Damit der bürokratisch organisierte Betrieb zum Ort der Rationalität werden kann, muss das Emotionale generell – und speziell die für die Rationalisierung

„todfeindliche“ Macht der Erotik – ausgegrenzt und in den (Privat-) Bereich von Familie und Haushalt verwiesen werden. Hier wird einmal mehr die Verbindung zur Ordnung der Gefühle und der damit verbundenen Ordnung der Geschlechter deutlich: Familie und Haushalt und die dort zugeordneten Menschen weiblichen Geschlechts werden in diesem Diskurs dem Emotionalen, Sexuellen und Unberechenbaren zugeordnet, Betrieb und Bürokratie und die dort zugeordneten Menschen männlichen Geschlechts dem Rationalen und Berechenbaren. Leidenschaften und andere Gefühle werden aus bürokratischen Organisationen ausgeschlossen und in das Reservat von Familie und Privatleben verbannt.

Im Folgenden wollen wir noch ein wenig genauer betrachten, wie die mit Industrialisierung und Bürokratisierung verbundenen disziplinierenden Praktiken darauf zielen, Sexualität innerhalb der bürokratischen Arbeitsorganisationen gänzlich auszumerzen. Daniela Rastetter unterscheidet und untersucht drei Mechanismen der *Desexualisierung von Organisationen*,[380] deren Darstellung wir mit eigenen Beispielen anreichern:

- *(Heterosexualität vorausgesetzt) die Geschlechtertrennung:* Die radikalste Form der Geschlechtertrennung besteht darin, geschlechtshomogene Organisationen zu schaffen. Das kann zum einen bedeuten, Organisationen überhaupt nur für Männer zugänglich zu machen (wie es zum Beispiel lange Zeit beim Militär und bei Universitäten der Fall war); damit ist nicht nur die Sexualität zwischen Frauen und Männern ausgeschlossen, sondern zugleich die Frau als Verkörperung von Sexualität und Emotionalität. Das kann zum anderen bedeuten, für Frauen und Männer jeweils getrennte organisationale Gebilde einzurichten (wie zum Beispiel Frauenklöster und Männerklöster oder Mädchenschulen und Jungenschulen). In Fabriken, wo es – trotz massiver Vorstöße für das Verbot von „Frauenarbeit“ – aus ökonomischen Gründen nicht gelungen ist, Frauen als Arbeitskräfte ganz auszuschließen, erscheint die Geschlechtertrennung innerhalb der Organisation (zum Beispiel durch getrennte Arbeits- und Sanitärräume) als ‚Second Best-Lösung‘. Dazu eine Illustration aus dem 1868 erschienenen Buch *„Allgemeine Gewerkslehre“* von Karl Bernhard Arwed Emminghaus: Dieser plädierte nicht nur für getrennte Arbeitsräume für Frauen und Männer und für weibliche „Aufsichten“ für Arbeiterinnen, sondern berichtete auch, dass „sorgsame Fabrikanten ihre Arbeiterinnen am Abend etwas früher aus der Arbeit [entlassen], um das gemeinsame Nachhausegehen mit den Arbeitern im Dunkeln zu verhüten".[381]

- *Verbote und Strafen:* Diese richteten und richten sich nicht nur auf Heterosexualität, sondern auch auf Homosexualität und die „tausend abweichenden Sexualitäten",[382] die durch die Verregelung und Verriegelung erst hervorgebracht werden. Das beginnt, wie Gibson Burrell anschaulich analysiert,[383] in den Institutionen, die als Vorläufer moderner bürokratischer Organisationen gelten, der (katholischen) Kirche (zum Beispiel durch das Zölibatsgebot als generelles Verbot sexueller Beziehungen und Aktivitäten) und dem Militär (zum Beispiel durch drastische Bestrafung nicht nur von Vergewaltigungen, sondern von allen homosexuellen Praktiken bei der britischen Navy). Das setzt sich fort in den moderneren bürokratischen Arbeitsorganisationen: Damit trotz gemischtgeschlechtlicher Belegschaften (hetero-)sexuelle Kontakte gar nicht erst möglich wurden, verboten beispielsweise in den ersten Jahrzehnten des vorigen Jahrhunderts viele Personalabteilungen von Einzelhandelsbetrieben den „Verkehr zwischen beiden Geschlechtern ... außerhalb der Verkaufsräume, vor allem in den Pausen" und zum Teil auch jeden „nicht-geschäftliche[n] Verkehr zwischen männlichen und weiblichen Angestellten".[384] Und schließlich sind hier auch die aktuellen gesetzliche Regelungen beziehungsweise Verbote zum Schutz vor sexueller Belästigung zu nennen.[385]

- *Kontrolle der Zeit und des Körpers:* Auf die Arbeits- und Zeitdisziplin und deren Bedeutung für eine asketisch-arbeitsame Lebensführung wurde bereits eingegangen. Burrell erwähnt in diesem Zusammenhang noch einmal die – zeitliche und örtliche – Auslagerung sexueller Aktivitäten in die Freizeit und in das Privatleben durch die Arbeitgeber zu Beginn der Industrialisierung.[386] Ergänzend sei angemerkt, dass zur Kontrolle des Körpers auch die der Kleidung gehört. So geboten zum Beispiel die Kleiderordnungen für Verkäuferinnen in den 1920er Jahren „unauffällige dunkle Kleidung". Verboten waren unter anderem: Schmuck, farbige Untertaillen, durchsichtige Spitzeneinsätze und farbige Schuhe.[387] Bis heute gilt: Graue oder dunkle Kleider,

Kostüme, Anzüge oder Kittel (in Fabriken) verhüllen Körperlichkeit und symbolisieren Sachlichkeit – und sind deshalb zum Klischeebild bürokratischer Organisation(en) und der dort Arbeitenden geworden.

Diese Beispiele verdeutlichen nicht nur den Variantenreichtum der Diskurse und Praktiken zur Eindämmung bürokratischer Organisationen, um sie vor den „schädlichen Einflüssen“ sexueller Begierden und Handlungen zu schützen. Sie verdeutlichen auch, dass es dabei nicht nur um den Schutz der Bürokratie als effizienter Institution geht, sondern auch um den ihrer Mitglieder, und zwar insbesondere ihrer weiblichen, die als besonders gefährdet und deshalb besonders schutzbedürftig gelten. Bemerkenswerterweise ist es in diesem Kontext nicht die „ungezügelte Triebhaftigkeit“ der Arbeiterinnen, die als besondere Gefahr erscheint, sondern die ihrer männlichen Kollegen. Und schließlich wird deutlich, dass die geschilderten Begrenzungsbemühungen ein neues Grenzziehungsproblem hervorbringen: Wo endet das zu schützende Terrain? Sollen oder müssen die Arbeiterinnen und Verkäuferinnen nur am Arbeitsplatz und während der Arbeitszeit geschützt werden oder auch in den Pausen, auf dem Heimweg oder noch darüber hinaus?

Diese Frage stellte sich nicht nur mit Blick auf den „Schutz der Sittlichkeit“, sondern genereller hinsichtlich des Kampfes gegen ein „unclean life“. Manche „Fabrikherren“ begnügten sich nicht damit, Sexualität am Arbeitsplatz zu verbieten, sondern dehnten die Kontrolle der Sexualität „ihrer“ Beschäftigten auch auf deren Privatleben aus. So erwartete Henry Ford von „seinen“ Arbeitern ein geregeltes und vernünftiges Eheleben, in dem die sexuelle Energie ebenso regelmäßig wie in Maßen verausgabt werden sollte. Auf gar keinen Fall sollten durch ein ungezügeltes Sexualleben außerhalb der dafür vorgesehenen Institution der Ehe kostbare Energien verschwendet werden, „denn Leidenschaft und zeitökonomische Produktivität galten als unversöhnliche Gegensätze“.[388] Ford gelang es nicht nur durch eine gezielte Lohnpolitik – den berühmten fünf Dollar Lohn, die den Beschäftigten der Fordwerke ein vergleichsweise hohes Einkommen sicherten –, die Arbeiter an das Unternehmen beziehungsweise die Fordwerke zu binden und die „Fluktuation“ zu reduzieren. Er stellte auch sicher, dass die private Lebensführung der Beschäftigten mit den moralischen und asketischen Vorgaben der Unternehmensleitung übereinstimmte. Diesem Zweck diente unter anderem die Einrichtung einer „soziologischen“ Abteilung in den Fordwerken. Die MitarbeiterInnen dieser Abteilung hatten freien Zugang zu den Wohnungen der Beschäftigten. Ihre Aufgabe war es, die Lebensführung der Beschäftigten zu überprüfen. Wer diesen Anforderungen nicht genügte, verlor in der Regel den Anspruch auf erhöhten Lohn – oder sogar den Arbeitsplatz.[389]

Wir haben hier zwar als Beispiel die Praktiken gewählt, mittels derer sich bürokratische Organisationen vor der Überflutung durch (unkontrollierte) Sexualität schützen. Neben den sexuellen Leidenschaften erscheinen aber auch die Habgier oder der Enthusiasmus, letztlich alle „allzumenschlichen“ Leidenschaften als Gefahren. Die Dämme werden errichtet, um alle bedrohlichen Ein-Flüsse der Fluten der Leidenschaften und Emotionen in die bürokratische Organisation und alle unkontrollierten emotionalen Aus-Brüche der Organisationsmitglieder zu verhindern.

Die Ausgrenzung der als bedrohlich empfundenen Leidenschaften durch „Eindämmen und Trockenlegen“ ist allerdings eine problematische und ambivalente Strategie. Erstens besteht die Gefahr des *Dammbruchs* beziehungsweise der Grenzüberschreitung, zweitens besteht die der *Austrocknung*. Betrachten wir diese beiden *paradoxen Effekte* etwas genauer.

Erstens wird, wo Dämme gegen die Flut gebaut werden, die Kraft des Wassers nicht verkleinert, sondern vergrößert. Damit steigt die Gefahr, dass das Ausgegrenzte und Unterdrückte immer stärker wird, sich gewaltsam einen Weg bahnt, die Dämme unter- oder überspült, ausbricht und das geschützte Terrain überflutet. Mehr noch: Jede Begrenzungsstrategie (nicht nur) der Leidenschaften erzeugt zugleich – als Supplément – die Lust an der Grenzüberschreitung. Das hat zunächst Bataille herausgestellt, wenn er schreibt: „Die Überschreitung ist nicht die Negation des Verbots, sondern sie geht über das Verbot hinaus und vervollständigt es.“[390] Paradoxerweise erzeugen also Verbote das Abweichende und Andere. Sie bringen, wie auch Foucault betont, „nicht unüberschreitbare Grenzen, sondern die *unaufhörlichen Spiralen* der Macht und der Lust [hervor]“.[391] Die Begrenzungsstrategie, die die Leidenschaften ausgrenzt und unterdrückt, produziert damit zugleich (potenziell) die gewaltsamsten

Ausbrüche. Und je rigider und strikter die Grenzen definiert sind, umso größer und mächtiger wird tendenziell auch die Angst vor der realen oder imaginierten Gefahr des Dammbruchs. Diese Angst vor dem Dammbruch, eine spezielle Version der Entgrenzungsangst, kann selbst zu einer Antriebskraft werden, die Energien auf die Aktivität der Verregelung und Verriegelung lenkt. Dann wird der Grenzschutz zur vordringlichen Aufgabe, die sehr viel Energie absorbiert. Der paradoxe Effekt dieser Strategie mag die Erzeugung einer „panischen Kultur“ sein, die man nach Peter Sloterdijk an ihrem „Respekt vor Wasserhähnen“[392] erkennt: Wo immer man dreht, es könnten die Fluten herein- oder hervorbrechen …

Abhilfe schaffen soll hier *partielle Entgrenzung als Supplément*. Diese produziert geregelte Abflussmöglichkeiten und Sickerbecken, damit das Ausgegrenzte und Unterdrückte sich nicht gewaltsam und unkontrolliert Bahn bricht. Der Karneval, der zeitlich und räumlich begrenzt viele der normalerweise geltenden Regeln und Tabus außer Kraft setzt, ist ein Phänomen, das diese partielle Entgrenzung sehr anschaulich illustriert. Hier werden gewissermaßen die gesellschaftlichen Schleusen geöffnet, um in kontrollierter Weise den emotionalen Überdruck abzuleiten, der sich durch Verbote aufstaut und damit die gesellschaftliche Ordnung (latent) bedroht. Im Zuge der verstärkten Einbindung der Beschäftigten werden solche Zeiten und Räume auch innerhalb der (bürokratischen) Organisation geschaffen. Das Paradebeispiel dafür sind Betriebsfeiern oder -ausflüge, bei denen das „Personal“ beziehungsweise die „Humanressource“ menschlich sein darf. Hier werden (in Grenzen natürlich)[393] die Zwänge gelockert, hier sind Gefühlsäußerungen und -überschwänge nicht nur erlaubt oder geduldet, sondern sogar gefordert.[394] Dies mag eine Erklärung für das Unbehagen sein, das sich bei manchen Beteiligten oder Beobachtenden solcher organisierten *social events* einstellt.

Eine fiktionale Steigerung der Gefühlskontrolle durch das Schaffen geregelter Abflussmöglichkeiten findet sich in Aldous Huxleys Roman *„Schöne neue Welt“*. Ganz im Sinne der Bürokratie funktioniert diese auf Basis der Regel: „Wenn der Einzelne fühlt, wird das Ganze unterwühlt.“[395] Aber im Unterschied zur Bürokratie ist dort freie Sexualität nicht nur gestattet, sondern sogar geboten. Die Begründung dafür lautet: „Unterdrückte Triebe fließen über, werden zu Gefühlen, zu Leidenschaften, sogar zu Wahnsinn, je nach der Gewalt des Stroms, der Höhe und Stärke der Dämme. Der ungehemmte Strom ergießt sich sanft in sein vorgezeichnetes Bett, mündet in stilles Behagen.“[396] Den Erkenntnissen der an der „Hochschule für Emotionstechnik“ tätigen „Gefühlsingenieure“[397] gemäß muss ein aufkommendes Begehren unmittelbar erfüllt werden, damit sich dieses „stille Behagen“ einstellt. Hervorgebracht werden soll es zunächst durch den Zwang zur allseitigen sexuellen Verfügbarkeit („Jedermann ist seines Nächsten Eigentum“). Hinzu kommen eine Reihe weiterer Praktiken: zum Beispiel die Verabreichung einer Droge namens Soma, das Gefühlskino und die Eintrachtsandachten in der „Fordsons-Vereinigungshalle“, an denen die BürgerInnen im Zweiwochenrhythmus teilnehmen – in Gruppen von je sechs Frauen und Männern:[398] Für diesen Zweck eigens geweihte Somatabletten, der von Hand zu Hand gehende Eintrachtskelch, stimulierende Beleuchtung, Trommeln und gemeinschaftliche „Rutschiputschi“-Gesänge sorgen für „Besessenheit in den hinschmelzenden Eingeweiden“. Und schließlich kommt es zur „Erfüllung aller Vergemeinschaftung“: Paarweise sinken die Teilnehmenden auf die bereitgestellten Sofas, wo ihnen die „stille Ekstase der Erfüllung“ zuteil wird. Eine weitere bemerkenswerte Praktik ist der „TLE-Behandlungszwang“ als eine der „Voraussetzungen vollkommener Gesundheit“.[399] TLE steht für „Tolle-Leidenschaft-Ersatz“. Einmal monatlich wird der gesamte Organismus aller Frauen und Männer mit Adrenin durchflutet, einem 100-prozentigen Äquivalent von Angst und Wut, das genau die gleichen Wirkungen erzielt wie Desdemona zu erwürgen oder von Othello erwürgt zu werden – aber eben ohne jene „Unannehmlichkeiten“, die wirkliche Angst und Wut mit sich bringen. Die Eliminierung von „echten“ Leidenschaften geht mit der Verordnung von Leidenschaftssurrogaten einher – ein wahrlich paradoxer Effekt.

Derartige Praktiken könnten nicht nur zur Vorbeugung gegen Dammbruch und Überflutung eingesetzt werden, sondern auch zur Bannung der *zweiten* Gefahr, die mit der Trockenlegung durch Dammbau verbunden ist: die Gefahr der Austrocknung des auf diese Weise geschützten Terrains. Die extremste Form, eine Art mentale Dürrekatastrophe, entsteht, wenn die Wunschproduktion versiegt. Hier stoppt der Dammbau den Zufluss der vitalen Energiequelle. Das Austrocknen der Wunschströme kann die Leidenschaften aber nicht nur verschwinden lassen, sondern es kann sie auch in ihrer Qualität verändern. Folgt man Friedrich Nietzsche und Gilles Deleuze, kann man sagen, dass die Kräfte „reaktiv werden“:[400] Die „aktiven Kräfte“, die auf Schöpfung und Kreation drängen, werden

„abgetrennt von dem was sie können". Sie wenden sich in der Folge nach innen, gegen sich selbst. Das heißt: Sie hören nicht auf zu wirken, sondern sie verwandeln sich in „triste"[401] oder „trübsinnige"[402] Leidenschaften. Schlechtes Gewissen, Ressentiment und asketisches Ideal sind die drei Erscheinungsformen dieser gehemmten und hemmenden Kraft.

Nietzsche wandte sich gegen eine Denkweise, welche die Kräfte „versiegen" lassen will, und betonte die Notwendigkeit, „[d]ie großen Kraftquellen, jene oft so gefährlich und überwältigend hervorströmenden Wildwasser der Seele ... in Dienst zu nehmen und zu *ökonomisieren*".[403] Dies ist – bei aller Unterschiedlichkeit – der gemeinsame Nenner der in den folgenden drei Abschnitten thematisierten Strategien. Im Gegensatz zur Strategie des Eindämmens und Trockenlegens sollen sie das Fließen des Begehrens beziehungsweise der Leidenschaften nicht blockieren, sondern gerade ermöglichen.

Wie wir sehen werden, sind aber auch diese Strategien mit Grenzziehungen verbunden, durch die Territorien abgesichert werden sollen. Deleuze und Guattari konzipieren Territorialisierung und Deterritorialisierung (und Reterritorialisierung) als gegenläufige und sich zugleich wechselseitig ergänzende Bewegungen.[404] Grenzziehungen werden hier also als Prozess der Öffnung und Schließung betrachtet, die Grenze als eine *Teilungs*linie, die abgegrenzte Bereiche (innen/außen, öffentlich/ privat, Mann/ Frau et cetera) entstehen lässt, aber auch als eine *Verbindung* der Teile, die durch die Grenzziehung erst hergestellt worden sind. Mit der durch Teilung entstandenen Verbindung wird also zugleich auch eine Relation zwischen den abgegrenzten Bereichen hergestellt. Hierin liegt ein Paradoxon der Grenzziehung beziehungsweise der Grenze. Das macht diese, wie es Robert Cooper ausdrückt, zu einer „source of paradox and contradiction in social life".[405]

Wie verschränken beziehungsweise vermischen sich nun Deterritorialisierung und Reterritorialisierung beziehungsweise Öffnung und Schließung im Zusammenhang mit den anderen Strategien der Organisation der Ströme? Und welche paradoxen Effekte bringen diese hervor?

Kanalisieren

Die Strategie des Kanalisierens stoppt den Fluss der Leidenschaften nicht durch das Errichten von Dämmen. Sie lenkt ihn vielmehr in geregelte Bahnen. Auch hier werden also Grenzen gesetzt, Mauern und Schutzwälle errichtet. Die Grenze verläuft jedoch, bildlich gesprochen, nicht mehr frontal, sondern sie flankiert und reguliert die Ströme.

Die so bezeichnete Strategie steht im Mittelpunkt von Albert O. Hirschmans Studie *„Leidenschaften und Interessen"*. Ihm zufolge geht es dabei darum, „die Leidenschaften, statt sie einfach zu unterdrücken ... für andere Zwecke einzuspannen und nutzbar zu machen".[406]

Hirschman zeichnet in seiner historischen Analyse nach, wie zunächst versucht wurde, Leidenschaften zu kontrollieren, indem man eine Leidenschaft gegen die andere ausspielte, um das Prinzip der wechselseitigen Neutralisierung zu realisieren. Die Idee bestand darin, eine Sorte von Leidenschaften zu nutzen, um andere zu bezwingen.[407] Dazu musste man allerdings erst einmal wissen, „welchen Leidenschaften typischerweise die Rolle der Bezähmer zukam und welche hingegen die wirklich ‚wilden' Leidenschaften waren, die der Zähmung bedurften".[408] Und schließlich sollten die wilden Leidenschaften durch die Interessen kanalisiert werden. Als Vorzüge einer Welt, die nicht von Leidenschaften, sondern von Interessen regiert wird, nennt Hirschman Voraussagbarkeit und Beständigkeit. Für unsere Untersuchung besonders bedeutsam ist, welches „unschuldige" Interesse den gefährlichen Leidenschaften gegenübergestellt wird. Es ist das Interesse am Gelderwerb, das von Philosophen des 18. und 19. Jahrhunderts auch als „ruhige Leidenschaft"[409] charakterisiert wurde.

Hier entspricht Hirschmans Analyse in bemerkenswerter Weise der Theweleits. Dieser untersucht die Entwicklung des Kapitalismus als einen Prozess, in dem auf jeder Stufe der Entwicklung Grenzen (zum Beispiel moralischer, technischer, ökonomischer Art) überschritten und die jeweils älteren Ordnungen umfunktioniert wurden. Neue Welten wurden erreichbar, neue Gedanken und Gefühle möglich, neue Wünsche hervorgebracht, neue Hoffnungen und Sehnsüchte geweckt. Den feudalistischen und später den bürgerlichen Kapitalisten stellte sich deshalb das Problem, die freigesetzten Ströme neu zu codieren und sicherzustellen, dass diese sich nicht in einer Bewegung intensiver Gefühlsquantitäten auf „falsche" Objekte richteten, sich von den – im doppelten Sinne – berechenbaren Wegen und Bahnen entfernten. „Keinesfalls", so Theweleit, „durfte man die Wünsche ... *ziellos* fließen lassen. ... *Ziele* mußten her." Seiner Auffassung nach waren die „neuen Herrn am Fließen der Wünsche insoweit interessiert, wie es ... das Fließen des Geldstroms verstärkte".[410] Und: „Gelenkte Ströme: in die Fabriken, in die Kanzleien, durch den Schweißstrom zum Geldstrom."[411]

Für die Codierung der Wünsche auf den Gelderwerb – hier kann ein oben entwickelter Strang wieder aufgenommen und eingewoben werden – spielt wiederum die Institutionalisierung der bürgerlichen Ehe und Familie eine wichtige Rolle. Diese erscheinen hier aber gerade nicht als Reservate der Leidenschaft, sondern als Orte einer Disziplinierung, die der Wunschproduktion aller Beteiligten Grenzen setzt. Theweleit skizziert, wie die Kleinfamilie bereits in der frühbürgerlichen Gesellschaft im Inneren der Gesellschaft eine Grenze errichtet, die sicherstellt, dass das dort erzeugte „Ich" die Welt, in der es lebt, als eine „Angelegenheit von Zwecken ansieht, als Schauplatz der Verwirklichung festgelegter Interessen".[412] In der nach bürgerlichen Idealen eingerichteten Gesellschaft sind die Rollen klar verteilt. Die Aussicht auf die Welt, die sich in diesem Territorium entwickelt, fügt sich ein in ein Gefüge, das die Geld- und Wunschströme geregelt fließen lässt und miteinander verkoppelt: „Wenn Vater ein Geschäftsmann ist und Mutter eine gute Agentin seiner Absichten ..., dann wird der Sohn, wenn er von fremden Küsten hört, lernen, nicht zu fragen, ob dort das Leben schön sei, sondern was sich da holen lässt."[413] Und bei „Vater" wird das Interesse am Gelderwerb als „ruhige Leidenschaft" durch die ihm zugeordnete Rolle als „Familienernährer" stabilisiert. Der Gelderwerb und die Vermehrung des Geldes werden nicht nur zu Notwendigkeiten, sondern auch zu höchsten Tugenden, die den „Familienernährer" an die Regeln, Normen und Verhaltenserwartungen derjenigen Institutionen und Personen binden, die die Quelle des Geldstroms sind und denen es obliegt, den Hahn zuzudrehen.

Eine aufschlussreiche Illustration der Zähmung der Leidenschaften durch materielle Interessen bietet auch Bruno Freys Untersuchung der Wirkungen, die die Bezahlung oder das In-Aussicht-Stellen von Lösegeld für Kriegsgefangene hat.[414] Ein von Leidenschaft getriebener Krieger will ihm zufolge nur eins: den Feind vernichten. Und im Fall der Gefangennahme bewirkten Hass und Fanatismus eine unmenschliche Behandlung der Gefangenen. Schon Norbert Elias[415] habe in diesem Zusammenhang auf die Affekt dämpfende Wirkung des Geldes verwiesen. Dieser Spur folgend, weist Frey akribisch nach, dass ein In-Aussicht-Stellen von Lösegeld erstens die Wahrscheinlichkeit erhöht, dass Feinde gefangen genommen werden statt sie zu töten. Zweitens werden Gefangene umso pfleglicher behandelt, je höher die erwartete Summe ist.

In späteren Veröffentlichungen verwenden Frey und Margit Osterloh diese Untersuchung bezeichnenderweise zur Verdeutlichung der Bändigung der Effekte unerwünschter intrinsischer Motivation durch extrinsische Motivierung in Unternehmen und anderen wirtschaftlichen Organisationen. Die Wirkungen des Lösegeldes für Gefangene werden dort als Beleg dafür angeführt, dass extrinsische Motivierung „disziplinierend auf überbordende Emotionalität wirken [kann]“.[416] Extrinsische Motivierung durch materielle Anreize diszipliniert also nicht nur die Faulen, Unbewegten und Unmotivierten, sondern auch die Leidenschaftlichen, Fanatischen und Übermotivierten.[417]

Am Verhältnis extrinsischer Motivierung zu intrinsischer Motivation lässt sich zugleich die Ambivalenz dieser Strategie verdeutlichen. Zwar können einerseits, laut Frey und Osterloh, Belohnungen die als wünschenswert und brauchbar angesehene intrinsische Motivation überhaupt erst erzeugen.[418] Darauf setzten zum Beispiel jene Sozialreformer, die für die Entlohnung der in den Gefängnissen zur Arbeit Verpflichteten plädierten, um den pädagogischen Effekt der Erzeugung der „Liebe zur Arbeit“ wirksam werden zu lassen.[419] Andererseits aber – und vor allem das wird im aktuellen Managementdiskurs hervorgehoben – könne sich auch der „Korrumpierungseffekt der extrinsischen Motivation“[420] einstellen, den Frey und Osterloh als „Verdrängungs-Effekt“ [421] bezeichnen. In unserer Metaphorik: Wo der kanalisierte Belohnungs- oder auch Bestrafungsstrom fließt, wird möglicherweise nicht nur der unerwünschte Fanatismus, sondern auch der erwünschte Enthusiasmus verdrängt oder gar zerstört.

Auch dafür wird bei Frey das Militär als Beispiel herangezogen. Er verweist hier auf den Militärstrategen und Historiker Liddell Hart, der nach fünfundzwanzigjähriger Beschäftigung mit dem Kriegshandwerk zu dem Ergebnis kommt, das Prinzip der Zwangsrekrutierung sei nicht effizient, da Effizienz auf Begeisterung beruhe.[422]

Verlassen wir das Militär und wenden wir uns einem anderen Schauplatz zu: der Wissenschaft. Hier wollen wir uns etwas länger aufhalten und zunächst die zahlreichen und vielfältigen Leidenschaften, die hier am Werke sind beziehungsweise sein können, umfassender betrachten, um uns dann deren Kanalisierung sowie den damit verbundenen (paradoxen) Effekten zuzuwenden.

Wie im vorigen Kapitel schon erwähnt, entwirft Max Weber in *„Wissenschaft als Beruf“* [423] ein Idealbild des Wissenschaftlers, das (wie auch das des Politikers) in krassem Gegensatz zu dem des Berufsbeamten steht, wie er es in Zusammenhang mit der Bürokratie konstruiert. Erinnern wir uns: Mit Blick auf den Wissenschaftler nennt Weber als unabdingbare Anforderungen „harte Arbeit“, „Eingebung“ und „Leidenschaft“ und postuliert, ohne Leidenschaft „hat einer den Beruf zur Wissenschaft nicht und tue etwas anderes“.[424] Dass nicht nur Max Weber die Leidenschaft als wesentliche Quelle wissenschaftlicher Produktivität ansieht – oder, in einer etwas anderen Lesart, dass dieses diskursive Identitätsangebot in der Scientific Community auf breite Resonanz stößt –, zeigt die auffällige Häufigkeit, mit der die Etiketten „Leidenschaft“ oder „Passion“ in den Titeln wissenschaftlicher Biographien und Festschriften verwendet werden.[425]

Aber auch und insbesondere in diesem Kontext wird die *Ambivalenz* dieser starken Triebkraft thematisiert. Das betrifft sowohl das Erleben des Prozesses durch die WissenschaftlerInnen selbst und durch andere als auch die wissenschaftlichen Produktionen als dessen Ergebnisse. Hier sei zunächst noch einmal an den Soziologen Hans Peter Dreitzel erinnert, der in seiner Abschiedsvorlesung bekennt, die Leidenschaft sei das, was „mich hier in des Wortes doppelter Bedeutung so gefesselt und was mich getrieben hat auf diesem langen Weg durch die Hochschule“.[426] Die Leidenschaften fesseln, binden und unterwerfen, aber sie treiben auch an und weiter und befähigen zur Überschreitung von selbst und fremd gesetzten Grenzen. Diese Überschreitung wird wiederum – die beständige Wiederholung ist dem Gegenstand geschuldet – als ambivalent bewertet. Denn die Leidenschaften erscheinen sowohl als produktive Triebkräfte, die wissenschaftlich Arbeitende motivieren und energetisieren, als auch als bedrohliche und zerstörerische Kräfte, die auf Ab- und Irrwege führen können.

Von der „dunklen" Seite der Leidenschaften in der Wissenschaft zeugen zunächst die vielfältigen Schauergeschichten von fanatischen Forschern,[427] die ihr wissenschaftliches Projekt um jeden Preis verfolgen, keine Grenzen kennen und vor nichts und niemandem zurückschrecken. Theweleit verweist in *„Männerphantasien"* auf literarische Repräsentationen des obsessiven Wahns, der sich im monomanischen Streben nach dem Absoluten äußert. Besonders bemerkenswert findet er daran das parallele Auftreten von Fortschrittshoffnungen und -erwartungen, die an die (technischen) Wissenschaften gestellt werden, und einschlägigen Horrorgeschichten – zum Beispiel Mary Shelleys Frankenstein – über fehlgeleitete Wissenschaftler, die ihrer Leidenschaft der Erkenntnis alles andere unterordnen. Mit Blick auf diese Geschichten stellt Theweleit heraus: „Fast immer sind es Wissenschaftler, die die Grenze nach ‚innen' überschreiten und dort die Entdeckung machen müssen, daß sie zu weit gegangen sind; ... lauter Wissenschaftler ..., die daran zugrunde gehen, daß sie sich auf den Wissens- und Entdeckungsstrom, der weit trägt, einlassen."[428]

Die Reihe der Romane und Filme, in denen die Figur des wahnsinnigen Wissenschaftlers andere und oft am Ende auch sich selbst zerstört, ließe sich beliebig fortsetzen.[429] Wir beschränken uns hier – nicht ohne Bedauern – auf zwei weitere Beispiele:

Das erste Beispiel, das Clément Rosset zur Illustration einer „leerlaufenden Leidenschaft und Verblendung, die auf ihrem Wege alles zerstören",[430] verwendet, findet sich in dem Roman *„La recherche de l'absolu"* von Honoré de Balzac. Dort ist es ein gewisser Balthazar Claes, der von der Idee besessen ist, nach dem „Absoluten" zu forschen. Der Weg dorthin führt für ihn über die Zerlegung des Stickstoffs. Dies ist die Aufgabe, der er nicht nur sein gesamtes Vermögen opfert, sondern die ihm auch jeden Sinn und jede Form von Verantwortung für seine Umgebung raubt. Selbst als seine Frau im Sterben liegt, ist der von der Idee „des Absoluten" Gefesselte der Welt auf merkwürdige Weise entrückt. Die folgende Passage aus der deutschen Übersetzung des Romans von Balzac illustriert dies:

„Monsieur, Madame liegt im Sterben, sie wird jetzt versehen, und es wird auf Sie gewartet", rief sie [Martha] mit der Heftigkeit des Unwillens. „Ich komme", antwortete Balthazar. Unmittelbar danach erschien Lemulquinier [der Assistent Balthazars] und sagte, sein Herr folge ihm. Madame Claes blickte unablässig nach der Wohnzimmertür; doch ihr Mann erschien erst, als die feierliche Handlung vollendet war. Der Abbé des Solis und die Kinder waren um das Lager der Sterbenden versammelt. Als Joséphine ihren Mann hereinkommen sah, errötete sie, und über ihren Wangen rannen ein paar Tränen. „Sicherlich warst du dabei, den Stickstoff zu zerlegen", sagte sie mit einer Engelssanftmut, die den Anwesenden durch und durch ging. „Ich habs geschafft", rief er mit fröhlicher Miene. „Der Stickstoff enthält Sauerstoff und eine Substanz von imponderabler Natur, die wahrscheinlich das Grundelement der ..." Es erhob sich ein Gemurmel des Abscheus, das ihn unterbrach und ihm seine Geistesgegenwart wiedergab.[431]

Das zweite Beispiel findet sich in dem aktuellen Kriminalroman *„Gottes Gehirn"* von Jens Johler und Olaf-Axel Burow. In dessen Mittelpunkt steht eine rätselhafte Mordserie an Wissenschaftlern. Alle waren führend auf ihrem jeweiligen Spezialgebiet. Und bei allen Leichen, die im Roman nach und nach fabriziert und aufgefunden werden, ist das Gehirn entfernt worden. Die Spur führt zu dem Wissenschaftler Phineas Blake, der besessen ist von seinem Projekt der „Syntopie": „Syntopie", erläutert er, „ist der Kern meines Traums und der Schlüssel zum Überleben der Menschheit. ... Ich bin der festen Überzeugung, dass wir – wenn es uns gelänge, die Wissenschaften wieder zu vereinigen – eine völlig neue Stufe der menschlichen Entwicklung erreichen würden."[432] Nachdem die Gründung eines Instituts nicht zum gewünschten Erfolg führte, weil alle Kollegen ihre gewohnte Forschung weitermachen wollten und ihn, wie er bitter berichtet, für einen Spinner hielten, versuchte er es mit einer Konferenz, zu der er die „besten Wissenschaftler der Welt" einlud, um mit ihnen „die Konventionen der Wissenschaft [zu] sprengen".[433] „Ich suchte leidenschaftliche Wissenschaftler, die bereit wären, mit mir für sieben Jahre weitgehend abgeschlossen von der Außenwelt auf diese Insel zu ziehen", um dort, abgeschieden von der Welt mit ihren Sorgen und Belästigungen, zu einem genialen Team zu verschmelzen.[434] Aber, so der erneut Enttäuschte, die meisten Auserwählten wollten die „einmalige Chance"[435] einfach nicht erkennen und annehmen, sondern hätten ihn sogar „verhöhnt, verspottet und verlacht".[436] Danach sei er völlig niedergeschlagen gewesen, habe dann aber von einem großzügigen Förderer das

Angebot erhalten, ein „Geniepark-Projekt“ zu realisieren und zu leiten, wofür dieser Sponsor ihm auch die kompletten Forschungsberichte aller Konferenzteilnehmer zur Verfügung gestellt habe.

Auf Blakes Gesicht erschien der Ausdruck eines fast vollkommenen Glücksgefühls. „Fast das gesamte Wissen aus den Bereichen künstlicher Intelligenz, Medizin, Genetik, Astrophysik und sogar Esoterik ging über meinen Tisch“, sagte er mit glänzenden Augen.

„Aber Sie allein konnten das alles doch gar nicht verarbeiten“, sagte Rubinowitz.

„Ich nicht“, sagte Blake und nickte zustimmend, „aber ich hatte ein hoch qualifiziertes Team. Und nun habe ich das hier.“ Er fuhr wieder mit der Hand über die Kugel, als würde er einem kleinen Kind liebevoll über das Haar streichen. „Wahrscheinlich der intelligenteste Klumpen Biomasse, den es je im Universum gegeben hat.“ ...

Kein Zweifel: Dieser Klumpen dort war ein riesiges Gehirn, zusammengefügt aus verschiedenen Gehirnen, deren ursprüngliche Konturen durchaus noch zu erkennen waren. ...

„Sie sind wahnsinnig!“, stieß Rubinowitz hervor.

„Unsere Welt ist wahnsinnig“, sagte Blake, „aber Syntopos wird sie retten.“

„Syntopos?“

„Das ist der Name, den ich meinem Werk gegeben habe. Syntopos, das ist der Ort der Begegnung, der Zusammenschau. Der Ort des vereinigten Wissens.“

Blake machte jetzt einen vollkommen entrückten Eindruck.[437]

Aber nicht nur die „Leidenschaft der Erkenntnis“, der Drang, das „Absolute“ zu entdecken oder sogar selbst zu erschaffen, sind es, von denen WissenschaftlerInnen getrieben werden, sondern in der wissenschaftlichen Arena sind auch noch andere Leidenschaften am Werk. Die Erkenntnisse der Wissenschaften sind, wie Foucault bemerkt, auch „aus der Leidenschaft der Gelehrten entstanden, aus ihrem Haß aufeinander, aus ihren fanatischen und ständig erneuten Diskussionen, aus dem Bedürfnis rechtzubehalten – aus langsam im Laufe persönlicher Kämpfe geschmiedeten Waffen“.[438]

Mindestens genauso spannend wie die Frage, welche Leidenschaften WissenschaftlerInnen treiben, ist die Frage, welche Leidenschaften diejenigen KollegInnen treiben, die darüber forschen, was andere WissenschaftlerInnen getrieben hat – und was diese getrieben haben.

Diese Forschungen bilden eine eigenartige Gemengelage. Deren Zutaten sind Faszination, Neugier und ein Wissensdurst, der Zusammenhänge von Leben und Werk erkennen will. Hinzu kommt oft eine „Hermeneutik des Verdachts“,[439] die eine Art Inquisitionswissenschaft hervorbringt, die völlige Aufklärung über die Forschungsgegenstände gebietet und die verborgenen Beweggründe hinter dem Werk entschlüsseln will. Nichts darf dem Auge der BetrachterInnen verborgen bleiben. Nicht selten mischen sich Schaulust und Sensationsgier bei und bringen eine respekt- und hemmungslose Enthüllungswissenschaft hervor, in der die Forschenden unter dem Deckmantel des wissenschaftlichen Interesses oder der moralischen Besorgnis pikante Details aus dem Privatleben ebenso wie tatsächliche oder vermeintliche Obsessionen ihrer menschlichen Forschungsgegenstände an das Licht der Öffentlichkeit zerren. Dies kann wiederum auch der Befriedigung des eigenen Geltungsbedürfnisses dienen, indem man deutlich macht, dass man zu den Auserwählten gehört, die von den Berühmten und Eingeweihten Informationen aus erster Hand erhalten, oder der Befriedigung der „Ruhmsucht", weil man durch die (Erst-)Veröffentlichung der Vertraulichkeiten und Geheimnisse „ganz groß rauskommen" kann. Und schließlich können ganz besonders „skandalöse" Enthüllungen auch dazu dienen, Person und Werk der Beforschten zu diskreditieren – aus welchen Motiven auch immer.

Dieses Gemenge von „Wissenschaft und Leidenschaften" wollen wir an drei Beispielen eingehender betrachten. Die wissenschaftlichen Gegenstände der Forschenden, deren Spuren wir folgen, sind „Sigmund Freud und Wilhelm Fließ", „Max Weber" sowie „Michel Foucault".

Erstes Beispiel: Auf dem Symposium zum 65. Geburtstag von Hans Peter Dreitzel präsentiert Michael Schröter seine wissenschaftlichen Erkenntnisse über das „bittere Ende" der wissenschaftlichen Freundschaft zwischen Freud und Fließ als eine Geschichte „von den Leidenschaften in der Wissenschaft".[440] Der Beitrag trägt den Titel *„Plagiatsvorwürfe und Paranoiaverdacht"*.

Die eine Hauptfigur, Sigmund Freud, wird von Schröter eingeführt als jemand, der zwar als niedergelassener Nervenarzt gearbeitet habe, dessen „eigentliche Passion" jedoch die Wissenschaft gewesen sei. Aber das Begehren blieb zunächst unerfüllt. Als Freud in den Jahren 1895 und 1896 zwei Vorträge über seine „ambitionierte Neurosentheorie" gehalten habe, um die Anerkennung der Fachkollegen zu erlangen, sei er gescheitert. Als Grund für dieses Scheitern nennt Schröter die „Gewaltsamkeit seiner Recherchen" und die „Apodiktik, mit der er aus wenigen Fällen auf allgemeine Zusammenhänge schloß. Mit anderen Worten, was ihm damals im Wege stand, war sein brennender Ehrgeiz, eine ganz große Entdeckung zu machen."[441] Die andere Hauptperson, der Berliner Arzt Wilhelm Fließ, war Schröter zufolge „genauso von wissenschaftlichen Größenphantasien beherrscht".[442]

Die Leidenschaft des wissenschaftlichen Ehrgeizes habe die beiden zusammengeschweißt – zu einer Freundschaft, die, wie Schröter genau weiß, „für beide eine der stärksten Liebesbeziehungen ihres Lebens war".[443] Aber das „grandiose Projekt" der beiden Freunde, eine neue Sexualtheorie zu (er-)schaffen, „blieb im wesentlichen Phantasie, ein gemeinsamer Tagtraum".[444] Und schließlich mussten die beiden feststellen, „daß die Ansichten des einen dem anderen fremd geblieben waren".[445]

Damit ist die Geschichte freilich noch nicht zu Ende. Ihre Fortsetzung zeige, so Schröter, „daß die Leidenschaften, die diese Beziehung getragen hatten, nicht so einfach verschwanden".[446] Freud habe einen „Großgedanken von Fließ", mit dem dieser selbst bislang kaum an die Öffentlichkeit getreten war, übernommen, die These von der Bisexualität aller Menschen, und damit die unbewusste homosexuelle Neigung der Neurotiker erklärt. „Diese Übernahme", lässt uns Schröter wissen, ging so weit, „daß er einen Moment wähnte, er habe die These selbst gefunden".[447] Deshalb habe Freud Fließ' Idee nicht wie ein fremdes Gut behandelt und geschützt. Vielmehr habe er sie, in dessen Analyse, seinem Doktoranden Hermann Swoboda weitererzählt. Dieser wiederum habe sie an seinen Freund Otto Weininger weitergegeben, der sie dann in den Mittelpunkt seiner Dissertation gestellt habe, die 1903 unter dem Titel *„Geschlecht und Charakter"* veröffentlicht wurde. Auch Swoboda habe in seiner Dissertation, angeregt durch den Doktorvater Freud, auf – allerdings bereits publizierte – Ideen von Fließ zurückgegriffen. Dabei habe Swoboda zwar Fließ zitiert, aber zugleich versucht zu verschleiern, wie viel er von diesem übernommen hatte.

Fließ, so Schröter, war und reagierte empört. Im Anhang seines 1906 erschienenen Hauptwerkes *„Der Ablauf des Lebens"* machte er das aus seiner Perspektive geschehene schändliche „Doppelplagiat" öffentlich und stellte heraus: „Beide Autoren ‚hatten Zutritt zu ein und derselben Quelle: dem Prof. Sigmund Freud in Wien', mit dem Fließ jahrelang in ‚freundschaftlichem Verkehr' gestanden und dem er alle seine ‚wissenschaftlichen Gedanken und Keime rückhaltlos anvertraut' habe".[448] Der „Ingrimm, von dem Fließ getrieben war", habe sich aber letztlich nicht gegen die beiden jungen Männer gerichtet, sondern gegen den früheren Freund Freud und dessen Verrat. Für Schröter steht fest: „In der Wut, mit der er darauf reagierte, äußerte sich noch einmal die Intensität und Eigenart der früheren Freundesliebe.“[449]

Während das, was Fließ danach noch veröffentlichte, „in mancher Hinsicht sehr wohl einen verrückten Eindruck macht“,[450] habe Freud die Leidenschaft konstruktiv und kreativ verarbeitet: „Freud empfand den Angriff von Fließ, der ihn sehr traf, als paranoisch.“[451] Dazu habe er sich zwar nie öffentlich geäußert, aber aus dieser Erfahrung sei – in einer Mischung aus persönlichen Affekten und sachlicher Einsicht – Freuds „veritable Theorie über die Genese der Paranoia aus der Verwendung homosexueller Strebungen“[452] entstanden.

Zweites Beispiel: Dass in Max Webers Werk die Leidenschaften eine ebenso fundamentale wie ambivalente Rolle spielen, haben wir bereits an einigen Stellen angesprochen. Die Leidenschaften beziehungsweise „seine“ Leidenschaften sind auch ein zentrales Thema der Weber-Biographien. Sie gelten nicht nur als ein Schlüssel zum Verständnis seines Werkes und dessen Entwicklung, sondern bieten auch eine Projektionsfläche für Phantasien und moralische Entrüstung.

Betrachten wir zuerst die überwiegend aus den 1920er Jahren stammenden Charakterisierungen durch Webers Zeitgenossen, die René König und Johannes Winckelmann zusammengetragen haben.[453] Zunächst wird Webers „Erkenntnistrieb“ als „leidenschaftlich“[454] oder gar „fanatisch“[455] etikettiert. Als Mensch war Weber, so die Zeitgenossen, „nicht von der Durchsichtigkeit klarer Gewässer“[456], sondern ein Mann „von vulkanischem Temperament“[457], ein „Meister der Zornes und des Hasses“[458], der aber auch „stark zu lieben fähig war“[459] und darüber hinaus „wie besessen, wenn es sich um den Schutz des Gewissens und um das Recht der Minoritäten handelte“[460].

Auch die Biographie, die Marianne Weber über ihren Gatten verfasst hat, ist voller Beispiele des leidenschaftlichen Einsatzes für das Recht von Sozialisten, Juden und Frauen. Marianne Weber schildert auch, wie diese Leidenschaft zu Webers Abrechnung mit dem eigenen Vater führte, weil dieser Webers Mutter einschränkte und unterdrückte. Anlässlich eines Besuchs der Eltern bei dem jungen Ehepaar Weber in Heidelberg konnte Max Weber „den aufgespeicherten Grimm nicht mehr an sich halten. Die Lava brach aus. Das Ungeheuerliche geschah ... Im Beisein von Mutter und Gattin hält er über den Vater Gericht.“[461]

Als „eine Schutzvorrichtung gegen die eigene Dynamik“[462] interpretiert Theodor Heuss Webers Forderung nach Werturteilsfreiheit der Wissenschaft und dessen striktes Gebot, als Hochschullehrer vom Katheder aus keine politischen Positionen zu vertreten. Diese Schutzvorrichtung und ihre Effekte bieten übrigens auch ein bemerkenswertes Beispiel für die skizzierten möglichen Nebenwirkungen beziehungsweise paradoxen Effekte des Dammbaus – Austrocknung einerseits sowie Dammbruch und Überflutung andererseits: Max Horkheimer berichtet auf dem 15. Deutschen Soziologentag eine Begebenheit aus dem Jahr 1919, als Weber in München lehrte und er bei ihm studierte. Wie viele seiner Kommilitonen wollte Horkheimer die welthistorische Bedeutung der russischen Revolution verstehen und besuchte deshalb mit glühendem Interesse eine Vorlesung Webers über das Rätesystem. Die Vorlesung erwies sich jedoch für ihn – wegen ihrer Trockenheit – als „krasse Enttäuschung“. Weber setzte den politisch interessierten Studenten nur „fein abgewogene Definitionen“ und „scharfsinnig formulierte Idealtypen“ vor. „So präzise war alles, so wissenschaftlich strenge, so wertfrei, dass wir ganz traurig nach Hause gingen.“[463] Im gleichen Jahr hielt Weber seinen berühmt gewordenen Vortrag *„Wissenschaft als Beruf“*. Dieser Vortrag, so Immanuel Birnbaum, ein Vertreter der Münchner Freien Studentenschaft, auf deren Einladung Weber zu diesem Thema sprach, „wurde zu einem Bekenntnis, das wie in stoßweisen Explosionen aus der Brust des Redners hervorbrach“.[464] Hier brach offenbar etwas von dem Eingedämmten durch. Und schließlich kam es in Webers Münchner Zeit auch zur Überflutung: Im Zusammenhang mit der Begnadigung des Eisner-Attentäters gab es in der Studentenschaft heftige Tumulte. Die nationalistischen Studenten hatten Oberwasser und beschimpften die sozialistische Minorität. Der alldeutsch gesinnte Rektor ließ sie gewähren und unternahm nichts zum Schutz der Angegriffenen. Nur Weber, einmal mehr auf der Seite der Minorität, forderte vehement eine Entschuldigung für die Vorfälle. Als diese ausblieb, hielt er zu Beginn seiner Vorlesung eine längere und leidenschaftliche Ansprache, in der er jeden, der nicht gewillt war, sich zu entschuldigen, als „Hundsfott“ beschimpfte.[465]

„Die Macht seiner Leidenschaft“ beziehungsweise „der Dämon“ gehören zum Standardrepertoire der Weber-Forschung. Theodor Heuss, von dem die Passage über die „Macht seiner Leidenschaft“ stammt, spricht auch von der „Dämonie seiner Seele“ und schildert Weber als „dämonische Persönlichkeit".[466] Auch anderen Zeit- und Weggenossen zufolge ging von Weber „eine wahrhaft dämonische Kraft aus".[467] Mit Ehrfurcht gebietendem Pathos wird erklärt: „Ein Dämon hatte den Meister beseelt und ihn Größtes schaffen lassen."[468]

Der „Dämon" wird schließlich zu einer Schlüsselfigur für das Verständnis von Webers Leben und Werk. Er erscheint nicht nur als Kraftquelle für Webers Schaffen, sondern auch als Ursache seiner jahrelangen Krankheit. Aus seinen Briefen an Marianne Weber, die diese in ihrem Buch über Leben und Werk des Gatten abdruckte, geht hervor, dass Max Weber schon vor der Hochzeit einen Zusammenbruch befürchtete, der seiner Überzeugung nach nur deshalb nicht eintrat, „weil ich das Nervensystem und das Gehirn durch andauerndes Arbeiten nicht zur Ruhe kommen ließ".[469] Erscheint hier noch die Arbeit als wirksames Mittel zur Bekämpfung „des Dämons", so kommt es später dann doch noch zum völligen Zusammenbruch und zu einer jahrelangen Arbeitsunfähigkeit – zumindest was die Lehrtätigkeit betrifft.

Während die eingangs zitierten Zeitgenossen und Kollegen Max Webers „den Dämon" zwar erwähnen, aber offen lassen, wer oder was da genau am Werke war, versorgt Marianne Weber die interessierte Öffentlichkeit mit recht intimen Informationen. Sie berichtet davon, dass schon Webers Großvater mütterlicherseits unter leidenschaftlicher Erregbarkeit und einer monatelangen nervösen Erkrankung gelitten habe.[470] Von ihr erfahren wir, dass Webers Mutter Helene als junges Mädchen von „Onkel Gervinus" sexuell belästigt worden war und ihr von da an alle sinnliche Leidenschaft als schuldhaft belastet erschien. Deshalb habe die Mutter dem Sohn „unzerstörbare Hemmungen gegen die Hingabe an das Triebhafte eingepflanzt".[471] Offenbar mit Erfolg, denn Max Weber habe sich in seiner Militärzeit lieber mit „den dämonischen Anforderungen des Geistes durch eine robuste Leiblichkeit" herum gequält als „der Notdurft ihren Zoll zu zahlen".[472] Auch dazu veröffentlicht Marianne Weber aufschlussreiche Briefe. Zwei davon hatte ihr Max Weber vor der Verlobung geschrieben. Der erste enthält die Warnung, sie kenne ihn nicht wirklich, und das Bekenntnis, dass er „mühsam und mit wechselndem Erfolge die elementarsten Leidenschaften zu zügeln suche, welche die Natur in mich gelegt hat".[473] In dem zweiten wirbt er um sie mit den Worten: „Hoch geht die Sturmflut der Leidenschaften, und es ist dunkel um uns, – komm mit mir, mein hochherziger Kamerad, aus dem stillen

Hafen der Resignation, hinaus auf die hohe See, wo im Ringen der Seelen die Menschen wachsen und das Vergängliche von ihnen fällt. Aber *bedenke:* im Kopf und Busen des Seemanns muß es klar sein, wenn es unter ihm brandet. Keine phantasievolle Hingabe an unklare und mystische Seelenstimmungen dürfen wir in uns dulden. Denn wenn die Empfindung in Dir hochgeht, mußt Du sie bändigen, um mit nüchternem Sinn Dich steuern zu können."[474] Der dritte Brief stammt aus der Zeit nach der Hochzeit, bezieht sich aber auf die Sorgen, die Max Weber während der Verlobungszeit geplagt hatten: „Nachdem ich nach jahrelangen Qualen widerwärtiger Art endlich von *Innen* heraus zum Gleichmaß gekommen war, fürchtete ich eine schwere Depression."[475] Diese sei aber – wie schon erwähnt – nicht eingetreten, weil er die aufkeimende Krankheit erfolgreich „durch anhaltendes Arbeiten" bekämpft habe.

Schon Marianne Webers Biographie über ihren Mann liest sich streckenweise wie ein Enthüllungsbericht. „Getoppt" wird das allerdings von Michael Sukale, der in einer 2002 erschienenen Weber-Biographie[476] offenbar vom Willen getrieben ist, noch die letzten Schleier des Geheimnisses zu lüften. Er berichtet, Eduard Baumgarten, eine Neffe und Biograph[477] Webers, habe ihm gegenüber angedeutet, bei Webers Krankheit seien erotische Momente im Spiel gewesen. Nach der Lektüre der von Marianne Weber verfassten Biographie ist dies zwar keine sonderlich überraschende „Enthüllung", dennoch scheint sie Sukales Forschungsdrang immens beflügelt zu haben. Um Genaueres in Erfahrung zu bringen, habe er bei Baumgarten mehrmals nachgefragt, dieser aber habe ihm nur ausweichende Antworten gegeben, und schließlich habe er den Eindruck gewonnen, Baumgarten wisse etwas, wolle es aber für sich behalten. Aber so leicht lässt sich Sukale nicht abspeisen. Er wittert förmlich, einem Geheimnis auf der Spur zu sein, und führt weitere Gespräche mit „Eingeweihten". Es folgt ein regelrechter Erguss von Spekulationen darüber, an welcher sexuellen Normabweichung Weber denn nun gelitten habe. Sukales „Leidenschaft der Erkenntnis" bleibt jedoch vorerst unbefriedigt – nicht so seine Hoffnung: „Genauere Auskunft", so schreibt er abschließend, „kann man sich von der Publikation des Briefwechsels zwischen Max und Else erhoffen."[478]

Die Erwähnung von „Else" im Zusammenhang mit dem Sexualleben von „Max" führt uns zu einem weiteren interessanten Kapitel der Weber-Forschung: *„Max Weber und die Frauen"*.[479] Ausgangspunkt des gleichnamigen Beitrags von Ingrid Gilcher-Holtey ist, dass die Hauptwerke Webers aufgrund einer kurz vor seinem Tod getroffenen Verfügung vier Frauen gewidmet sind: seiner Mutter Helene, seiner Frau Marianne sowie Mina Tobler und Else Jaffé-Richthofen. Von der Mutter war schon die Rede. Mit Blick auf die Ehe Webers besteht unter den BiographInnen Einigkeit darüber, dass sie sexuell unerfüllt gewesen ist.[480] Die beiden Eheleute – in der Biographie von Marianne Weber immer als „Gefährten" bezeichnet – scheint vielmehr ein gemeinsames wissenschaftliches und politisches Interesse verbunden zu haben sowie eine Idee von Verantwortung füreinander. Dass sie diese Einstellung beziehungsweise Haltung auch zum ethisch-moralischen Programm gemacht haben, geht aus zahlreichen Stellen in Marianne Webers Biographie hervor.[481] Trotz der rhetorischen Verteidigung dieser Lebensform „zerbricht" Max Weber, so Gilcher-Holtey, „doch zugleich an der Sehnsucht nach einer verantwortungslosen Erotik".[482] Und diese Sehnsucht habe den beiden anderen Frauen gegolten, zu denen sich Weber leidenschaftlich hingezogen gefühlt habe und denen er Teile seines Werkes gewidmet hat.

Else Jaffé-Richthofen war eine Schülerin und Doktorandin Max Webers und die erste Fabrikinspektorin in Baden. Mina Tobler war Pianistin. Beide Frauen gehörten zum engeren Freundeskreis Max und Marianne Webers. Beide waren Anhängerinnen der Bewegung zur Befreiung der Erotik beziehungsweise des Rechts auf freie Liebe, die mit dem Freud-Schüler Otto Gross in den akademischen Kreisen Heidelbergs Einzug hielt und dort heftige Erschütterungen hervorrief.[483] Und beide Frauen verbrachten schließlich ihren Lebensabend gemeinsam in einem Heidelberger Stift. Was die Beziehung Max Webers zu Mina Tobler betrifft, so spricht Ingrid Gilcher-Holtey[484] – gestützt auf Briefe von Weber, in denen er diese nach einer Gestalt in einem Roman von Gottfried Keller „Judith" genannt habe – von einem sublimiert erotischen Verhältnis, das einen großen Einfluss auf Webers Beschäftigung mit der Soziologie der Künste gehabt habe. Michael Sukale nimmt aufgrund von Mina Toblers Einflüssen auf Webers Musiksoziologie und aufgrund dessen, dass diese ab 1911/12 eine „recht häufige Begleiterin der Webers" gewesen ist, an, „daß Weber ab 1911/12 mit Mina selbst eine intime Beziehung aufbaut".[485]

Mit Else Jaffé-Richthofen, so Gilcher-Holtey, habe Max Weber zunächst eine jahrelange latent-erotische Beziehung verbunden, die schließlich zu einer Liebesbeziehung geworden sei.[486] Den Ruf nach München habe Weber vor allem deshalb angenommen, um in der Nähe der Freundin zu sein, wovon seine Frau jedoch nichts gewusst habe. Sukale spricht im Zusammenhang mit „Else“ von einer „Liebesaffäre ..., die sich schließlich zu einer Art Rausch kurz vor Webers Tod verdichtete“.[487]

Im Gegensatz zu Gilcher-Holtey geht Sukale nicht davon aus, Marianne Weber habe „es“ nicht gewusst,[488] sondern spricht von „Mariannes Beunruhigung“ über die Entwicklung der Beziehung zu „Else“ und damit verbunden über die zu ihr selbst. Als Beleg dafür führt er – gleich zweimal – einen (von Eduard Baumgarten dokumentierten)[489] Brief an, den Marianne Weber sechs Wochen vor dessen Tod an ihren Mann geschrieben hat. Dort heißt es: „Von Dir kannst nur Du selbst mich scheiden – und nur, wenn ich spüre, daß mich die Gnade verlassen hat, Dich noch irgendwo glücklich zu machen.“[490] Der Brief dient Sukale aber nicht nur als Beleg dafür, dass zwischen den Eheleuten Weber von Scheidung die Rede gewesen ist, sondern er wirft darüber hinaus die Frage auf: „Hat Max Marianne angeboten, den ersten Schritt zu einer Trennung zu tun – um sich wieder einmal die Hände rein zu waschen?“[491] Für Sukale handelt es sich um einen – weiteren – Hinweis auf eine „merkwürdige Beziehungslist“ beziehungsweise „eine wenig sympathische Beziehungsstrategie“, die Weber, wie er zu belegen versucht, auch schon früher verfolgte.[492] Wir – und er – wissen es aber doch nicht ganz genau: „Eine genauere Analyse dieser späten Episode muss allerdings bis zu dem Zeitpunkt warten, an dem auch Webers späte Briefe veröffentlicht sind!“[493]

Drittes Beispiel: Ebenso leidenschaftlich verfolgt wie die Leidenschaften Max Webers werden die Michel Foucaults. Als zwei besonders aufschlussreiche Beispiele dafür wollen wir hier die Beiträge von James Miller und Ulrich Wehler vorstellen.

Im Vorwort seiner Studie, die er *„Die Leidenschaft des Michel Foucault“* betitelt hat, bedauert Miller zwar, die Zeit sei „noch nicht reif für eine endgültige Biographie. Zu viele Zeugen haben noch nicht alles preisgegeben, was sie wissen. Schlimmer noch, zu viele Dokumente bleiben unveröffentlicht.“[494] Diese ungünstige Ausgangslage hält ihn aber nicht davon ab, sich auf die Suche nach Foucaults „Privatgeheimnissen“[495] und der „Wahrheit“[496] über Foucault zu machen.

Miller kommt zu dem Ergebnis, dass Leben und Werk Foucaults „auf eine heikle, sich gegenseitig erhellende Art und Weise miteinander verbunden [sind]. Sein Leben in all seinen philosophischen Dimensionen nachzuerzählen, wie schockierend einige davon auch sein mögen, ist deshalb nicht nur gerechtfertigt, sondern zwingend notwendig."[497] Für Miller ist Foucault „einer der originellsten – und waghalsigsten – Denker dieses Jahrhunderts"[498] beziehungsweise der sowohl revolutionärste als auch ernsthafteste „Nachkriegs-Nietzscheaner"[499]. Anknüpfend an eine Bemerkung von Foucault selbst, präsentiert er dessen Leben und Werk als eine „große nietschzeanische Suche".[500] Foucault, so Miller am Ende seines Buches, „setzte einen neuen Maßstab für ein philosophisches Leben, das nachzuahmen für die meisten Menschen gefährlich, wenn nicht unmöglich ist", und bewies damit „die Weisheit des alten Satzes von Nietzsche, der besagt, dass die ‚Liebe zur Wahrheit etwas Furchtbares und Gewaltiges ist'".[501]

Wer Millers Buch liest, erfährt nicht nur viel über dessen „Forschungsgegenstand", sondern auch viel über den Forschenden selbst. Im Nachwort[502] thematisiert Miller sehr freimütig, dass seine „Nachforschungen" mit einem – schockierenden – Gerücht über Foucault und die Umstände seines Todes begannen. Diese „grausige Geschichte" war der Auslöser für eine intensive Lektüre von dessen Büchern. Dabei entstand wiederum die Idee, etwas über diesen zu schreiben, und zwar sowohl leidenschaftlich als auch objektiv – „zwei, wie ich glaube, sich nicht gegenseitig ausschließende Ziele".[503] Doch ehe er sich versah, war er „Foucault bereits verfallen" und „den Verführungskünsten seiner Rhetorik erlegen".[504] Miller gesteht auch, kein Thema, über das er bis dahin geschrieben habe, hätte bei ihm ein solches „Wechselbad der Gefühle hervorgerufen, die von Entsetzen bis Mitleid reichten".[505] An anderen Stellen spricht er davon, dass Foucaults Wissbegierde und Mut ihm Bewunderung abverlangten[506] und dass er gelernt habe, diesem Respekt entgegenzubringen[507].

Und schließlich lässt uns Miller wissen, dass er nicht nur seinem Forschungsgegenstand „gemischte Gefühle" entgegenbrachte, sondern auch sich selbst beziehungsweise seinem Projekt: Er konzediert die Gefahr, „lüstern Sensationen nachzujagen",[508] und gesteht, er habe sich beim Schreiben hin und wieder gefragt, „ob mein Verhalten nicht dem eines kleinen Großinquisitors gleicht".[509]

Derartige Zweifel scheinen dem Historiker Hans-Ulrich Wehler fremd zu sein. Seine vernichtende Kritik an dem Menschen und Wissenschaftler Foucault ist vielmehr ein illustratives Beispiel für Phänomene, die Judith

Butler in *„Hass spricht“* [510] untersucht. Wehler attestiert Foucault nicht nur ein „leidenschaftliches Interesse an Machttechniken“,[511] sondern sogar einen „von Nietzsche inspirierten *Machtfetischismus“* [512]. Dieser sei gepaart mit einem „amoralischen Kathedernihilismus“.[513] Mit Blick auf Foucaults Werk lautet das Urteil Wehlers, dieser sei ein „intellektuell unredlicher, empirisch absolut unzuverlässiger, kryptonormativistischer ‚Rattenfänger‘ für die Postmoderne“.[514] Mit Blick auf dessen Person ist es „die Süchtigkeit Foucaults nach Identitätswechsel mit Grenzerfahrungen“,[515] die Wehler ein besonderer Dorn im Auge ist. Diese, so gibt er zu bedenken, könne allerdings nicht nur durch den Einfluss Nietzsches erklärt werden, sondern hier müsse auch Foucaults Homosexualität berücksichtigt werden. Nicht dass diese möglicherweise Foucaults Blick für Ausschlussmechanismen geschärft haben könnte, ist dabei der Punkt, den Wehler bemerkenswert findet. Er erwähnt diesen Umstand vielmehr im Zusammenhang mit einem – auf Gerüchten beruhenden – umfangreichen, akribisch aufgelisteten „Sündenregister“,[516] an dessen Verbreitung wir uns nicht beteiligen wollen und werden. Und schließlich – sei es als Nachruf auf den Verstorbenen oder als Warnung an die ZeitgenossInnen und Nachkommenden gedacht – meint er unmissverständlich klarstellen zu müssen: „Der Inhalt von Wissenschaft besteht jedoch keineswegs daraus, daß man individuelle, verändernde Erfahrungen sammelt. ... Wer Erfahrungen à la Foucault machen will, soll nicht die wissenschaftliche Arbeit zur Prostituierten machen.“[517]

Was genau mit dieser moralisierenden Unterstellung gemeint sein soll und wie sie sich mit Foucaults Leben und Werk in Verbindung bringen lässt, bleibt im Dunkeln. Foucault, der seine Bücher als „Erfahrungs-Bücher“ (im Unterschied zu Wahrheits- oder Beweis-Büchern)[518] verstand und seine Arbeit als eine „Übung“ oder „Experiment“ im „anders Denken“ sah, vermittelt uns jedenfalls eine andere Perspektive auf seine Haltung gegenüber dem „Gegenstand“. Die „Wißbegierde“, so Foucault in einem Interview, gelte als ein „Laster“. Als ein solches sei sie „nach und nach vom Christentum, von der Philosophie und sogar von einer bestimmten Wissenschaftskonzeption stigmatisiert worden“.[519] Er selbst kann für diese Wissbegierde allerdings einige Sympathien aufbringen:

Wißbegierde, Nichtigkeit. Dennoch gefällt mir das Wort; es suggeriert mir etwas anderes: es evoziert die „Sorge“; es evoziert, daß man sich um das was existiert und was existieren könnte bemüht; ein geschärfter Sinn fürs Wirkliche, der aber niemals vor ihm zur Ruhe kommt; eine Bereitschaft, das was uns umgibt, fremd und einzigartig zu finden; eine gewisse Versessenheit, uns von unseren, nicht nur familialen, Gewohnheiten zu lösen und die gleichen Dinge anders zu betrachten; eine Leidenschaft, das was kommt und geht zu ergreifen; eine Ungezwungenheit hinsichtlich traditioneller Hierarchien von wichtig und wesentlich.[520]

Vielleicht sind es gerade diese „gewisse Versessenheit" und die „Ungezwungenheit hinsichtlich traditioneller Hierarchien", die Ressentiments hervorrufen – insbesondere dann, wenn sie etablierte Identitäten, Gewohnheiten und Gewissheiten infrage stellen. Diese Vermutung drängt sich beispielsweise auch dem Historiker und „geneigten Wehler-Freund"[521] Ulrich Brieler auf, der die verhaltene Rezeption von Foucault in der „deutschen Geschichtswissenschaft" von den 1970er Jahren bis heute nachzeichnet. Ihm stellt sich die Frage: „Berührt Foucault möglicherweise die affektiven Apriori des hiesigen historischen Denkens? ... Die persönlichen Präferenzen, die politischen Einsätze, die existenziellen Abenteuer, mit einem Wort, der gesamte Habitus des radikalen Intellektuellen entsetzt eine akademische Disziplin, die vornehmlich bei sich selbst zu Hause ist. Insofern mag die Rezeption Foucaults in nicht geringem Maße auch eine Selbstbeschreibung der Grenzen des Erträglichen für die deutsche Geschichtswissenschaft darstellen, die den vermeintlich frivolsten, unernstesten und exzessiven Intellektuellen lieber draußen vor der Tür lassen möchte."[522]

Die „Grenzen des Erträglichen" scheint Foucault allerdings nicht nur im Bereich der „deutschen Geschichtswissenschaft" zu berühren, sondern auch in anderen wissenschaftlichen Disziplinen und Communities. So scheinen – bei allen sonstigen Differenzen – Konservative und einige VertreterInnen der „kritischen Theorie" diesbezüglich sehr ähnliche Schmerzgrenzen zu haben. Die einen sehen Foucaults „destruction of cultural authority"[523] als „the last possible stop on the enlightenment road to nihilism"[524] – und beklagen, sie führe „many distrustful minds along the absurd role of endless criticism".[525] Für die anderen ist der „bekennende Irrationalismus" (Habermas[526]) Foucaults schlicht der Wegbereiter einer „bodenlosen" Kritik, die ihre eigenen Fundamente aushöhlt und reaktionäre politische Konsequenzen nach sich zieht.

Hinzu kommt: Foucault ist nicht der einzige „Repräsentant der postmodernen Denkverwilderung" (Wehler[527]), der – zum Teil leidenschaftliche – Ressentiments hervorruft. Auch andere als „postmodern" etikettierte WissenschaftlerInnen werden zu frivolen „Pomos" gemacht, denen Ernsthaftigkeit und Seriosität abgesprochen wird. Wie Günther Ortmann in einer beeindruckenden Beispielsammlung und -kommentierung zeigt,[528] sind es dabei nicht selten offene oder verdeckte Hinweise auf deren (von der Heterosexualitätsnorm abweichende) sexuelle Orientierung oder auf skandalöse Ereignisse in deren Leben, die uns von der Gefährlichkeit der „Pomos" und ihrem Denken überzeugen sollen.

Damit kommen wir ans Ende unserer ausschweifenden Darstellung der Ausschweifungen und Grenzüberschreitungen vielerlei Art, zu denen die Leidenschaften in der Wissenschaft führen können. Doch selbst wenn nicht derart schauerliche Transgressionen vor unseren Augen heraufbeschworen werden, so bleibt doch die Gefahr, dass allzu leidenschaftliche WissenschaftlerInnen auf Ab- und Irrwege geraten. Da gibt es solche, die wie Leiris bekennen müssen, dass der allmächtige Prüfer den ersten Entwurf ihrer Doktorarbeit mit den Worten kommentiert, sie seien in „aufeinanderfolgenden Explosionen des Denkens" vorgegangen und müssten deshalb noch einmal ganz von vorne anfangen.[529] Und schließlich gibt es auch noch jene, die von ihrer Wiss-Begierde (oder auch von ihrem Größen-Wahn) so gefesselt sind, dass sie mit ihren Produktionen nie zu einem Ende kommen – oder zumindest zu wenig Output-orientiert sind.

Schon Max Weber wusste von Maßnahmen gegen all diese Gefahren zu berichten: „Wenn schon das Leben des jungen Gelehrten auf Hasard eingestellt ist, so sind doch ständische Konventionen um ihn gebaut und hüten ihn vor Entgleisung."[530] Die von ihm gebrauchte Formulierung weckt allerdings Assoziationen an die Strategie des Eindämmens, die zu seiner Zeit die vorherrschende war. Und das damit verbundene Problem besteht, wie wir gesehen haben, ja gerade darin, dass die Dämme der ständischen Konvention nicht nur Schutz vor Entgleisung bieten, sondern auch die wissenschaftliche Produktivität und Kreativität hemmen können. Kanalisieren ist demgegenüber eine Strategie, die ebenfalls Entgleisungen, Ausbrüche oder Überflutungen zu verhindern trachtet, zugleich aber die Ströme innerhalb regulierter Bahnen fließen lässt.

Die Disziplinartechnologie, durch die die Wunsch-Ströme der allzu leidenschaftlichen WissenschaftlerInnen in geregelte Bahnen gelenkt werden sollen, ist diejenige, die auch die weniger Leidenschaftlichen und Arbeitsamen anreizen soll: die Einführung des „Zweitaktmechanismus“[531] von Belohnung und Bestrafung. Sie verleiht dem Strom eine Richtung und beschleunigt zugleich die Fließgeschwindigkeit, wenn sie mit einem Machtmechanismus verkoppelt ist, der zugleich ein „Produktionsvermehrer“[532] sein kann. Die extrinsische Motivierung durch die uns derzeit überflutende Welle von Evaluierungsverfahren,[533] nach deren Ergebnissen sowohl Status als auch finanzielle und andere Ressourcen zugeteilt werden, kann als ein solches Kanalisierungsverfahren verstanden werden. Es überzieht gleichsam das Feld der wissenschaftlichen Produktion mit Prüfungs- und Kontrollverfahren. Es baut ein „Vergleichssystem auf, das die Messung globaler Phänomene, die Beschreibung von Gruppen, die Charakterisierung von kollektiven Tatbeständen, die Einschätzung der Abstände zwischen Individuen“[534] ermöglicht. Deren Verhalten werden „Gutpunkte oder Schlechtpunkte“[535] zugeordnet. Damit lässt es sich quantifizieren und zu einer umfassenden Zahlenökonomie ausbauen.

Die Evaluierungsverfahren – ebenso wie die Verfahren der „Qualitätssicherung“ und des Controlling, die zunehmend an die Stelle bürokratischer (und ständischer) Dämme treten oder diese ergänzen – verbinden hierarchische Überwachung und Normalisierung. Sie vervielfältigen die Prüfungsinstanzen, um zu gewährleisten, dass der Strom der wissenschaftlichen Produktionen fließt. Dieser soll weder versiegen oder nur tröpfeln noch sich unkontrolliert ergießen, sondern er soll in vorgesehenen Bahnen und innerhalb der definierten Grenzen fließen. Überwacht wird das Fließen zum Beispiel durch den Zwang zur Meldung von Projekten und Publikationen und durch deren Bewertung durch dazu eingesetzte Kommissionen. Diese Verfahren wirken einerseits individualisierend, indem Niveaus festgesetzt und Abstände gemessen werden.[536] Andererseits wirken sie homogenisierend, denn „Hand in Hand mit dieser ‚wertenden‘ Messung geht der Zwang zur Einhaltung einer Konformität“.[537] Wenn jemandes Output nicht den festgesetzten quantitativen und qualitativen Niveaus entspricht, dann bekommt er oder sie auch keine „Gutpunkte“. Als Konsequenzen drohen „normierende Sanktion[en]“[538] wie eine Kürzung von materiellen oder symbolischen Ressourcen, eine Erhöhung der „Lehrverpflichtung“ oder auch der Ausschluss aus dem System.

Aber das ist noch nicht alles: Es wird nicht nur der Strom der wissenschaftlichen Produktionen gefordert und gefördert, sondern dabei zugleich auch die Produktionsweise verändert. In dem Maß, in dem sich quantifizierende Mess- und Bewertungsverfahren durchsetzen, verändert sich notgedrungen auch das Verhalten – und das Sein – der wissenschaftlich Produzierenden. Für diese gilt: Es muss „viel" und vor allem auch „schnell" produziert werden. Sicherheitshalber auf „schnelle Punkte" zu setzen ist dementsprechend eine Empfehlung, die man allenthalben im wissenschaftlichen Produktionsbetrieb vernehmen kann. Und schließlich werden die Produktionen in bestimmte Bahnen gelenkt: Bücher zu schreiben bringt vergleichsweise wenige „Gutpunkte" und wird zu einem potenziellen Anachronismus. Bei Beiträgen für Zeitschriften wird nahe gelegt, sich an deren Bewertung zu orientieren – auch hier werden Niveaus bestimmt und Abstände gemessen. Und wenn das Punkteschema Zeitschriften privilegiert, bei denen mehrfach „blinde" Gutachtende als TorwächterInnen die Einhaltung der Konformität durch besonders hohe Zugangsbarrieren garantieren sollen, dann empfiehlt es sich, im *Mainstream* zu schwimmen, um die Chancen auf „Gutpunkte" und entsprechende Belohnungen zu erhöhen. Wer sich dagegen aus Überzeugung oder Begeisterung für bestimmte Ideen zu Nonkonformität hinreißen lässt, muss mit „Opportunitätskosten" in Form entgangener Punkte rechnen, nach denen der Wert der wissenschaftlichen „Humanressourcen" bemessen wird.

Leidenschaftliches Begehren nach Erkenntnis – oder auch nach deren Vermittlung zur Verbesserung menschlicher Praxis –, das klingt im heutigen Wissenschaftsbetrieb merkwürdig antiquiert. Der leidenschaftliche und berufene Wissenschaftler, dem Max Weber die Fähigkeit vorschrieb, „sich einmal sozusagen Scheuklappen anzuziehen und sich hineinzusteigern in die Vorstellung, daß das Schicksal seiner Seele davon abhängt: ob er diese, gerade diese Korrektur an dieser Stelle dieser Handschrift richtig macht"[539] – und natürlich auch sein weibliches Pendant –, sind inzwischen zum Wettbewerbshindernis im Kampf um „Gutpunkte" geworden. Auch die von Foucault in *„Der Gebrauch der Lüste"* als das „Motiv, das mich getrieben hat" angeführte „Neugier ..., die die Mühe lohnt, mit einiger Hartnäckigkeit betrieben zu werden"[540] sowie die Idee wissenschaftlichen Arbeit als „Protokoll einer Übung, die langwierig und tastend war und die oft von neuem anfangen und sich berichtigen musste",[541] und ihn, wie er erläutert, bei der Erkundung der „Geschichte des Begehrensmenschen" einige Jahre zusätzlicher Arbeit abverlangte,[542] werden heute als „ineffizient" kategorisiert und stigmatisiert, weil sie die wissenschaftliche Produktion unnötig verzögern – und durch andere Motive und

Leitbilder ersetzt. Zur Unterstützung der (Um-)Orientierung werden die „antiquierten“ Arbeitsweisen mit „Schlechtpunkten“ sanktioniert, im Falle der Besserung locken dagegen die „Gutpunkte“.

Welch tief greifende Wirkungen von dieser Umformung durch Technologien der Leistungsmessung, Kontrolle und Evaluierung ausgehen, davon zeugen nicht zuletzt die Erfahrungen und die kritische Diskussion in jenen Ländern, in denen die Praktiken der Umwandlung der Erkenntnisleidenschaft in das Interesse an der Maximierung hoch bewerteten Outputs schon weiter fortgeschritten sind als hierzulande. Insbesondere die kritische Diskussion im Vereinigten Königreich, in dem Margret Thatcher bereits in den 1980er Jahren den Universitäten den (Kultur-)Kampf angesagt hat, um den Finanz- und Leistungsstrom zu fördern, weist darauf hin.[543] Im deutschsprachigen Raum, in dem Universitätsreformierende seit einigen Jahren die bürokratischen Dämme abbauen wollen, um auf diese Weise die Produktivität und Effizienz der Universitäten und ihrer Mitglieder zu „entfesseln“,[544] ist diese Entwicklung im – stark spürbaren – Anlaufen. Kritische Beobachter der Szene, wie zum Beispiel Wolfgang Kemp, prophezeien, dass nach einem jahrzehntelangen Versuch, „jede Regung akademischen Handelns juridisch *einzumauern*“,[545] nun – mit der „Deregulierung“ des Bildungswesens und der Kanalisierungsstrategie der „Evaluation“ und „Qualitätssicherung“ an Universitäten – alle Zeichen darauf hindeuten, „dass die Entstaatlichung des Bildungswesens den größten Ausbruch von Kontrollsucht seit Beginn regelmäßiger Aufzeichnungen nach sich ziehen“[546] – und möglicherweise schließlich „einer so robusten Institution, wie es die Universität ist, den Lebensnerv abdrücken“ wird[547].

Am Ende könnte an die Stelle der „Leidenschaft der Erkenntnis“ jene „ganz geistlose ... bloß mechanisch geleitete Leidenschaft“ treten, die Kant als „Habsucht“ bezeichnet.[548] Die *knowledge-workers* orientieren all ihre Forschungs- und Publikationsaktivitäten an der Berechnung der zu erzielenden Punkte – und damit an den materiellen Belohnungen, die sie einbringen. Sind die Wunsch-Ströme erst einmal kanalisiert und auf das Mühlrad des Wissenschafts*betriebs* gelenkt, dann geht es in erster Linie darum, dass dieser am Laufen gehalten, besser noch: beschleunigt wird. Das Rad muss sich drehen … Die Vehemenz, mit der hier und anderswo die Diskussionen darüber geführt werden, wofür denn nun wie viele Punkte zu vergeben sind, verdeutlicht allerdings, dass es sich keinesfalls um eine „ruhige Leidenschaft“ im Hirschmanschen Sinne handelt.

Reinigen und Richten

Unsere Leidenschaften besitzen,
richtig angewandt, Weisheit ...
Sie können aber leicht entgleisen ...
Die Frage ist: Wie läßt sich Intelligenz
in unsere Emotionen bringen ...?
Daniel Goleman

Dieses Zitat stammt aus Daniel Golemans Bestseller *„Emotionale Intelligenz“*.[549] Im dessen Mittelpunkt stehen die Individuen und deren Zusammenleben sowie am Rande auch deren Zusammenarbeit. Es ist, wie uns der Autor selbst wissen lässt, auf ein „überwältigendes Interesse in der Geschäftswelt“[550] gestoßen. Dieses Interesse hat Goleman so bestärkt und beflügelt, dass er ein Nachfolgewerk *„Working With Emotional Intelligence“* auf den Markt gebracht hat. Den Geist dieses Buches hat der deutsche Übersetzer gut erfasst, indem er die „Emotionale Intelligenz“ im Titel auf die (ein-)gängige Formel „EQ^2“ bringt und zum „Erfolgsquotienten“ erklärt. In diesem zweiten Buch steht die Bedeutung von „emotionalen Kompetenzen“ im Arbeitsleben im Mittelpunkt. Als besonders bedeutsam wird dort die emotionale Kompetenz beziehungsweise Intelligenz von Führungskräften angesehen. Mit dieser Ziel- und Adressatengruppe befasst sich Goleman daher ausführlich. Zum emotional intelligenten Individuum beziehungsweise zur emotional intelligenten Führungskraft gesellt sich schließlich am Ende des zweiten Buches die „Die emotional intelligente Organisation“.[551] Auf dieser Linie liegt auch ein drittes Buch, das Goleman zusammen mit Richard Boyatzis und Annie McKee verfasst hat und das *„Emotionale Führung“* [552] betitelt ist.

Diese drei Werke dienen uns hier als exemplarisches Material zur Illustration einer Strategie, die, wie Hirschman gezeigt hat, ihre Vorläufer im 17. Jahrhundert hat, denn schon damals gab es „Spekulationen über die mögliche Transformation der zerstörerischen Leidenschaften in konstruktive Neigungen“[553]. Wie diese „wunderbare Metamorphose“[554] zu erreichen ist, das konnte freilich nie ganz geklärt werden. Der Diskurs der Emotionalen Intelligenz verspricht, dies mit den Mitteln der modernen Psychologie bewerkstelligen zu können. Die diesem Diskurs immanente Strategie bezeichnen wir als „Reinigen und Richten“. Im Unterschied zum Kanalisieren geht es dabei nicht (allein) um eine Regulierung „von außen“, sondern vor allem (auch) um eine Transformation des „Ausgangsmaterials" durch ein umfangreiches „nach innen" gerichtetes Subjektivierungsprogramm.

Zu dieser Strategie gehört zunächst, ein Bedrohungsszenario zu entwickeln, das uns die Gefährlichkeit des Ungereinigten vor Augen führt. Bei Goleman klingt das so: „Vor dieser unberechenbaren Flut von Gefühlsausbrüchen und ihren bedauerlichen Folgen ist niemand sicher."[555] Wir alle sind mit „einer steigenden Flut von Aggressionen" konfrontiert.[556] Als Beispiele dafür angeführt werden Jugendliche, die bewaffnet zur Schule kommen und diese Waffen auch benutzen, entlassene Angestellte, die aus Wut ihre Chefs oder ehemaligen Kollegen erschießen, Verkehrsunfälle, die in wilden Schießereien enden, oder Ehen, die von der Zerstörung durch „Überflutung" bedroht sind. Und last but not least: „Die Begabten von uns können an den Klippen ungezügelter Leidenschaften und ungestümer Impulse scheitern",[557] und „[u]nkontrollierte Emotionen können kluge Leute dumm machen"[558].

Überflutungen durch ungereinigte Leidenschaften sind demnach eine Gefahr, und zwar sowohl für die einzelnen Menschen als auch für ein geordnetes, harmonisches Miteinander – sei es in privaten Beziehungen oder innerhalb der Teams der „Hochleistungsorganisationen", in denen diese Individuen die Karriereleiter erklimmen wollen. Deshalb sollten wir es nicht dazu kommen lassen, dass wir zu „Sklaven der Leidenschaft"[559] werden. Wenn wir erfolgreich „emotionale Hygiene" betreiben, dann sind wir vor den bedrohlichen Einflüssen durch „schädliche Emotionen" geschützt.[560]

Aber unsere Emotionen sind eben nicht nur schädlich, sondern auch nützlich, ja sogar notwendig. „Auf der anderen Seite weiß man, wie wichtig die positive Motivation – die Mobilisierung von Gefühlen der Begeisterung, des Eifers und der Zuversicht ist, wenn man etwas Großes erreichen will."[561] Ohne Leidenschaften wäre das Leben „eine öde Wüste der Gleichgültigkeit, abgeschnitten vom Reichtum des Lebens selbst".[562]

Das Mittel, das zum Schutz vor beiden Gefahren, sowohl der Gefahr der *Überflutung* durch negative oder schädliche Emotionen als auch der Gefahr der *Austrocknung* positiver oder nützlicher Emotionen, angepriesen wird, heißt „Emotionale Intelligenz". Diese ermöglicht einen gereinigten und gerichteten Fluss der Leidenschaften. Im Unterschied zur Variante der Eindämmung ist bei dieser Strategie das Fließen erlaubt beziehungsweise sogar gewünscht, sofern der Strom von gefährlichen Partikeln gereinigt ist und sich in die richtige Richtung bewegt.

Wir konzentrieren uns zunächst auf die Reinigungs- oder Filterfunktion, die bei Goleman die Konstruktion der „Emotionalen Intelligenz" im Hinblick auf die Leidenschaften übernimmt. Ein Filter ist eine Vorrichtung, die zwischen den erwünschten und unerwünschten Substanzen unterscheidet beziehungsweise diese trennt – und Letztere aussortiert. Der Filter *produziert* in diesem Sinne zwei verschiedene Substanzen: die gereinigte Substanz und den Abfall, also das, was „draußen" bleibt. Er sortiert die Stoffe aus, die als gefährlich, bedrohlich, ansteckend et cetera erscheinen, und lässt die erwünschten Stoffe durch. Mit der Errichtung eines Filters sind daher notwendigerweise Überlegungen verbunden wie: Was ist gesund und wichtig für einen Organismus? Was sind „Schadstoffe"? Wo sind die Schadstoffgrenzen? Was kann akzeptiert und toleriert werden und was nicht? Was ist verträglich und was nicht? Dazu kommen auch bestimmte Annahmen über die „Natur" des zu filternden Materials und damit zugleich über die „Natur" des „normalen" oder „gesunden" Zustandes.

Wie sieht nun genau der *Filter* aus, der – einer Kläranlage gleich – den ambivalenten und unberechenbaren Strom der Leidenschaften in eine Grundbedingung von emotionalem Wohlbefinden und Produktivität verwandeln und, wie es Foucault ausdrückt, in die „kontrollierten Kreisläufe der Ökonomie"[563] einspeisen soll? Diese Frage ist nicht einfach zu beantworten, denn in Golemans Werken erscheint, wie auch Barbara Sieben aufzeigt,[564] die „Natur der emotionalen Intelligenz"[565] in unterschiedlichen Variationen.

In *„Emotionale Intelligenz"* ist überwiegend von der Emotionalen Intelligenz als „Fähigkeiten" die Rede. Diese Fähigkeiten werden (in Anlehnung an Peter Salovey und John D. Mayer[566]) in fünf Bereiche gegliedert: die eigenen Emotionen kennen, die eigenen (negativen) Emotionen handhaben, die eigenen (positiven) Emotionen in die Tat umsetzen, Empathie als das Erkennen der Emotionen anderer und Umgang mit Beziehungen, verstanden als „die Kunst, mit den Emotionen anderer umzugehen".[567] Wie wir weiter unten sehen werden, werden diese Annahmen über die „Natur" der Emotionalen Intelligenz in *„Emotionale Führung"* in ein „Modell"[568] verwandelt, das zur Grundlage für Strategien und Praktiken der Transformation jeder Realität wird, die davon abweicht. In *„Emotionale Intelligenz"* begegnet uns diese aber nicht nur im Plural als „Fähigkeiten", sondern auch im Singular als „übergeordnete Fähigkeit".[569] Als solche besteht sie aus mehreren Komponenten, die wir nun etwas genauer betrachten wollen.

Die erste Komponente ist die *„Impulskontrolle"*.[570] Darunter wird die Fähigkeit verstanden, einem Impuls zu widerstehen, um ein Ziel zu erreichen. Sie bildet „den Kern der emotionalen Selbstregulierung".[571] Wer diese Fähigkeit besitzt, kann es im Leben weit bringen. Das zeigen nach Goleman eine Reihe von psychologischen Experimenten, in denen die Fähigkeit zur Impulskontrolle schon bei Kindern getestet worden ist. „Diejenigen, die mit vier der Versuchung[572] widerstanden hatten, zeigten jetzt als Jugendliche größere soziale Kompetenz: sie waren durchsetzungsfähig, selbstbewußt und besser in der Lage, mit den Frustrationen des Lebens fertig zu werden. ... Herausforderungen nahmen sie bereitwillig an und stellten sich ihnen, und selbst bei Schwierigkeiten gaben sie nicht auf; sie waren *selbstsicher* und *zuversichtlich*, *vertrauenswürdig* und *verläßlich*; sie ergriffen die Initiative und *stürzten sich in Projekte.*"[573] Jenes Drittel der Kinder, das diese bemerkenswerte Gabe im Alter von vier Jahren nicht hatte, wird dagegen wie folgt beschrieben: „[S]ie schreckten vor sozialen Kontakten zurück, waren störrisch und unschlüssig; sie ließen sich von Frustrationen leicht umwerfen ...; sie neigten zu Eifersucht und Neid; auf Irritationen reagierten sie gereizt und provozierten dadurch Streitereien."[574] Mit andern Worten: Es handelte sich um problematische Fälle.

Eine zweite Komponente ist die Fähigkeit, *„fehlerhaftes Denken"* und *„üble Stimmungen" zu vermeiden.*[575] Dies zeige sich etwa beim Umgang mit der Prüfungsangst. Bekanntlich beeinträchtigten „unkontrollierte Emotionen ... den Verstand"[576] und führten zu schlechteren Leistungen. Wer aber die Fähigkeit besitze, seine Angst dafür einzuspannen, sich selber zu motivieren, und während der Prüfung „üble Stimmungen" und „besorgte Gedanken" zu vermeiden, der habe einen „emotionalen Vorteil", der sich auch in besseren Prüfungsergebnissen bezahlt mache.

Eine dritte Komponente ist das *„positive Denken"*, denn „[w]orauf es ... ankommt, ist die Hoffnung und die Zuversicht".[577] Hoffnungsvolle und zuversichtliche Menschen hätten die Fähigkeit, sich selbst zu motivieren. Bei Rückschlägen verfielen sie nicht der Depression oder dem Defätismus, sondern seien so flexibel, nach neuen Wegen zu suchen, um ihre Ziele doch noch zu erreichen – oder unter Umständen auch die Ziele zu wechseln. „Aus der Sicht der emotionalen Intelligenz bedeutet Hoffnung haben, einer erdrückenden Angst, einer defätistischen Haltung oder einer Depression angesichts schwerer Herausforderungen oder Rückschläge nicht nachzugeben.“[578] Damit korrespondierten auch Fleiß und die Fähigkeit, hart zu arbeiten. So sei das überdurchschnittliche Abschneiden asiatischer Schüler in amerikanischen Schulen und Universitäten dadurch bedingt, dass diese viel mehr Zeit mit ihren Hausaufgaben verbringen als die amerikanischen SchülerInnen. Sie hätten erkannt: „Wenn man nicht gut abschneidet, muß man eben abends länger lernen, und wenn man dann immer noch nicht gut abschneidet, muß man morgens früher aufstehen und lernen.“[579] Hier setze sich eine „strenge kulturelle Arbeitsethik“ verbunden mit der Überzeugung, „wenn man sich nur richtig Mühe gibt, kann jeder in der Schule gut abschneiden“, um in „höhere Motivation, Eifer und Beharrlichkeit – ein emotionaler Vorteil“.[580]

Die vierte Komponente ist schließlich der *„Optimismus“*. „Optimismus bedeutet, daß man, wie bei der Hoffnung, die feste Erwartung hat, daß sich trotz Rückschlägen und Enttäuschungen letztlich alles zum Besten wenden wird. Aus der Sicht der emotionalen Intelligenz ist Optimismus eine Haltung, die die Menschen davor bewahrt, angesichts großer Schwierigkeiten in Apathie, Hoffnungslosigkeit oder Depression zu verfallen. Und Optimismus zahlt sich im Leben aus, genau wie die eng mit ihm verwandte Hoffnung (es muß natürlich ein realistischer Optimismus sein – ein allzu naiver Optimismus kann verheerend sein).“[581]

Das sind die Bestandteile jenes Filters, durch den der Strom der Leidenschaften in einen gereinigten und wohltemperierten Fluss umgewandelt wird, der die Mühlen des Spätkapitalismus am Laufen hält. Wenn die „emotionale Hygiene“ erfolgreich ist, wenn also der Filter Emotionale Intelligenz funktioniert, dann wird der Strom zu einem Hochleistungsstrom, denn dann sind die Menschen imstande, marktgängige beziehungsweise verwertbare „Höchstleistungen“[582] zu erbringen. Um dieses Zusammenfallen von „Emotionaler Intelligenz“ und „Höchstleistung“ zu untermauern, führt Goleman diverse Untersuchungen an – unter anderem eine, die in einer Gruppe von Versicherungsvertretern durchgeführt wurde. Das Ergebnis: Optimistische Menschen verkaufen mehr als pessimistische. Daraus zieht er den Schluss: „Daß der Optimismus sich so stark im

Verkaufserfolg niederschlägt, spricht dafür, daß er eine emotional intelligente Haltung ist."[583] Weiters kommt er zu der überraschenden Erkenntnis, dass die besonders geschätzten Mitglieder in Hochleistungsorganisationen sich nicht (nur) durch einen überragenden Intelligenzquotienten (im herkömmlichen Sinne) auszeichnen, sondern (auch) durch ausgeprägte emotionale Fähigkeiten. Dies belege auch eine Studie über die Spitzenleute bei den Bell Labs, einer weltberühmten amerikanischen wissenschaftlichen Denkfabrik: „[I]nnerhalb dieser Ansammlung von Talenten stechen einige als Stars hervor, während die übrigen nur Durchschnittliches leisten. Die Stars unterscheiden sich von den anderen nicht durch ihren akademischen IQ, sondern durch ihren *emotionalen* IQ. Sie können sich selbst besser motivieren, und sie können ihre informellen Netzwerke besser in ad hoc-Teams verwandeln."[584]

Die Emotionale Intelligenz entfaltet auch dann ihre reinigende Kraft, wenn „in der Hitze des Gefechts ... die emotionale Erregung ... hohe Wellen schlägt".[585] Nach Goleman ist sie nicht nur ein Mittel, um individuelle Höchstleistungen hervorzubringen, sondern auch eine Bedingung für reibungsloses und effizientes Zusammenarbeiten. „Als das wichtigste Element der Gruppenintelligenz erweist sich nicht der durchschnittliche ‚IQ' im Sinne der akademischen Leistung, sondern im Sinne der emotionalen Intelligenz: Entscheidend für einen hohen Gruppen-IQ ist die soziale Harmonie. *Es liegt an dieser Fähigkeit zur Harmonie*, wenn eine Gruppe unter sonst gleichen Bedingungen besonders talentiert, produktiv und erfolgreich ist, eine andere dagegen, deren Mitglieder in sonstiger Hinsicht genauso talentiert und befähigt sind, schlecht abschneidet."[586]

Goleman zufolge sind die Emotional Intelligenten also nicht nur zufriedener, glücklicher, ausgeglichener und individuell leistungsfähiger, sondern sie tragen durch ihre Fähigkeiten auch dazu bei, dass ein harmonisches und produktives kollektives Fließen ermöglicht wird.

In *„Emotionale Führung"* [587] werden die diskursiv erzeugten Annahmen über die „Natur" der emotionalen Intelligenz zu einem „Modell" verdichtet, das zur Gestaltung und Transformation von Beziehungen zum Selbst und zu anderen eingesetzt werden kann. Richtungweisend ist hier, wie in den anderen Werken Golemans, die Erkenntnis, dass extrinsische Motivierung, zum Beispiel durch materielle Anreize, Menschen zwar zur Verbesserung ihrer Leistungen bewegen kann, aber „keine externen Motivatoren, die Menschen dazu bringen [können], ihr absolut Bestes zu geben".[588] Diese Großtat könne nur emotionale Führung beziehungsweise „emotional intelligente Führung"[589] vollbringen.

Emotional intelligente Führung erfordert, so die diskursive Anordnung, grundlegende Veränderungen erstens der Führung von MitarbeiterInnen und damit zugleich der Führungskräfte und schließlich der Organisation beziehungsweise der Organisationskultur.

Mit Blick auf die *Führung von MitarbeiterInnen* lautet die „Erfolgsformel": gute Führung = emotional intelligente Führung = resonante Führung. Denn emotional intelligente Führung erzeuge „emotionale Resonanz", die MitarbeiterInnen über sich hinauswachsen lasse. Sie vermeide zunächst „Dissonanz", das heißt, sie lenke die Emotionen der Geführten nicht in eine negative Richtung, wecke keine negativen Gefühle und vermeide destruktive „Überflutungen".[590] Mehr noch: „Gute Führungskräfte ... wecken unsere Leidenschaft und bringen uns dazu, unser Bestes zu geben."[591]

Wie verwandelt man nun aber „emotional unintelligente" Führung beziehungsweise *Führungskräfte* in „emotional intelligente"? Schon in *„Der Erfolgsquotient"* verkündet Goleman – und zwar gleich viermal – die „gute Nachricht", dass das Ausmaß unserer Emotionalen Intelligenz weder genetisch fixiert noch durch unsere frühkindliche Sozialisation bestimmt ist, sondern dass es sich entwickelt und dementsprechend auch weiterentwickelt werden kann.[592] Das ist die richtungsweisende Botschaft, an die sich die Hoffnungen und Versprechungen knüpfen. Durch *Selbstentwicklung* und vor allem auch durch „gute Trainings" kann der EQ auch noch im Erwachsenenalter erhöht werden. Und es lohnt sich: für die Individuen, die diese Weiterbildung in Anspruch nehmen, und für die Organisationen, die ihre Führungskräfte (und MitarbeiterInnen, insbesondere im Verkauf) zu diesen Trainings schicken. Und nicht zuletzt lohnt es sich auch für Goleman selbst. Denn das „überwältigende Interesse aus der Geschäftswelt" hat ihn nicht nur zur Produktion weiterer Bücher angeregt, sondern auch dazu, das Beratungsunternehmen „Emotional Intelligence Services" (EIS) zu gründen. Zu dessen Angeboten gehört beispielsweise das „Emotional Competence Inventory" (ECI). Dieses kann, so Goleman,[593] nicht nur zur Selbstprüfung und -entwicklung eingesetzt werden, sondern auch zur Ermittlung des Weiterbildungsbedarfs in Organisationen, denn es handelt sich – laut Homepage – um „A Multirater Tool that Assesses Emotional Intelligence".[594] Das liest sich in der Beschreibung so:

How can the ECI be used? The ECI can evaluate both the individuals within an organization (Individual Feedback Reports) as well as the organization as a whole (Work Force Audits). These audits can provide an organizational profile for any size group within the company.

Executive coaches can use the ECI to provide clients precise and focused feedback on their strengths and limits. Based on the feedback from a variety of rater groups (i. e. self, manager, direct reports, peers, others), the ECI indicates the specific emotional competencies where development is needed to enhance the individual's emotional intelligence.

For organizations, internal and external consultants can use the ECI to diagnose an entire unit, profiling its overall strengths and development opportunities. Pooling the individual assessments of an entire work unit provides a comprehensive profile of the organization's emotional intelligence. This work force audit can reveal key emotional gaps that may be limiting performance effectiveness.

Die entwickelte Technologie erlaubt es den Individuen, die zuerst zur „Natur" und dann zum „Modell" konstruierten „Kompetenzen", die im genannten *Inventory* aufgelistet und operationalisiert sind, auf sich selbst zu projizieren. Mithilfe dieses Beobachtungs- und Bewertungsrasters wird das Individuum in die Lage versetzt, die eigenen „Defizite" zu erkennen und gezielt an sich, seinen Emotionen und Leidenschaften zu arbeiten. Zugleich können die psychologischen Kategorien auf das Unternehmen als Ganzes projiziert werden. Es wird möglich, den „tatsächlichen" Entwicklungsstand der „Emotionalen Kompetenz" festzustellen und zu objektivieren und die „Defizite", die sich im Vergleich zum Idealmodell ergeben, auszugleichen. Defizite sind in diesem Diskurs ein untrüglicher Hinweis auf die Gefahren der „Überflutung" (hier sei an all die drohenden Gefahren und gescheiterten Existenzen erinnert), und sie signalisieren auf der kollektiven Ebene eine Schwäche des „Immunsystems"[595] (dazu gleich noch ausführlicher), die Unternehmen anfällig für Gefahren aller Art machen.

Sie sind dennoch kein Grund zur Panik. Denn zur Deckung dieses mittels des ECI hervorgebrachten „Bedarfs" hat – welch glücklicher Umstand – EIS „die Gestaltung und Durchführung von Programmen zur Entwicklung emotionaler Kompetenzen" im Angebot. Hier helfen die kompetenten und geschulten ExpertInnen den Bedürftigen, sich – individuell und kollektiv – entsprechend der gesetzten Norm zu entwickeln.

Die Grundlogik einer solchen Strategie besteht darin, Individuen oder auch Gruppen auf ein neues Selbstbild einzustimmen, sie weniger durch äußeren Zwang als vielmehr durch die Einsicht in die Notwendigkeit und Vorteilhaftigkeit an ein diskursiv konsruiertes Bild anzunähern. In therapeutischen und quasitherapeutischen Interaktionen findet jene Reinigungsarbeit statt, in der sich eine säkularisierte Form der Pastoralmacht realisiert. Nikolas Rose fasst die Wirkungsweise gut zusammen:

> In the subtle communicative interaction of the confessional scene, the expert gently brings the subject into relation with a new image, an image that appears more compelling because it is their own. Subjects come to identify themselves with the kind of self they are brought to display in their speech and conduct in the therapeutic scenario, to take responsibility for themselves as ideally that kind of person, to be impelled by the pleasures and anxieties in the gaps between themselves and what they might be. They become, in the passage through therapy, attached to the version of themselves they have been led to produce.[596]

Die inhaltliche Grundlage des in *„Emotionale Führung"* vorgestellten Programms zur Führungskräfteentwicklung sind die vier „Domänen emotionaler Intelligenz", auf die das „Modell" der EI hier verdichtet worden ist.

Die erste und „wichtigste Herausforderung" einer Führungskraft, die emotional intelligent werden und führen will, ist *„Selbstmanagement"*.[597] „Da Emotionen so ansteckend sind und sich besonders leicht vom Anführer auf die Gruppe übertragen, ist die vordringlichste Aufgabe einer Führungskraft, ihre eigenen Emotionen im Griff zu haben. Nur dann kann sie die Emotionen anderer managen."[598]

So wie das Selbstmanagement der „Anführer" eine Voraussetzung dafür ist, die Gefühle der Geführten zu managen, ist die *„Selbstwahrnehmung"* eine Voraussetzung des Selbstmanagements. Denn: „Wenn wir uns über unsere Gefühle nicht im klaren sind, können wir sie auch nicht managen."[599]

Drittens müssen die emotional intelligenten Führungskräfte die Gefühle anderer erfassen können. Dann haben sie einen „emotionalen Leitfaden, an dem sie sich orientieren können".[600] *„Empathie"* bedeutet aber nicht etwa, „sich von den Gefühlen anderer überwältigen zu lassen und versuchen [zu] müssen, es allen recht zu machen. ... Empathie bedeutet vielmehr, die Gefühle von Mitarbeitern sorgfältig in Betracht zu ziehen und dann intelligente Entscheidungen zu fällen, die diese Gefühle einbeziehen."[601]

Selbstwahrnehmung, Selbstmanagement und Empathie bilden „die Grundlage für die vierte und letzte EI-Fähigkeit: *„Beziehungsmanage-*

ment".[602] Dazu genüge es allerdings nicht, einfach nur freundlich zu sein. Es gehe auch nicht darum, ständig um Harmonie bemüht zu sein. Es bedeute vielmehr, ein soziales Netzwerk aufzubauen, und vor allem bedeute es, „Menschen mit einer überzeugenden Vision zu inspirieren und zu bewegen".[603]

Aus der Sicht der Organisationsleitung gilt die Entwicklung der Führungskräfte aber nur als eine notwendige Bedingung. Hinreichend sei diese nicht, denn dann würde die „Macht der Kultur" unterschätzt.[604] Deshalb geht es schließlich auch um die Veränderung der Unternehmenskultur gemäß dem Leitbild einer *emotional intelligenten Organisation.*[605] Schon in *„Der Erfolgsquotient"* erweitert Goleman sein Repertoire um die „emotional intelligente Organisation" und führt uns die Vorteile vor Augen, die ein Unternehmen erzielen kann, wenn es seine „kollektive emotionale Intelligenz" entwickelt.[606] Auch hier wird wieder ein Bedrohungsszenario heraufbeschworen: „Natürlich gibt es zahlreiche *‚Krankheitserreger'*, die für ein Unternehmen *tödlich* sein können."[607] Und dann nennt Goleman diverse Gefährdungen, mit denen Unternehmungen in der kapitalistischen Wirtschaft so zu kämpfen haben: dynamische Veränderungen des Marktes, die keinen Stein auf dem anderen lassen, mangelnder Weitblick der Unternehmensstrategen, „unfreundliche Übernahmen" oder auch technologische Innovationen, die den Konkurrenten Wettbewerbsvorteile verschaffen. Gegen diese „Erreger", die in der Tat geeignet sind, die Wellen der Emotionen hochzupeitschen, „kann die emotionale Intelligenz eine *Schutzimpfung* sein, die das Unternehmen *gesund* erhält und sein Wachstum fördert".[608] Ein „Mangel an emotionaler Intelligenz" dagegen „kann ein Unternehmen anfällig für diese Erreger machen, indem es dessen *‚Immunsystem' schwächt"*.[609]

Wie bringt man nun aber ein ganzes Kollektiv dazu, sich einem diskursiv vermittelten Idealbild anzunähern? Wie reinigt und richtet man die Ströme, damit sie sich zu einem Hochleistungsstrom vereinigen? Der dazu von Goleman & Co. entwickelte Prozess umfasst dreierlei:

1. die Entdeckung der emotionalen Realität,
2. die Visualisierung des Ideals und
3. die Aufrechterhaltung emotionaler Intelligenz.

Bei der *„Entdeckung der emotionalen Realität“* ist sowohl die Sicht der Mitarbeiter als auch die der Führungskräfte relevant. Durch die von Cecelia McMillen und Annie McKee entwickelte Methode der „dynamischen Erhebung“ werden die Mitarbeiter dazu gebracht, ein Bild „von der Seele ihrer Organisation zu zeichnen“.[610] Den Führungskräften wird in diesem Zusammenhang der „Zugriff“ auf die „Weisheit des Unbewußten“ empfohlen. Dieser wird verglichen mit dem Versuch, „aus einem tiefen Brunnen Wasser zu pumpen“.[611] Um die Realität zu erkennen und eine „ideale Vision“ zu entwickeln, eine „Vision, die die Gruppe vereinen und mit Energie erfüllen wird“, gehen die emotional intelligenten Führungskräfte aber nicht nur „ihren Ängsten und ihrer Leidenschaft auf den Grund“, sondern sie nutzen auch „die kollektive Weisheit der Menschen, die sie führen“.[612] Dabei besteht die Kunst darin, die Gefühle und Überzeugungen der Mitarbeiter zu respektieren und diesen zugleich den Nutzen zu vergegenwärtigen, der mit der „Erfüllung des Traums“ verbunden ist.[613]

Im Zusammenhang mit der *„Visualisierung des Ideals“* lauten die „Lektionen“, Visionen zu formulieren, die Mitarbeiter emotional ansprechen und mit denen diese sich emotional identifizieren können. „Die Menschen müssen das Gefühl bekommen, dass der Traum der Organisation mit ihren eigenen Träumen, Überzeugungen und Werten übereinstimmt.“[614] Und schließlich müssen „emotionale Bindungen“ hergestellt werden: „Die Menschen müssen miteinander sprechen, lachen, Geschichten austauschen und auch gemeinsam einen Traum entwickeln.“[615]

Und was kann zur *„Aufrechterhaltung Emotionaler Intelligenz“* getan werden? Hier sind zunächst wiederum die Führungskräfte gefordert. Sie sollen – als vorbildliches Modell – die Vision in die Tat umsetzen. Zu ihrem Handwerkszeug gehört aber auch die „Steuerung der Mythen, Legenden und Symbole“.[616] Sie pflegen also zum Beispiel den Mythos des optimistischen Verkäufers, der sich von keinem noch so widerspenstigen Kunden abschrecken ließ und trotz so mancher Niederlage alle Verkaufsrekorde schlug; sie erzählen die Legende vom emotional intelligenten Personalchef, der die Entlassung in ein konstruktives Outplacement-Gespräch verwandelt, nach dem der Entlassene verständnisvoll und ohne böse Nachrede die neuen Chancen erkundet, die ihm soeben eröffnet worden sind, und das Ressentiment, das destruktiv auf die Firma zurückschlagen könnte, in ein fröhliches und optimistisches Annehmen der neuen Herausforderungen verwandelt.

Eine wesentliche Rolle wird aber auch Belohnungssystemen zugeschrieben, denn es sei „sinnlos, auf emotional intelligente Führung zu hoffen, wenn die Systeme für das Leistungsmanagement und die Entlohnung nicht darauf ausgerichtet sind“.[617] Hier betritt – ganz überraschend und quasi durch die Hintertür – noch einmal die extrinsische Motivierung die Bühne, auf der die „emotional intelligente Organisation“ inszeniert wird. Emotional intelligentes Verhalten muss, sofern es als solches erkannt, benannt und objektiviert wird, belohnt werden. Im Gegenzug muss emotional unintelligentes Verhalten bestraft werden. Aber lassen wir uns von derlei kleinen Unstimmigkeiten nicht beirren: Emotional intelligente Führungskräfte „empfinden echte Leidenschaft für ihre Mission und diese Leidenschaft ist ansteckend. Ihre Begeisterung und ihre Freude an der Arbeit verbreiten sich spontan und übertragen sich auf jene, die von ihnen geführt werden.“[618]

Wie diverse Passagen zur „Weckung“ der – positiven und produktiven – Leidenschaften der Geführten durch emotional intelligente Führung, emotional intelligente Führungskräfte und die emotional intelligente Organisation verdeutlichen, ist der Übergang zur Strategie, die wir im folgenden Abschnitt beschreiben, fließend.

Bevor uns dieser zuwenden, wollen wir hier noch etwas genauer die *„höchste Form von emotionaler Intelligenz“* betrachten, die nach Goleman darin besteht, sich „auf das Fließen einlassen zu können ...; Fließen ist vielleicht das Äußerste, wenn es darum geht, die *Emotionen in den Dienst der Leistung und des Lernens* zu stellen. Beim Fließen sind die Emotionen nicht bloß beherrscht und kanalisiert, sondern positiv, voller Spannung und auf die vorliegende Aufgabe ausgerichtet. Wer in der Langeweile der Depression oder der Erregung der Angst gefangen ist, der ist vom Fließen ausgeschlossen. Dabei ist das Fließen (oder ein sanfteres ‚Mikro-Fließen‘) eine Erfahrung, die fast jeder dann und wann macht, besonders wenn man Höchstleistungen vollbringt oder seine bisherigen Grenzen überschreitet. Es läßt sich vielleicht vergleichen mit einem estatischen Liebesakt, bei dem zwei zu einem fließend harmonischen Einen verschmelzen.“[619]

Das Fließen beziehungsweise *„Das Flow-Erlebnis“* ist zunächst von Mihaly Csikszentmihalyi beschrieben worden. Charakteristisch für die Flow-Erfahrung ist ihm zufolge, dass Handlung und Bewusstsein verschmelzen. Im Zustand des Flow ist der betroffene Mensch ganz bei der Sache. Er reflektiert nicht über die Handlung, über die Bedeutung seiner Handlung, über die möglichen Erfolge oder Misserfolge, über die Bewertung der Handlung durch andere et cetera. Vielmehr ist seine Aufmerksamkeit vollkommen auf die vorliegende Aufgabe gerichtet. Es gibt keine Ablenkungen. Alle potenziellen „Störungsstimuli [werden] außerhalb des Aufmerksamkeitskreises gehalten".[620] Im Zustand des Fließens gibt es auch kein „Selbst" beziehungsweise kein reflektierendes (Selbst-)Bewusstsein. Im Gegenteil, das Individuum geht voll in der jeweiligen Tätigkeit beziehungsweise der Umgebung auf (sei dies beim Klettern, bei der Meditation, in der religiösen Erfahrung oder auch in bestimmten Arbeitssituationen, wie beispielsweise dem Programmieren). „In solchen Augenblicken schwindet die Trennung zwischen der Person und ihrem Tun."[621] Zur Illustration führt Mihaly Csikszentmihalyi einen Kletterer an, der von „seltenen Augenblicken eines orgiastischen Einsseins, in denen ich mich selbst vergesse und mich in meinem Tun verliere", berichtet.[622] Es stellt sich das demnach (paradoxe) Gefühl ein, mit der Umwelt verschmolzen zu sein, sie aber gleichzeitig zu kontrollieren. In der „künstlich eingegrenzten Realität einer Flow-Episode"[623] gibt es keine Ambivalenzen und Unklarheiten, die irritierend wirken. Die Ziele und die Mittel zur Erreichung dieser Ziele sind klar geordnet. Die Person ist keinen widersprüchlichen Handlungsanforderungen ausgesetzt. Sie weiß genau, was „richtig" oder „falsch", was „gut" oder „schlecht" ist.

Für Mihaly Csikszentmihalyi ist das Flow-Erlebnis eine ambivalente, ja „gefährliche Kraftquelle".[624] Im Zusammenhang mit seiner Analyse des Kletterns weist er zum Beispiel darauf hin, dass hier Erfahrungen gemacht werden können, angesichts derer die Realität des Alltags beziehungsweise der Arbeit als vergleichsweise „irrational" erscheinen kann. „Die Kletterei wird zu einem Mikrokosmos, der als sinnvoller erlebt wird als die Alltagsrealität, welche von Selbstsucht, Zweckrationalität und Zufall beherrscht wird."[625] Solche außeralltäglichen Erfahrungen haben demzufolge zumindest das Potenzial, die Form und Strukturierung der „Hochleistungsorganisation" fragwürdig erscheinen zu lassen. Außerdem könne das Flow-Erlebnis „soviel Freude machen, daß man davon abhängig wird. Das Alltagsleben erscheint daneben grau."[626]

Bei Goleman dagegen erscheint das Flow-Erlebnis nur noch in gebändigter beziehungsweise gereinigter Form. „Das Fließen ist ein *Zustand ohne störende Emotionen*; das einzige, was man empfindet, ist ein unwiderstehliches, hochgradig motivierendes Gefühl *milder* Ekstase."[627] Von „orgiastischen" Gefühlen oder von (Sucht-)Gefahr ist hier nicht mehr die Rede, ebenso wenig wie von dem möglichen gesellschaftskritischen Impuls, den Mihaly Csikszentmihalyi dem Flow-Erlebnis noch zuschreibt. Fließen als höchste Stufe der Emotionalen Intelligenz dient hier einzig und allein der Hervorbringung von Höchstleistungen durch Individuen, Gruppen und ganze Organisationen.

In *„Emotionale Intelligenz"* reduziert Goleman die Fähigkeit, sich auf das Fließen einlassen zu können beziehungsweise in den Zustand des Fließens einzutreten, auf eine individuelle Kompetenz. Dagegen berücksichtigt Mihaly Csikszentmihalyi auch die (sozialen und strukturellen) Bedingungen, welche die Erfahrung des Flow ermöglichen oder auch verunmöglichen. Um in unserer Metapher zu bleiben: Er thematisiert auch die Bedeutung der Beschaffenheit des Flussbettes. Eine Voraussetzung für optimales Fließen ist ihm zufolge, die Tätigkeit so zu strukturieren, dass weder eine Überbeanspruchung (Angst) noch eine Unterbeanspruchung (Langeweile) gegeben ist.[628] Für Mihaly Csikszentmihalyi folgt aus der Erkenntnis der Bedingungen für die „optimale Erfahrung" eine „Politik der Freude".[629] Diese sei für Arbeitnehmende und Arbeitgebende gleichermaßen attraktiv. Arbeitnehmende erlebten in ihrer Arbeit „Freude", Arbeitgebende ersparten sich aufwändige Ausgaben: „Um eine langweilige Situation in eine belohnende zu verwandeln, braucht es weder Geld noch Energie; es genügt eine symbolische Umstrukturierung der Situation."[630] So haben auch die Arbeitgeber allen Grund zur Freude. Notwendig sei einzig und allein, so der Übersetzer des Werkes von Csikszentmihalyi in seiner Einführung, dass „der Arbeiter wie sein Vorgesetzter lernen, auf den inneren Rhythmus des Tuns zu hören und seine natürliche Ordnung zu suchen".[631]

Als ein Beispiel für eine solche organisationale „Politik der Freude" beschreibt Isabella Csikszentmihalyi die Gesellschaft Jesu beziehungsweise den Orden der Jesuiten. Bei aller gebotenen Vorsicht[632] ist dieses Beispiel für unsere Analyse besonders interessant, weil es sich bei dem „Flussbett" um eine bürokratische Organisation handelt – und die „enjoyable experience"[633] nur jenen vergönnt ist, die sich strikt an die Regeln halten und die darüber hinaus bereit und in der Lage sind, das eigene Selbst – die

Seele – zu reinigen und von verderblichen Lastern und allzu menschlichen Leidenschaften zu befreien beziehungsweise diese in gottgefällige zu verwandeln.

Der Jesuitenorden war und ist charakterisiert durch eine strikte hierarchische Ordnung, das Prinzip der bedingungslosen Unterwerfung unter den jeweiligen Vorgesetzten und eine Vielzahl von detaillierten Regeln, durch welche die Beziehungen der Mitglieder zueinander und auch zu sich selbst geregelt wurden. Darüber hinaus ist das Prinzip der „Aktenmäßigkeit", das Max Weber als klassisches Merkmal der Bürokratie definierte, gut belegt beziehungsweise dokumentiert.[634] Für Isabella Csikszentmihalyi sind es gerade die strikten Regeln, die gewährleisten, dass die Mitglieder des Ordens ihre ungeteilte Aufmerksamkeit auf eine klar definierte Aufgabe wenden können, und die verantwortlich sind für die Strukturierung der psychischen Energie.[635] Die Organisation als Struktur ist, bildlich gesprochen, hart wie ein Felsblock, an den man sich anschmiegen kann, den man aber nicht verändern kann oder will. Eine klar strukturierte Ordnung erscheint hier als ein Faktor, der das Fließen gerade ermöglicht. Eine Bedingung für den Erfolg der Organisation der Jesuiten ist, Isabella Csikszentmihalyi zufolge, eine Form der Organisation, die „provided a unified structure of consciousness whereby psychic energy could be invested in an ordered way".[636] Auch hier kann demnach von einer Hochleistungsorganisation gesprochen werden, die sich durch einen geordneten – und gereinigten – Strom von Leidenschaften auszeichnet.

Im Orden der Jesuiten wurden und werden die Leidenschaften nicht per se als negativ angesehen.[637] Als eine grundlegende Leidenschaft des Menschen wird von Ignatius von Loyola, dem Gründer des Ordens, in den *„Geistlichen Übungen"* (Exercitia Spiritualia)[638] die *Selbstliebe*[639] erwähnt. Dass in der moralischen Psychologie der Jesuiten die Selbstliebe keinesfalls nur negativ bewertet wird, geht bereits aus dem christlichen Gebot, den Nächsten wie sich selbst zu lieben, hervor. Die Selbstliebe gilt vielmehr als ambivalent: Zum Problem beziehungsweise zu einer sündhaften Verfehlung wird sie, wenn sie – wie etwa im Falle des *Stolzes* – nicht dem Willen Gottes untergeordnet ist. Ist jedoch diese Unterordnung gegeben, dann wird die Selbstliebe als positive Kraft angesehen.

Eine weitere Tugend, die den strikt hierarchischen Aufbau des Ordens stützt, ist die *Tugend der Unterwerfung.*[640] Die Unterwerfung, die erzeugt wird, indem sich der Wille des jeweiligen Vorgesetzten zu Eigen gemacht wird, ist funktional in Hinblick auf das geordnete Fließen: Sie hilft, Konfusion und Unordnung zu vermeiden. Ein weiteres Grundprinzip, das leidenschaftliche Ausbrüche verhindern soll, ist das Verbot, Vorgesetzte beziehungsweise deren Anordnungen (öffentlich) infrage zu stellen. Dabei ist allerdings nicht nur Verhaltenskonformität gefordert: Das Prinzip des *tener un sentir mesmo* (das heißt, wie der Vorgesetzte zu denken und zu fühlen) zielt auf eine Verschmelzung, die ein ungehindertes Fließen der Leidenschaften in den geregelten Bahnen ermöglichen soll.

Aufschlussreich für das Verhältnis der Jesuiten zur Leidenschaft ist schließlich auch die *Tugend der Bescheidenheit.*[641] Die Bescheidenheit gilt als Ideal der „wohlgeordneten Seele". In den Regeln zur (Erlernung der) Bescheidenheit sind detaillierte Verhaltensanweisungen enthalten: über die richtige Haltung des Hauptes, über die richtige Art und Weise, andere anzusehen, über die richtige Art, die Lippen zu bewegen et cetera. Die Regeln zum Erlernen von Bescheidenheit können auch verstanden werden als Regeln zum Erlernen des Selbst-Verzichts und zur Kontrolle der Selbst-Liebe (im negativen Sinne des Stolzes et cetera). Bedeutend dabei ist allerdings, dass die Bescheidenheit und die Unterwerfung unter den Willen des Vorgesetzten nur dann als Tugenden angesehen werden, wenn sie aus der Einsicht in den Willen Gottes resultieren. Insofern geht es auch hier nicht um bloße äußere Verhaltenskonformität mit Regeln und Normen, wie sie typisch für die Bürokratie ist. Vielmehr dienen die hier – und im Folgenden – beschriebenen Praktiken dazu, den ganzen Menschen von innen heraus zu gestalten und zu formen, ihn mit einem Wissen auszustatten, das es ihm erlaubt, sich auch in schwierigen Situationen ganz auf die Aufgabe zu konzentrieren, ohne sich durch die Sorge um sein Selbstbild ablenken zu lassen.

Von grundlegender Bedeutung für das geordnete Fließen des Stroms der Leidenschaften sind auch die Kriterien und Verfahren der *Mitgliederauswahl.* „Nicht aufgenommen werden sollen Männer mit Leidenschaften, die unbezähmbar scheinen ...; mit sündhaften Gewohnheiten, die nicht viel Besserung erhoffen lassen",[642] heißt es dazu bei Ignatius von Loyola. Wie Alfred Kieser eindrucksvoll gezeigt hat, lassen sich die modernen Verfahren der psychologischen Eignungsdiagnostik – zum Beispiel das Assessment Center – genealogisch auf die Verfahren der Auswahl von Mitgliedern in den verschiedenen Orden zurückführen. Die Auswahlpraktiken der Jesuiten beschreibt Kieser gar als ein „jahrelanges

Assessment Center ohne Kündigungsschutz".[643] Mit Bezug auf die modernen Assessment Center weist Ain Kompa auf die eigentümlichen Wirkungsbedingungen dieses Verfahrens hin. Es beruhe auf einer „eigenartigen Schmerz-Lust-Kombination ... Einerseits macht es das Individuum zu einem unterworfenen Prüfobjekt, das den Torturen einer unerbittlichen ‚Test-Domina' ausgesetzt wird ... Andererseits wird es als Prüf-Happening ... inszeniert, um die Schmerzerfahrung zu einem Lusterlebnis umzupolen."[644]

Diese strenge Form der Prüfung erzeugt nicht nur günstige Bedingungen für ein geregeltes Fließen der kollektiven Leidenschaften in der Gemeinschaft (die Herstellung eines *„corp d'elites"* war eine zentrale Zielsetzung der Jesuiten). Sie hilft auch, über die Technologien der Prüfung und Selbstprüfung ein zuverlässiges Mitglied herzustellen. In unserem Bild: Der kontrollierte Zufluss wird gewährleistet durch eine multiple Filteranlage, welche aus einer Vielzahl von Prüfungen besteht. Das Durchlaufen dieses multiplen Filters sortiert nicht nur aus, sondern transformiert auch das „Ausgangsmaterial" und bringt quasi einen neuen Menschen hervor: den Menschen im Dienste einer Organisation, der sich frei und willig deren Erfordernissen unterwirft und darin, um nochmals Isabella Csikszentmihalyis Ausdruck aufzugreifen, eine „enjoyable experience" erfährt.

Strenge Prüfungen entscheiden nicht nur über die Zulassung, sondern auch über die Entlassung. Letztere droht beispielsweise jenen, die „als in bestimmten Leidenschaften oder Lastern, die seine göttliche Majestät beleidigen, unverbesserlich beurteilt" werden.[645]

Ein zentraler Bestandteil der Organisation der Jesuiten sind auch die *Geistlichen Übungen.*[646] Auch sie wurden von Ignatius von Loyola formuliert und sehr detailliert ausgeführt. Seine Instruktionen beinhalten genaue Anweisungen – und auch Angaben über die verschiedenen Funktionen, die erfüllt werden sollen.

Zunächst sollen die geistlichen Übungen dem einzelnen Jesuiten helfen zu meditieren und so religiöse, ja ekstatische Erfahrungen zu machen. Um die – nicht nur spirituelle – Perfektionierung der Mitglieder zu gewährleisten, sollen die Übungen auf die je individuellen Fähigkeiten und Fertigkeiten abgestimmt sein. Es liegt in der Verantwortung des jeweiligen Vorgesetzten (des Jesuitischen Vaters), für den Einzelnen ein maßgeschneidertes Entwicklungsprogramm zu finden beziehungsweise zu gestalten, in dem die Ziele ebenso wie die Wege zur Zielerreichung klar und eindeutig definiert sind. Heute würde man vielleicht von individualisierter Personalentwicklung sprechen, in der eine Disziplin des Handelns und des Seins vermittelt wird.[647]

Weiters dienen die geistlichen Übungen dazu, den Jesuiten in die Praktik der Gewissensprüfung einzuführen. Von jedem Mitglied des Ordens wurde beziehungsweise wird erwartet, zumindest zweimal am Tag sein Gewissen zu erforschen und seine Handlungen im Lichte des Idealmodells Jesu zu bewerten. Die geistlichen Übungen in Verbindung mit der Gewissenserforschung und der Beichte erfüllen in Hinblick auf die Regulierung der Leidenschaften wiederum eine dreifache Funktion: Zunächst wird der Zugang zur spirituellen Erfahrung gelehrt.

Zum anderen ist das Geständnis eine zentrale Machttechnologie, über die die Subjektivität organisiert und an eine Identität gebunden wird, sowie eine Technologie, über die die Einbindung des Geständigen in ein asymmetrisches Machtgefüge erfolgt. Nach Foucault ist das „Geständnis" eines jener „Hauptrituale ..., von denen man sich die Produktion von Wahrheit verspricht".[648] Es beruht auf der Annahme, dass die Wahrheit (des Individuums selbst, der Gedanken, der Empfindungen) tief im Inneren des Subjekts verborgen ist. Als Machttechnologie wirkt das Geständnis weniger durch Verbote und Einschränkungen als dadurch, dass es Subjekte zum Sprechen bringt und zu einem spezifischen Diskurs anreizt: „sagen zu müssen, was man ist, was man getan hat, was man verbirgt, woran man nicht denkt und was man nicht zu denken denkt".[649] Die verbotenen Leidenschaften werden auf diese Weise zur Sprache gebracht, der Geständige beziehungsweise der Beichtende stellt sich im Akt des Gestehens als „Sünder" her.

Drittens wird das Geständnis, insbesondere im Zusammenhang mit der Beichte, zu einem Ritual, das bei demjenigen, der es leistet beziehungsweise sich unterzieht, eine innere Transformation bewirkt und die Seele reinigt. Die Äußerung einer Verfehlung durch den Beichtenden „tilgt seine Schuld, kauft ihn frei, reinigt ihn, erlöst ihn von seinen Verfehlungen, befreit ihn und verspricht ihm das Heil".[650] Laut Harro Höpfl hatte die Beichte beziehungsweise das Geständnis in den Anfangszeiten des Ordens der Jesuiten vor allem die Funktion der Aburteilung.[651] Später wurde die Beichtpraktik zunehmend „humanisiert". Sie diente nicht mehr nur dazu, von sündigen Verhaltensweisen zu reinigen, sondern sie übernahm eine unterstützende, heute würde man sagen: therapeutische – Funktion. Der Beichtvater urteilt nicht nur (beziehungsweise erteilt die Absolution), sondern er unterstützt auch und gibt Empfehlungen für den angemessenen Umgang mit den Leidenschaften beziehungsweise den Schwierigkeiten, die damit auftreten.

Unabhängig davon, ob das Geständnis in der Selbstreflexion geleistet wird oder gegenüber einer Autorität, es entfaltet sich und seine Wirkungen innerhalb eines Machtverhältnisses, das es zugleich bestätigt und bestärkt. „[N]iemand“, schreibt Foucault, „leistet sein Geständnis ohne wenigstens virtuelle Gegenwart eines Partners, der nicht einfach Gesprächspartner, sondern Instanz ist, die das Geständnis fordert, erzwingt, abschätzt und die einschreitet, um zu richten, zu strafen, zu vergeben, zu trösten oder zu versöhnen.“[652]

Ein ganz zentraler Punkt, der sowohl die Akzeptanz der strikten hierarchischen Unterordnung als auch die Akzeptanz der Regeln erklären kann, ist die *Freiwilligkeit der Mitgliedschaft:* Nach dem Prinzip des *volenti non fit in iuria*[653] gilt Widerstand gegen die Regeln als ausgeschlossen. Wer Mitglied sein will beziehungsweise sein darf, wird dies auf der Basis der bedingungslosen Anerkennung der Werte und Regeln des Ordens. Mit diesem Prinzip werden zum einen interne Diskussionen und Streitigkeiten unterbunden oder zumindest reguliert. Zum anderen wird ein klares Orientierungssystem geschaffen, das Ambivalenzen ausschließt. Die Position des Einzelnen ist ebenso klar wie die Befugnisse, Rechte und Pflichten, die mit dieser Position beziehungsweise auch den über- und untergeordneten Positionen verbunden sind.

Der Jesuitenorden ist ein Musterbeispiel für die Ordnung beziehungsweise das Organisieren von Leidenschaften durch die Erzeugung eines geordneten Stroms. Auch hier werden durch „Reinigen und Richten“ die Leidenschaften in eine produktive Kraft umgewandelt. Einerseits handelt es sich um eine Variante der bürokratischen Organisation, wie sie Max Weber beschreibt. Andererseits sollen die Mitglieder dieser Organisation aber gerade nicht wie „Rädchen im Getriebe“ funktionieren, sondern das Individuum wird in den Vordergrund gestellt und ihm wird ein – im Vergleich zu anderen Orden – relativ großer Freiraum gewährt. Dass die Individuen diesen Freiraum im Geiste der Organisation ausfüllen, dafür sorgen verschiedene Praktiken. So wird zum Beispiel durch die geistlichen Übungen (organisationales) *commitment* erzeugt. Wenn dies gelingt, dann agieren die Mitglieder nicht nur stets im Sinne des Ordens, sondern nehmen auch Gefahren und Verzichtsleistungen, die zur Erfüllung der Aufgaben des Ordens erforderlich sind, bereitwillig auf sich. So werden die Mitglieder des Ordens ganz in den Dienst der Sache gestellt beziehungsweise zu Bestandteilen eines Stroms gemacht, der durch eine ebenso klare wie strikte Regulierung gereinigt und gerichtet ist. Das von allen problematischen und bedrohlichen Leidenschaften befreite Individuum „fließt" in den geregelten Bahnen der Organisation und geht darin voll auf.

Insofern könnte diese Organisationsform auch als ein Musterbeispiel für die Produktion des Disziplinarsubjekts im Sinne von Foucault bezeichnet werden. Doch diese Einschätzung wäre verkürzt. Disziplin ist ein wichtiger – wenn auch nur ein – Aspekt der „Kunst der Menschenregierung",[654] die diese Form des Fließens ermöglicht. Darüber hinaus finden sich hier auch Komponenten der „Pastoralmacht", also einer Form von Macht, die auf die „Regierung der Seele" und die Führung von Individuen in Hinblick auf ein jenseitiges Heil zielt. Nach Foucault beruht die Führung und Subjektivierung auch auf dem Einsatz von „Selbsttechniken", die es den Individuen erlauben, an sich selbst zu arbeiten und sich zu transformieren. Im Herzen der christlichen Form der Subjektivierung beziehungsweise der christlichen Selbsttechniken steht die „Spirale von Wahrheitsformulierung und Wirklichkeitsentsagung".[655] Sie beinhaltet die Aufgabe, einen beständigen Kampf in und gegen sich selbst zu führen und die „gefährliche Stofflichkeit",[656] die das menschliche Subjekt charakterisiert, zu überwinden. Sie beinhaltet die Aufgabe, „sich selbst zu reinigen, indem das Fremde in sich selbst besiegt wird".[657]

Hier verbinden sich zwei Prozesse. In einem ersten Prozess wird das Selbst als „hermeneutische Realität"[658] konstituiert. Das heißt, es wird von der Annahme ausgegangen, dass es eine „Wahrheit" im Subjekt gibt, die verborgen ist, aber aufgedeckt und gefunden werden kann. Der zweite Prozess besteht in der Forderung nach Selbstentsagung, das heißt nach Entsagung und Abkehr von der Welt. Die paradoxe Verkopplung von Selbstentsagung und Selbstaffirmation hat Foucault zufolge ihren Grund in einer komplexen Verbindung von Subjektivierung und Wahrheitssuche. Für die Konstitution und Transformation des Selbst in christlichen Gesellschaften sei eine „Reihe von Wahrheitsverpflichtungen"[659] entscheidend, die den Mitgliedern der Glaubensgemeinschaft auferlegt werden. Dazu gehören „die Pflicht, gewisse Bücher als eine bleibende Wahrheitsquelle zu betrachten; und die Pflicht, die Entscheidungen gewisser Autoritäten in Wahrheitsangelegenheiten zu akzeptieren".[660] Jeder Christ und jede Christin ist verpflichtet zu erforschen, wer er oder sie ist, und die Gedanken, Fehler und Versuchungen aufzudecken, um sie schließlich zu neutralisieren. „Jeder Christ muß erforschen, wer er ist, was in ihm vorgeht, welche Fehler er begangen hat, welchen Versuchungen er ausgesetzt ist. Darüber hinaus ist jeder verpflichtet, diese Dinge anderen Leuten zu erzählen und daher Zeugnis abzulegen wider sich selber."[661]

Wie diese Beispiele verdeutlichen, handelt es sich bei „Reinigen und Richten" um eine Strategie, die diskursiv zwischen „schlechten" und „guten" Leidenschaften trennt. Durch diverse Diskurse und Praktiken werden die Subjekte angehalten und -geleitet, sich von Ersteren zu reinigen und Letztere fließen zu lassen, und zwar ausgerichtet auf als wünschenswert deklarierte Ziele. So werden mit Blick auf die Individuen Freude und Höchstleistungen hervorgebracht und mit Blick auf deren Zusammenleben und Zusammenarbeiten Ordnung und Harmonie. Vergegenwärtigen wir uns hier noch einmal kurz die Unterschiede und Gemeinsamkeiten von „Reinigen und Richten" und „Kanalisieren": Die Gemeinsamkeit besteht darin, dass auch dort gerichtet wird: Die Ströme werden reguliert. Der Unterschied besteht darin, dass der objektivierende Diskurs der extrinsischen Motivierung eine Begrenzung beziehungsweise Kontrolle der Fluten *von außen* vornimmt, während der subjektivierende Diskurs der Emotionalen Intelligenz und Hygiene die Begrenzungs- und Kontrollinstanz *nach innen* verlegt.

Damit kommen wir zu den mit „Reinigen und Richten" verbundenen *paradoxen Effekten:* Aufschlussreich in diesem Zusammenhang ist zunächst eine Studie von Philipp Sarasin über den Hygienediskurs von 1756–1914. Dort geht es zwar in erster Linie um die Hygiene und Gesunderhaltung des Körpers, aber es werden auch Fragen der „Hygiene der ‚passions'" und der Sexualität behandelt.[662] Die Lektüre des Buches lässt zahlreiche Gemeinsamkeiten zwischen den Argumentationsstrategien in den Veröffentlichungen Golemans und in den von Sarasin benutzten Quellen erkennen.[663] Das gilt gleichermaßen für die Effekte: Hier benennt Sarasin den Widerspruch, dass den – aufgeklärten – Individuen einerseits Autonomie und Befreiung versprochen wird (bei Goleman ist es die Befreiung aus der

„Sklaverei“ der Leidenschaften). Andererseits zeige, so Sarasin, die Analyse des Hygienediskurses, „wie untrennbar dieses … sich frei wähnende Ich mit den Medien und Agenten seines Wissens verbunden ist, wie sehr das Eigenste dieses autonomen Subjekts – sein Gewissen und sein Körper – von machtvollen Diskursen konstituiert wird, die es erst anleiten, die Regulation dieses Eigenen in die Hand zu nehmen“.[664] Dies gilt nunmehr auch für die Gefühle. Eine Flut von Ratgebern[665] lehrt uns, wie wir diese zu regulieren haben, damit wir zu „emotional intelligenten“, glücklichen und erfolgreichen Subjekten werden. Das problematisiert auch Sighard Neckel in seinem Beitrag „*Emotion by design*“ und verweist auf den paradoxen Effekt, dass ein Mehr an Selbststeuerung mit einem Mehr an Kontrolle einhergeht.[666]

Eng damit zusammen hängt ein weiterer paradoxer Effekt: Die Hygieneratgeber verpflichten uns – der definierten Norm entsprechend (auf die wir gleich noch einmal zurückkommen) –, körperlich, geistig und schließlich auch emotional „gesund“ zu sein beziehungsweise es zu werden und zu bleiben – und suggerieren uns zugleich, wir seien die HerrInnen unseres Schicksals.[667] Damit wird, wie bereits im Zusammenhang mit dem Flow kritisch angemerkt, weitgehend von den Bedingungen abstrahiert, die unsere Emotionen und Empfindungen beeinflussen können. Mit anderen Worten: Die gesamte Last der Verantwortung für die (emotionale) Hygiene beziehungsweise die Herstellung der „richtigen“ und die Eliminierung der „falschen“ Emotionen wird, wie auch Sieben kritisiert,[668] den einzelnen Individuen auferlegt. Und wenn wir als Individuen nicht emotional „clean“ beziehungsweise intelligent sind oder werden (können oder wollen), besteht dann die Gefahr, dass wir „ausgefiltert“ werden?

Dadurch ist zugleich eine neue normierende Teilungslinie erstellt: Im Zeitalter vor Goleman gab es keine „emotional (un-)intelligenten“ Menschen. Damit kommen wir zum Schluss noch einmal auf die fein säuberlich vorgenommenen Trennungen der „schlechten“ von den „guten“ Leidenschaften, der „schmutzigen“ von den „sauberen“ beziehungsweise „klaren“ Strömen zurück. Aufschlussreich ist hier die diskursive Trennung zwischen „roten Schwestern“ und „weißen Schwestern“, die die soldatischen Männer vornehmen. Dazu schreibt Theweleit, die Bedrohung, die von Frauen ausgehe, sei so groß, dass es als Abwehrmaßnahme nicht mehr genüge, sie aufzuspalten in einen asexuell-pflegenden und einen erotisch-aggressiv-bedrohlichen Teil und den bedrohlichen Teil zu vernichten, sondern „auch der ‚gute' Teil bleibt nicht ungeschoren: Die ‚gute' Frau wird entlebendigt, wie leblos gemacht."[669] Spinnt man diesen Gedanken weiter, dann wird eine Gefahr sichtbar, die Ähnlichkeit mit der des Austrocknens durch den Dammbau hat: Beim Reinigen besteht sie darin, dass der Prozess des Ausfilterns und Abtötens der als schädlich definierten Substanzen, der „Krankheitserreger", über sein Ziel hinaus schießt. „Steril" bedeutet nicht nur keimfrei, sondern auch unfruchtbar.

Überfluten und Mobilisieren

Everyday passion
is the stuff of excellence.
Tom Peters & Nancy Austin

Das exemplarische Material dieses Abschnitts bilden die Arbeiten von Tom Peters und dessen KoautorInnen. Angesichts dessen, dass der Diskurs Wirklichkeit nicht abbildet, sondern produziert, muss insbesondere das 1982 erschienene Buch *„In Search of Excellence"* von Tom Peters und Robert Waterman als ein diskursives Ereignis besonderer Art angesehen werden. Seine Relevanz lässt sich nicht nur an den Verkaufszahlen ablesen, sondern auch an der Intensität der Diskussion, die es hervorgerufen hat.[670]

Ausgangspunkt und gemeinsamer Nenner der Werke von Peters & Co. ist eine als radikal bis revolutionär inszenierte Kritik der Bürokratie und der Wissenschaftlichen Betriebsführung nach Taylor: „Die alte Rationalität ist nach unserer Meinung unmittelbar aus Frederick Taylors Schule der wissenschaftlichen Unternehmensführung hervorgegangen und ist mittlerweile nicht mehr brauchbar",[671] denn der „rationalistische Ansatz erstickt das lebendige Element".[672]

Dieser Vorwurf wird auch und insbesondere an die Bürokratie gerichtet. Die Bürokratie als Idealtypus rationaler Organisation erscheint aus dieser Perspektive nicht als schützender Damm, sondern als störendes Hindernis. Bürokratische Regeln und Normen, analytische Trennungen und Teilungen werden verantwortlich gemacht für die Langeweile und das Ressentiment, die sich vielfach in Organisationen breit machten. Bürokratische Organisation sei zum einen nicht geeignet, die angesichts der Dynamik des Wettbewerbs notwendige Flexibilität und Kreativität zu entwickeln. Zum anderen würde sie die Motivation untergraben und der – bei Tom Peters und Nancy Austin zum Buchtitel avancierten – *„Passion for Excellence"* beziehungsweise auf Deutsch: *„Leistung aus Leidenschaft"* entgegenstehen. Die „wichtigste Regel" lautet deshalb: „Den bürokratischen Saustall ausmisten!"[673]

In *„Liberation Management"* hat Peters diese Vorstellung noch etwas weiter ausgeführt und radikalisiert. Es ist eine Idee von Management, die sich als befreiend von allen Einschränkungen der Kreativität, des Engagements, der Begeisterung präsentiert. Nach Peters' eigener Einschätzung war „*Search* [674] ... an out-and-out-attack on the excesses of the rational model".[675] Nun, in den 1990er Jahren, gehe es um mehr: „Curiosity, initiative, and the exercise of imagination are in." Die neue Form des Managements „provides many people with a heavy dose of liberation, and god knows: it's disorganized".[676] Im Chaos der Dis-Organisation seien „Thrill" und „Symbiosis" notwendig, um „Wow Factories"[677] herzustellen, in denen die Beschäftigten in individuellen und kollektiven Begeisterungsstürmen die Konkurrenz aus dem Felde schlagen. In seinem neusten Buch *„Re-Imagine: Spitzenleistungen in chaotischen Zeiten"* warnt Peters einmal mehr vor den OrdnungshüterInnen und propagiert das Chaos beziehungsweise die schöpferische Zerstörung aller Hindernisse auf dem Weg zum Arbeiten mit ungezügelter Leidenschaft in Wow-Projekten.[678]

Die radikale Kritik der Bürokratie, die in diesem Diskurs zum Ausdruck kommt, hat zwar, wie Ulrich Bröckling[679] zeigt, auffällige Gemeinsamkeiten mit den Aufrufen der Anarchisten, sich von allen institutionellen Zwängen zu befreien. Aber Peters' Kritik an Bürokratie und Hierarchie ist im Unterschied zu der der Anarchisten nicht gespeist aus der Empörung über Repression oder Fremdbestimmung, sondern aus der Empörung über – die damit verbundene – mangelnde Effizienz[680] beziehungsweise Excellence. Insofern ist die radikale Bürokratiekritik von Peters & Co. Charakteristisch für das neoliberale Regime der Gouvernementalität.[681] Die traditionellen „Werte der Bürokratie"[682] (wie Berechenbarkeit, Kalkulierbarkeit, Vorhersehbarkeit, Schutz der Privatsphäre, Schutz vor Willkür ...) werden über Bord geworfen und zugleich in einer Art „unternehmerischer" Kulturrevolution re-codiert und re-territorialisiert. Sie werden zu Untugenden, die der Dynamik des Wettbewerbs und der Marktkräfte entgegenstehen und die Entfaltung der Produktivität blockieren.

Max Weber war – wie erwähnt – der Meinung, dass unter Bedingungen kapitalistisch-rationaler Organisation der Weg des Charismas „von einem stürmisch-emotionalen wirtschaftsfremden Leben zum langsamen Erstickungstod unter der Welt der materiellen Interessen"[683] vorgezeichnet sei. Die organisationale Politik der Be-Geisterung, die durchaus etwas

Gespenstisches an sich hat, scheint diesen Widerspruch aufzuheben beziehungsweise zu einer paradoxen Synthese zusammenzuführen: Ein „stürmisch-emotionales Leben“ ergänzt sich mit den materiellen Interessen auf geradezu wunderbare Weise. Der „neue Geist des Kapitalismus“, wie Luc Boltanski und Ève Chiapello in Anspielung auf Max Weber diesen seit etwa den 1980er Jahren florierenden Diskurs nennen,[684] mobilisiert Energien durch spektakuläre Inszenierungen von Arbeit, Leistung und Produktivität. Wenn man Peters & Co. glauben darf, herrschen in den exzellenten Unternehmen „Jubel, Trubel, Heiterkeit“[685]. Arbeit wird zum „Abenteuer“[686] und Leistung zur Leidenschaft. „Die Menschen fühlen sich beschwingt, weil etwas geklappt hat, und, wenn man sie läßt, beginnen sie, ihr Verhalten zu ändern. Und das veränderte Verhalten führt dann wieder zu guten Ergebnissen. Durch Erfolgserlebnisse ... begeistern sich die Mitglieder der Gruppe für ihr Ziel, sie strahlen Freude und Triumphgefühl aus ... Sie leben mit ihrer Aufgabe Tag und Nacht ... Eine Art Elitebewußtsein bildet sich heraus ... bei den Mitgliedern entsteht eine *ästhetische Motivation“*.[687]

Zur Illustration lassen Peters und Waterman den *Chairman* von 3M zu Wort kommen, der begeistert berichtet, wie einige Unternehmen Disziplin und einen spezifischen Enthusiasmus („Unternehmergeist“) verbinden:

> Unternehmen wie 3M sind zu einer Art Kulturzentrum für die Beschäftigten geworden, also nicht nur Arbeitsstätte. Wir haben Mitarbeiterclubs, Betriebssportvereine, Reiseclubs und einen Firmenchor. Dazu ist es gekommen, weil das übrige Beziehungsgefüge, in das die Menschen eingebunden sind, an Stabilität verloren hat und dem einzelnen nicht mehr genügend Entfaltungsmöglichkeiten bietet. Die Schulen sind keine Kontakt- und Begegnungsstätte für die Familie mehr. Die Kirchen haben ihre Anziehungskraft als Mittelpunkt des geselligen und familiären Lebens eingebüßt. Das Vakuum, das mit dem Zusammenbrechen dieser überkommenen Strukturen entstanden ist, haben einige Unternehmen gefüllt. Sie sind zu einer Art Heimathafen geworden, haben jedoch gleichzeitig ihren Unternehmergeist zu bewahren gewusst.[688]

Auch in dieser Hinsicht wird der Bürokratie und der für sie konstitutiven Trennung von Amt und Person, von Arbeit und Privatleben eine entschiedene Absage erteilt – zugunsten einer potenziellen Totalinklusion. Propagiert und inszeniert wird die völlige *Verschmelzung von Individuum und Organisation*. Diese Inklusion des „ganzen Menschen“ ist in der kritischen Diskussion der Arbeiten von Peters & Co. schon vielfach thematisiert worden.[689] In Hinblick auf die Begrenzungen, die dem Bürokratiemodell immanent sind, macht dieser Umstand allerdings auf die grundlegende Ambivalenz der Begrenzungen aufmerksam. Sie sind durchaus nicht nur als Einengungen und Limitierung individueller Freiheit zu sehen, sondern auch als Schutzvorkehrungen, die die Mitglieder der Organisation vor einer Totalinklusion bewahren. Die Entgrenzung sensu Peters & Co. erscheint dagegen als eine paradoxe Umkehrung. Sie ent-grenzt beziehungsweise de-territorialisiert unternehmerisches Handeln (durch Abbau von Regeln, durch „Deregulierung" sowie durch die Ausweitung unternehmerischer Denk- und Organisationsprinzipien auf alle Lebensbereiche), und sie re-territorialisiert zugleich die so freigesetzten beziehungsweise geschaffenen Energien und Kräfte, indem sie diese (kulturell) recodiert und zweckbezogen mobilisiert.

Bevor wir uns weiteren (paradoxen) Effekten dieser Strategie der Organisation der Leidenschaften zuwenden, wollen wir im Folgenden zunächst etwas näher auf das „Wie" eingehen. Mittels welcher Technologien werden die Leidenschaften im Sinne der *„Passion for Excellence"* zweckbezogen mobilisiert und die MitarbeiterInnen mit der Organisation verschmolzen beziehungsweise von dieser „einverleibt"?

Ein wichtiges Prinzip, das zugleich der Mobilisierung wie auch der Kanalisierung der Leidenschaften dient, ist das *Prinzip des internen Wettbewerbs*. Nach Peters und Waterman zeichnen sich die exzellenten Unternehmen dadurch aus, dass sie von der bürokratischen Regulierung von Handlungen zu einer Regulierung über das Prinzip des internen Wettbewerbs übergehen. „Interner Wettbewerb anstelle eines formalen Vorschriften- und Ausschußwesens ist in den erfolgreichen Unternehmen allgegenwärtig."[690] Der „Markt" wird als Koordinationsprinzip „in das Unternehmen hineingetragen", er wird „zur treibenden Kraft der Organisation".[691] Denn eben dieses Prinzip sei dazu geeignet, Innovationsfreude und „Unternehmergeist" hervorzubringen.

„Segen und Fluch der Konkurrenz" liegen allerdings eng beieinander, wie es der Theologe Wolfgang Palaver mit Verweis auf Jean-Jacques Rousseau ausdrückt.[692] Dieser habe bereits erkannt, dass der Wettbewerb Leidenschaften „anstacheln" kann. In seinem *„Diskurs über die Ungleichheit"* mache Rousseau darauf aufmerksam, „wie sehr jenes universelle Verlangen nach Reputation, Ehren und Auszeichnungen, das uns alle verzehrt, die Talente und die Kräfte übt und vergleicht;[693] wie sehr es die

Leidenschaften anstachelt und vervielfacht; und – da es alle Menschen zu Konkurrenten, Rivalen oder vielmehr Feinden macht – wieviele Schicksalsschläge, Erfolge und Katastrophen aller Art es täglich verursacht, daß es so viele Bewerber dasselbe Rennen laufen läßt".[694] Der Wettbewerb gilt demnach hier als *ambivalentes* Prinzip: Er setzt einerseits „Wetteifer" als positive Leidenschaft frei, andererseits aber auch Neid, Missgunst, Rivalitäten et cetera als negative Leidenschaften. Für Rousseau überwiegen dabei die zuletzt Genannten. Ihm zufolge verdanken wir dem Wettbewerb und der damit verbundenen „Raserei, sich zu unterscheiden ..., eine Menge schlechter Dinge gegenüber einer geringen Zahl guter".[695]

Wie wird nun im Diskurs der Exzellenz mit dieser Ambivalenz des Mobilisierens von Leidenschaften durch das Prinzip des „scharfen internen Wettbewerbs"[696] umgegangen?

Die Vorgangsweise hat Parallelen zu derjenigen, die Rousseau auf der Ebene der staatlichen Regulierung herausgearbeitet hat. Dieser argumentierte, dass es durch den „Patriotismus" oder die „Vaterlandsliebe" möglich sei, „die durch Konkurrenz bestimmte Eigenliebe positiv zu kanalisieren".[697] An deren Stelle tritt bei Peters und Waterman die Liebe zur Firma. Die Integration der Beschäftigten über ein „sichtbar gelebtes Wertsystem",[698] symbolisches Management et cetera soll eine Art Firmenpatriotismus erzeugen. So schaffen die „exzellenten Unternehmen" eine „umfassende, beflügelnde, gemeinsam getragene Firmenkultur, ein geschlossenes Ganzes, innerhalb dessen hochmotivierte Mitarbeiter nach den richtigen Wegen suchen".[699] Das Unternehmen soll zu einer Art „Familie" werden. Die „Liebe zur Firma" und die „Liebe zum Produkt"[700] bilden das einigende Band.

Um ein derart „geschlossenes Ganzes" zu schaffen, werden eine strikte Grenzziehung nach außen und eine Homogenisierung im Inneren propagiert.[701] Damit werden zugleich zwei Feindbilder geschaffen, die negative Energien ableiten und positive mobilisieren sollen. Die äußeren Feinde sind die Konkurrenten, die als „Todfeinde" konstruiert werden.[702] Die inneren Feinde sind die „Trübsalbläser", die zu Sündenböcken gemacht werden.

In archaischen Gesellschaften wurde der Sündenbock ausgewählt und rituell geopfert. Die *Opferung des Sündenbocks* sollte nicht nur die Götter versöhnen und verhindern, dass die Gemeinschaft durch Streit und negative Leidenschaften wie Hass und Neid entzweit wird. Das Opfer diente, wie René Girard zeigt, auch dazu, „die Herzen zu vereinigen und die Ordnung herzustellen".[703] Im Inneren der Gemeinschaft sollen *Reinheit, Geordnetheit, Klarheit* und *Harmonie* erhalten werden, indem die negativen Leidenschaften wie Hass oder Wut auf den Sündenbock gelenkt werden. Insofern schützt das Opfer „die ganze Gemeinschaft vor ihrer eigenen Gewalt ... Die Opferung zieht die überall vorhandenen Ansätze zu Zwistigkeiten auf das Opfer und zerstreut sie zugleich, indem sie sie teilweise beschwichtigt".[704] Die Sündenböcke der Hochleistungsgemeinschaften sind jene Beschäftigten, die sich *nicht* mit leidenschaftlichem Engagement einbringen beziehungsweise ein solches nicht zur Schau stellen. Sie „vergiften" die Atmosphäre und untergraben die Leistungsmoral. Peters und Waterman zitieren einen „exzellenten Unternehmer", der das Prinzip der Opferung des Sündenbocks in einen praktischen Ratschlag umsetzt: „Seht zu, daß die Arbeit bei Ogilvy & Mather Spaß macht. ... Jagt die Trübsalbläser zum Tempel hinaus!"[705] Mit anderen Worten: Wer die Politik der Freude beziehungsweise der Begeisterung durch „Trübsalblasen" stört, wird zum Sündenbock gemacht, auf dem Altar der „Excellence" geopfert und aus der Gemeinschaft der „Wow Factory" verstoßen.

Das Schüren des Hasses auf die „Trübsalbläser" als das bedrohliche Andere drinnen und die Konkurrenz als das bedrohliche Andere draußen zielt auf die Freisetzung schöpferischer Energie, wobei die *Ansteckung* durch Leidenschaften im Kollektiv verstärkend wirkt. Eine eindrucksvolle Illustration der Gefühlsmobilisierung durch Ansteckung und Sündenbockprinzip findet sich in George Orwells Roman *„1984"*. Er beschreibt dort „Haß-Sendungen", die uno actu kollektive Wut hervorbringen und nach außen lenken sowie im Inneren ein ansteckendes Gefühl der Verbundenheit schaffen, dem sich trotz aller Ambivalenz der Gefühle auch Zweifler wie Winston, der Held des Romans, nur schwer entziehen können. Wir zitieren hier eine etwas längere Passage. In dieser kommt die Ambivalenz dieser Form der Gefühlsmobilisierung sehr deutlich zum Ausdruck, und sie veranschaulicht die zwiespältige Lage, in die der so Mobilisierte gerät.

Wie gewöhnlich war das Gesicht Emmanuel Goldsteins, des *Volksfeinds*, auf dem Sehschirm erschienen. Da und dort im Zuschauerraum wurde gezischt. Die kleine aschblonde Frau stieß ein aus Furcht und Abscheu gemischtes Quieken hervor. Goldstein war der Renegat, der große Abtrünnige, der *früher* einmal, vor langer Zeit (wie lange Zeit es eigentlich war, daran erinnerte sich niemand mehr genau) einer der führenden Männer der

Partei gewesen war und fast auf einer Stufe mit dem Großen Bruder selbst gestanden hatten, um dann mit konterrevolutionären Machenschaften zu beginnen, zum Tode verurteilt zu werden und auf geheimnisvolle Weise zu verschwinden. Die Programme der Zwei-Minuten-Haßsendung wechselten von Tag zu Tag, aber es gab keines, in dem Goldstein nicht die Hauptrolle gespielt hätte. Er war der erste *Verräter, der früheste Beschmutzer der Reinheit der Partei.* Alle später gegen die Partei gerichteten Verbrechen, alle Verrätereien, Sabotageakte, Ketzereien, Abweichungen gingen unmittelbar auf seine Irrlehren zurück. Irgendwo lebte er noch und schmiedete seine Ränke ...

Winstons Zwerchfell zog sich zusammen. Nie konnte er das Gesicht Goldsteins sehen, ohne in einen *schmerzlichen Widerstreit der Gefühle* zu geraten. Es war ein mageres jüdisches Gesicht mit einem breiten, wirren Kranz weißer Haare und einem Ziegenbärtchen – ein kluges und doch irgendwie eigentümlich verächtliches Gesicht ... Goldstein ließ seinen üblichen Angriff gegen die Lehren der Partei vom Stapel – einen so übertriebenen und verdrehten Angriff, daß ihn ein Kind hätte durchschauen können, und doch gerade hinreichend glaubhaft, um einen mit dem alarmierenden Gefühl zu erfüllen, daß andere Menschen, die weniger vernünftig waren als man selbst, sich dadurch vielleicht verführen lassen könnten ...

Ehe die Haßovationen dreißig Sekunden gedauert hatten, brachen von den Lippen der Hälfte der im Raum versammelten Menschen unbeherrschte Wutschreie. Das selbstzufriedene Schafsgesicht auf dem Sehschirm und die erschreckende Wucht der dahinter vorbeiziehenden eurasischen Armee waren einfach zuviel: *Außerdem weckte der Anblick oder auch nur der Gedanke an Goldstein schon automatisch Angst und Zorn.* Er war ein dauerhafteres *Haßobjekt* als Eurasien oder Ostasien ... Das merkwürdige aber war, daß Goldsteins Einfluß, wenn er auch von *jedermann* gehaßt und verachtet wurde, wenn auch tagtäglich und tausendmal am Tag auf Rednertribünen, durch den Televisor, in Zeitungen und Büchern seine Theorien verdammt, zerpflückt, lächerlich gemacht, der Allgemeinheit als der jammervolle Unsinn der sie waren, vor Augen gehalten wurde – daß trotz alledem dieser Einfluß nie abzunehmen schien. Immer wieder warteten neue Opfer darauf, von ihm verführt zu werden ...

In der zweiten *Minute steigerte sich die Haßovation zur Raserei.* Die Menschen sprangen von ihren Sitzen auf und schrien mit vollem Stimmaufwand, um die zum Wahnsinn treibende Blökstimme, die aus dem Televisor kam, zu übertönen ...

In einem lichten Augenblick ertappte sich Winston, wie er mit den anderen schrie und trampelte. *Das Schreckliche an der Zwei-Minuten-Haßsendung war nicht, daß man gezwungen wurde, mitzumachen, sondern im Gegenteil, daß es unmöglich war, sich ihrer Wirkung zu entziehen.* Eine schreckliche *Ekstase der Angst und der Rachsucht*, das Verlangen zu töten, zu foltern, Gesichter mit einem Vorschlaghammer zu zertrümmern, schien die ganze Versammlung *wie ein elektrischer Strom zu durchfluten*, so daß man gegen seinen Willen in einen Grimassen schneidenden, schreienden Verrückten verwandelt wurde. Und doch war der Zorn, den man empfand, eine abstrakte, ziellose Regung, die wie der Schein einer Blendlaterne von einem Gegenstand auf den anderen gerichtet werden konnte ... Und in solchen Augenblicken schwoll sein Herz über für den einsamen, verachteten Abtrünnigen auf dem Sehschirm, diesen einzigen Verfechter von Wahrheit und Vernunft in einer Welt von Lügen. Und doch fühlte er sich im nächsten Augenblick wieder eins mit den ihn umgebenden Menschen, und alle Behauptungen über Goldstein schienen ihm wahr ...

Jetzt stimmten alle Versammelten einen *kraftvollen, langsamen und rhythmischen Sprechchor* an: „G-B! ... G-B! ... G-B!" – wieder und immer wieder, sehr langsam, mit einer langen Pause zwischen dem ersten G und dem zweiten B – in einem feierlichen, murmelnden, seltsam ungestüm wirkenden Ton ... Es war ein Refrain, den man oft in Augenblicken überwältigender Erregung hörte. ... Winston fühlte eine Kälte in seinen Eingeweiden. Während der Zwei-Minuten-Haßsendung *konnte er nicht umhin, gleichfalls dem allgemeinen Delirium anheimzufallen*, aber dieser unmenschliche Singsang „G-B! ... G-B! ..." erfüllte ihn mit Abscheu. Natürlich stand er den übrigen nicht nach; etwas anderes wäre unmöglich gewesen. Seine Gefühle zu verschleiern, sein Gesicht zu beherrschen, zu tun, was jeder tat, gebot ihm schon der Instinkt.[706]

Derartigen Massenansammlungen kommt nach Freud[707] die doppelte Funktion der „Affektsteigerung und Denkhemmung" zu. Auf dem Prinzip der Ansteckung basieren auch die *„Technologien der Begeisterung"*[708]: Bei den Mary-Kay-Rallies, den Amerika-Meisterschaften im Hamburgerbraten et cetera, die von den exzellenten Unternehmen inszeniert werden, sind es die KollegInnen, die – als internes Publikum und Konkurrenz zugleich – die HeldInnen der Arbeit zu Höchstleistungen anstacheln. Hier wird zudem eine Art Dauerkarneval veranstaltet. „Jubel, Trubel, Heiterkeit" sollen herrschen.[709]

Beide Varianten, die mittels der Technologie der Hasserzeugung hervorgebrachte kollektive Raserei gegen den Sündenbock und die Technologien der Begeisterung, dienen auch der Produktion des *„intusgefühls"*, jener in Orwells Worten „blinde[n], begeisterte[n] Hingabe" an den Großen Bruder, welche aber nur „ein völlig im *Engsoz* aufgegangener Mensch"[710] nachvollziehen könne. Dem entspricht im Managementdiskurs das *Passionate Commitment* für die Firma beziehungsweise die *„Passion for Excellence"*, dessen beziehungsweise deren volle Bedeutung nur nachempfinden kann, wer vollkommen im Diskurs der Exzellenz aufgegangen ist.

Eine weitere Parallele der Orwellschen Schilderung der Hervorbringung des Intusgefühls zum Passionate Commitment ist die *Nutzung der Sprache.*[711] Auch in den exzellenten Unternehmen wird zur Codierung von Gefühlen eine „Neusprache" eingeführt, die durch die „Erfindung neuer, hauptsächlich aber durch die Ausmerzung unerwünschter Worte"[712] veränderte Situationsdeutungen und Selbstwahrnehmungen hervorbringen soll: „Wir alle haben bestimmte Bezeichnungen für unsere Mitarbeiter oder für unsere Kunden. Nutzen wir aber auch alle die Gelegenheit, mit diesen Bezeichnungen ein neues und positives Verständnis zu signalisieren?"[713] Über die Sprache beziehungsweise den organisationalen Diskurs werden Wirklichkeit und Empfindung konstituiert. Diesen Umstand nehmen die Excellenten reflexiv in Anspruch: So meiden sie beispielsweise die Bezeichnung „Arbeitnehmer" und reden an deren Stelle von „Mitarbeitern", „Mitgliedern der Mannschaft", „Mitgliedern des Ensembles", von „Partnern" oder „Kollegen".[714] Und: „Ohne Scheu spricht man dort von der Unternehmensfamilie."[715]

Ein weitere Technologie, um aus MitarbeiterInnen wie „Lieschen und Otto Müller Erfolgsmenschen"[716] zu machen, heißt „transformationale Führung" beziehungsweise „Leadership". Diese tritt an die Stelle von „Management". Die schon im Zusammenhang mit Max Webers Gegenüberstellung von Politikern als echten Führern und Beamten als bloßen Verwaltern angesprochene Unterscheidung von „führen" und „managen" korrespondiert mit der zwischen transaktionaler und transformierender beziehungsweise transformationaler Führung. Peters und Waterman propagieren die zuletzt Genannte als „eine Art von Führung, die auf dem Sinnstreben des Menschen aufbaut und ein gemeinsames Unternehmensziel schafft" – und so den „Bedürfnissen des ‚irrationalen Menschen'"[717] gerecht wird. Als wichtigste Aufgaben des transformationalen Führers gelten die Gestaltung von Wertvorstellungen und die Sinnvermittlung. Als Vorbild „weckt und verkörpert er ja das uns alle verbindende Streben nach Transzendenz".[718] Transformationale Führer „wecken Emotionen".[719] Transformationale Führung verspricht, dass die Ziele von Führer und Geführten „verschmelzen"[720] beziehungsweise eine „Symbiose zwischen Führer und Geführten"[721] entsteht.

Auch hier ist die „Neusprache" dienlich: Peters & Co. plädieren dafür, Begriffe wie „managen" oder „Management" aus dem Wortschatz zu streichen, „weil sich mit ihnen eher negative Assoziationen verbinden, etwa: Polizist, ... sachlicher Analytiker, Neinsager, Urteilsverkünder. ‚Führen' hingegen sollte bedeuten, Energie freizusetzen, aufbauen, zu befreien und neue Ideen zu entwickeln."[722] Und weil sie so fundamental ist, wird die Botschaft mit diskursivem Eifer gleich mehrfach wiederholt: Führung bedeutet „Verve, Leidenschaft, ja Besessenheit".[723] Führen heißt „animieren, Begeisterung zeigen und wecken".[724] Für gute Führung wichtig ist „Vision, Perspektive, Energie, Einfühlungsvermögen, Beharrlichkeit, Leidenschaft, Detailbesessenheit, eine genaue Vorstellung vom Ziel".[725]

Schließlich gehört zum technologischen Arsenal der Excellence die *Hervorbringung von Champions.* Der „hochmotivierte ‚Champion'", der als „der potentielle Innovationsträger ... [i]m Brennpunkt all der Aktivität und des scheinbaren Durcheinanders steht", ist bei Peters und Waterman[726] der Prototyp des begeisterten Mitarbeiters: Der (Produkt-)Champion „ist der Enthusiast oder Fanatiker unter dem Fußvolk, den wir als Gegenbild des typischen Bürokraten beschrieben haben. Oft ist er ein egozentrischer, verschrobener Einzelgänger. Aber er *glaubt* an das Produkt, das er im Sinn hat."[727] Nach Peters und Waterman sind die exzellenten Unternehmen „eigens so aufgebaut, daß sie Champions *hervorbringen."* [728] Ihnen zufolge nutzen also die Exzellenten nicht nur vorhandene Leidenschaften, sondern produzieren diese. Sind erst einmal die bürokratischen Dämme niedergerissen, dann sprudelt in den bereitgestellten „Genieschuppen"[729] die Kreativität; der „Entrepreneurial spirit" durchflutet die „Mannschaft" und treibt diese zu „Spitzenleistungen".

So sieht das Rezeptbuch zur Überflutung und Mobilisierung von Peters & Co. aus. Allein bei der Beschreibung, die die AutorInnen von den „exzellenten" Unternehmungen geben, erhält man den Eindruck, als ginge es diesen darum, die „Neigung des Wahnes als Leidenschaft" (Kant) hervorzubringen und in bare Münze umzuwandeln. Kant schreibt dazu: „Diese Neigungen des Wahnes sind gerade darum, weil die Phantasie dabei Selbstschöpferin ist, dazu geeignet, um im höchsten Maße *leidenschaftlich* zu werden, vornehmlich wenn sie auf einen *Wettstreit* der Menschen angelegt sind."[730] In diesem Fall, so Kant weiter „glauben [zwei solche Streiter], sie spielen unter sich; in der Tat aber spielt die Natur mit beiden".[731] Im Falle der Excellence ist es jedoch nicht die Natur, die mit den (individualisierten) Streitern „spielt", es sind vielmehr die (zum Naturgesetz erhobenen) Kräfte des Marktes, die an deren Stelle treten, und der Diskurs, der diesem Wahn eine Realitätsmacht verleiht.

Dass der Wahn nicht nur bei Peters & Co. Methode hat beziehungsweise dass ihm eine solche gegeben werden kann, verdeutlicht ein weiteres Beispiel. Lassen wir Richard Chang,[732] einen anderen erfolgreichen Unternehmensberater, zu Wort kommen, der sich und die Welt davon überzeugen will, „what a wonderful force passion is“[733] – und vor allem, dass sie „the single, most important factor for realizing profit“[734] ist. Leidenschaft wird auch hier zu einer Ressource, die genutzt werden kann und muss: „passion can be controlled, cultivated, and directed to specific ends“.[735]

„Passion“, so wird versichert, gehört nicht „into the realm of the touchy-feely“,[736] sondern ist eine Kraft, die den Organisationen den notwendigen *drive* verleiht. Leidenschaft „provides direction and focus“, „creates energy“, „fosters creativity“, „inspires action“, „attracts employees and customers“, „builds loyality“, „unites the organization“, „brings the organization to a higher plane“ und, wenn die Leidenschaft „richtig gemanagt“ wird, dann kommt das heraus, was gewünscht wird: „Passion hightens performance: Increased energy, focus, and creativity all contribute to one end: hightened performance. Passion drives improvements in both the quality and quantity of work performed.“[737]

Und es wird auch gleich gezeigt, wie in einem *Sieben-Stufen-Plan* die „passion-driven organization“ verfertigt werden kann. Das Versprechen ist verlockend: „If the organization … follows these seven steps, it will find the results it seeks, whether the result is measured in dollars, awards, or accomplishments.“[738] Der Sieben-Stufen-Plan, mit dem „leaders and associates … embrace passion as a source of success“,[739] legt folgende Vorgehensweise nahe: Der erste Schritt besteht darin, dass die „Führer“ sich von der rationalistischen Weltsicht herkömmlichen Managements loslösen: Sie müssen „feel first, and then determine where those feelings will lead“. Der zweite Schritt besteht darin, dass sie die „core passions“ einer Organisation identifizieren. Dieser Schritt „may involve identifying passions that already exist but have not been articulated, or defining new passion to be developed“. Im dritten Schritt müssen die „Führer“ den Zweck der Organisation eindeutig definieren und „use reason to determine how these passions can best serve the organization“. Im vierten Schritt „after the leaders have clearly defined what fuels the organization (its passions) and where it will go using that fuel (its purpose) they need to create a plan for getting there“. Der fünfte Schritt erfordert ein leidenschaftliches Auftreten der Führer und: „most important is to clearly communicate the organization’s core passions and the plans for integrating them into business“. Im sechsten Schritt gilt es dann, den „snow ball effect of passion“ zu nutzen und Begeisterung zu versprühen. Der Schritt sieben empfiehlt den „Führern“ schließlich, den (ihren) Kernleidenschaften treu zu bleiben, selbst dann, wenn „employees or customers resist“. Führer sollten „not turn away from their passion“. Denn: „Passion-driven organizations are quite simply wonderful places to work. They are dynamic, engaging, and exciting. “[740]

Wie die folgenden Beispiele zeigen, schlagen sich die in der diskursiven literarischen Konstruktion enthaltenen Anordnungen auch in den unternehmerischen Diskursen und Praktiken nieder. Leidenschaft wird zum Kriterium der Auswahl von MitarbeiterInnen: Wer bei VW das Ein-Liter-Auto mitentwickeln will, braucht – laut Stellenanzeige – Mut, Leidenschaft und eine Vision. Die Deutsche Bank will und bietet „Leistung aus Leidenschaft“[741] und versichert (ebenfalls in einer Stellenanzeige): Wenn Sie „etwas bewegen“ wollen: „Die Deutsche Bank teilt Ihre Leidenschaft, neue Perspektiven zu denken, die Lösungen für morgen zu erarbeiten“. Die weltweit tätige Unternehmensberatungsfirma McKinsey & Company wirbt, wie Abbildung 5 zeigt, mit *„passion wanted“* und verspricht: „Leidenschaft bringt einen weiter im Hochgebirge wie im Job.“ Leidenschaft wird zum Beurteilungskriterium: Im Beurteilungsbogen von ProMarkt heißt das Merkmal Nummer 17 „Begeisterungsfähigkeit“, definiert als „die Gabe, sich und andere Menschen für ein Ziel zu gewinnen/zu begeistern“. Und in der „New Economy“ wird Leidenschaft gar zum „Unternehmenswert“: „Wir sind versessen auf Qualität ... Jeder bei Pixelpark hat die Leidenschaft, ständig neue Ideen zu entwickeln.“[742]

Das Versprechen der Befreiung von bürokratischen Hindernissen, die der Entwicklung der Organisation und ihrer Mitglieder im Wege stehen, entspricht – wie schon angedeutet – Foucaults Analyse der modernen subjektivierenden Macht, die, um erträglich zu sein, „einen Teil ihrer selbst verschleiert ... Ihr Durchsetzungserfolg entspricht ihrem Vermögen, ihre Mechanismen zu verbergen.“[743] Ein Stück weit verschleiert beziehungsweise verborgen wird im Diskurs des *„Liberation Management“*, dass die Mitglieder der wunderbaren „passion-driven organizations“ nicht leidenschaftlich sein *dürfen*, sondern leidenschaftlich sein *müssen.*

Auf ein mit einer solchen Anordnung von Leidenschaft verbundenes Paradoxon weist Žižek hin: Der „Gebrauch der Lust“ wird zum „unbe-

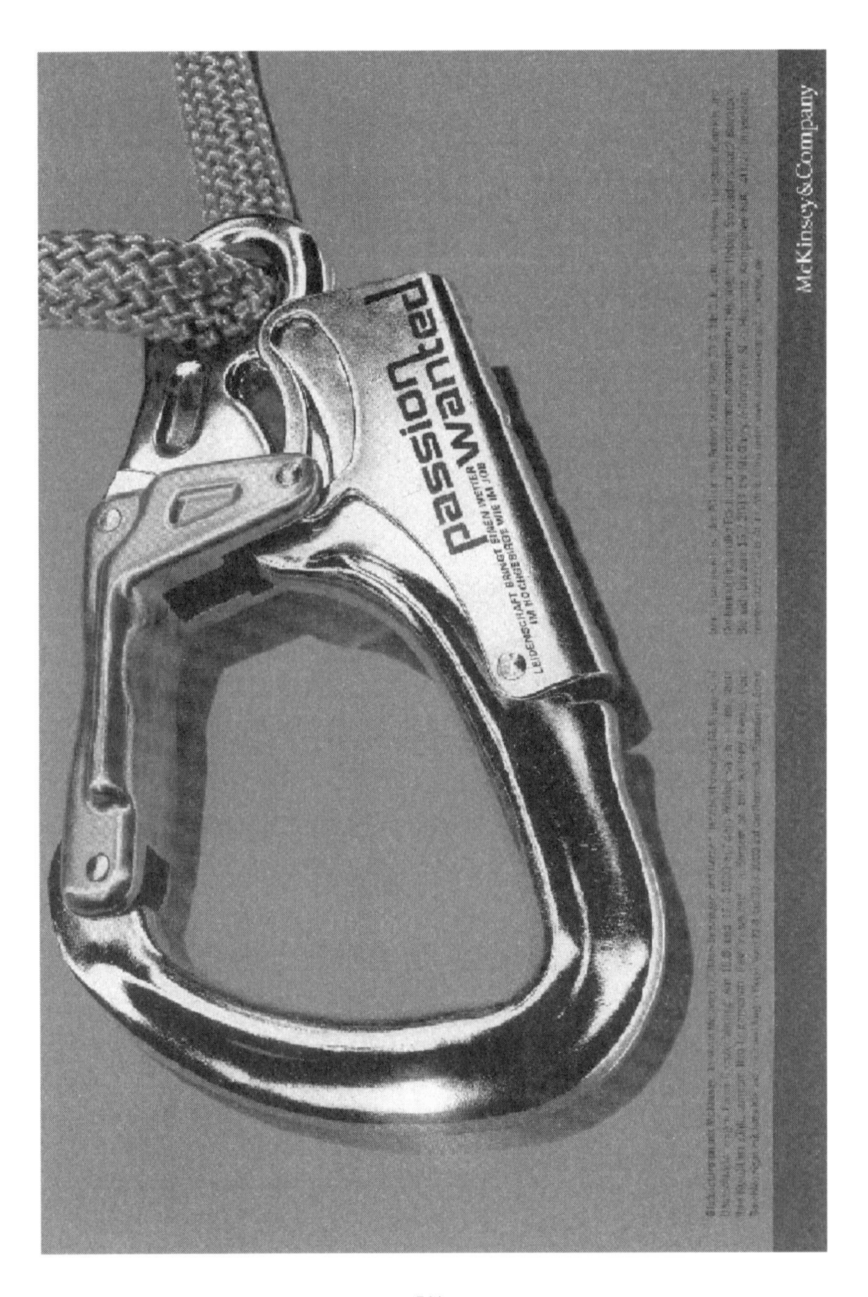

Abbildung 5: „Passion wanted“ [744]

dingten Über-Ich-Gebot".[745] Freude im Leben und in der Arbeit (Organisation) werden zu einem Imperativ, über den Individuum und Organisation *verschmelzen.* Enthusiasmus ist hier nicht etwas, das sich spontan einstellt, sondern etwas, das durch „Technologien der Begeisterung" oder durch „Leadership" hervorgebracht wird – und an dem beständig gearbeitet werden muss.

„Leistung aus Leidenschaft" ist wie die unerfüllte Liebe, welche die Besessenen Anstrengungen unternehmen lässt, um die – nicht zu überbrückende – Kluft zwischen dem realen Zustand (der sich durch eine Ambivalenz von Gefühlszuständen auszeichnet) und dem idealen Zustand zu überwinden. Bei Peters und Austin liest sich das so: „They may stop out for love, because of a *burning desire to be the best*, to make a difference, or perhaps, as a colleague recently explained: ‚Because the thought of being average scares the hell out of me'".[746]

Judith Butler bezeichnet das „passionate attachment" beziehungsweise die „leidenschaftliche Verhaftung", die sie in Erweiterung der Foucaultschen Sicht der Subjektivierung analysiert, als die tiefste Form der Unterwerfung.[747] Wir haben es hier mit dessen organisationaler Variante zu tun: Das Begehren nach Anerkennung wird systematisch ausgebeutet. „The burning desire to be the best" ist einer der Unterwerfungsmechanismen, die die Mitglieder an die Ideale der Hochleistungsorganisation binden. Und dieses Ideal bleibt in der Regel unerfüllt, und genau deshalb ist es „burning" – und führt unter Umständen auch zum Burnout. Hier wird eine wahrhaft „gnadenlose Liebe" (Žižek) gefordert und inszeniert, die eine grenzenlose Aufopferung und absolute Hingabe verlangt.

Bemerkenswerterweise sprechen Peters und Austin selbst die mit Leistung aus Leidenschaft verbundenen Preise und Opfer an: „Wir haben beobachtet, daß die überwiegende Zahl der leidenschaftlichen Aktivisten, die alte Grenzen einreißen wollen, auf unzumutbar viel verzichten müssen ... Wir haben eine ganze Reihe von Freunden, deren Ehen und Partnerschaften deshalb [zer]brachen, weil sie unablässig einem Traum hinterher jagten."[748] Während im Bürokratiemodell die für den Arbeitsalltag als störend angesehenen Gefühle und Leidenschaften in den Privatbereich ausgelagert werden (sollen), scheint es hier kein *Draußen* mehr zu geben beziehungsweise geben zu dürfen. Peters und Austin versichern zwar ihren LeserInnen (und sich?): „Daß aber eine Ehe aufgrund der Leidenschaften für Spitzenleistungen in die Brüche geht, darf nicht die Regel sein. Dieser Preis ist zu hoch", beantworten aber im gleichen Atemzug die Frage, ob man beides haben könne, ein befriedigendes Berufs- und ein befriedigendes Privatleben, mit einem kategorischen „Nein".[749]

Das führt uns zu einem weiteren paradoxen Effekt. Die (Re-)Emotionalisierung und Entgrenzung des Arbeitslebens bewirkt, wie Arlie R. Hochschild[750] in den USA auf Basis einer Befragung von Mitgliedern exzellenter Unternehmensfamilien herausgefunden hat, dass für viele von ihnen der Arbeitsplatz zum emotional positiv besetzten und erlebten „Zuhause" und Familie und Haushalt zum durchrationalisierten „Arbeitsplatz" werden. Auch eine in Österreich durchgeführte Befragung von Führungskräften kommt zu dem Befund einer zunehmenden Emotionalisierung oder gar Erotisierung des Arbeitslebens, einhergehend mit einer Versachlichung des Familienlebens.[751]

Ihren – vorläufigen? – Höhepunkt erreicht die Emotionalisierung des Arbeitslebens beziehungsweise die Mobilisierung der Leidenschaften in der „Culture of Wow".[752] Diese kann als kollektive Form der Besessenheit beziehungsweise Besessenmachung der Beschäftigten verstanden werden, eine Form, die die Leidenschaften zum Sieden bringt. Aber auch diese Form des Organisierens von Leidenschaften ist nicht ohne paradoxe Effekte. Das Burnout als eine mögliche Folge wurde schon angesprochen. Werden die erzeugten Leidenschaften ständig „hochgekocht", dann besteht die Gefahr, dass sie dabei verdampfen. Mehr noch: Auf den Rausch des „Wow" können Ernüchterung, Kater und Ekel folgen. Eine anschauliche Schilderung dieses Phänomens geben Heather Höpfl und Stephen Linstead am Beispiel von Julie Madrell, einer einst leidenschaftlichen Parisienne-Aktivistin.[753] Das Unternehmen „Parisienne" wird als typische „Culture of Wow" geschildert, die das Arsenal an Technologien der Begeisterung meisterlich beherrscht und zum Lebensmittelpunkt für die Mitglieder und deren Familien wird. Auch Madrell beschreibt im Interview zunächst jene Verschmelzung, die Leistung aus Leidenschaft hervorbringt. Der Einstieg bei Parisienne erschien ihr als Verwirklichung ihrer Träume. Die Arbeit beziehungsweise die Firma wurden zum Mittelpunkt ihres Lebens. „For the next two and a half years I committed my every waking hour to network marketing and outwardly my dreams were realized ... The local newspaper ran a story under the headline ‚The Sweet Smell of Success' *but for me it was all beginning to smell a little sour.“* [754] Wir halten es nicht für unwahrscheinlich, dass Beschäftigte von einer zum „Stallgeruch“[755] verdichteten „Kundenorientierung“ irgendwann die Nase voll haben können. Höpfl und Linstead interpretieren das, was Julie Madrell schildert, bemerkenswerterweise als ein In-der-Arbeit-Ertrinken: „In short she was *‚drowning‘ in her work.* ... After two and a half years, in which she had achieved considerable success, she became desillusioned, that is, she could no longer sustain ‚the dream‘. *The object of her excitement, the inspiration of her desire and appetites had become the source of dread, disgust, aversion.“* [756]

Und für diejenigen, deren Leidenschaften verdampft sind oder sich in Ressentiment verwandelt haben, gilt das Gleiche wie für diejenigen, bei denen sich das *passionate commitment* gar nicht erst einstellen wollte: „[W]here associates cannot be convinced or inspired to be passionate about the organization or their work ... there is usually little choice: they must leave“,[757] weiß Chang aus der Praxis zu berichten. In dieser Hinsicht erscheint der „Abbau bürokratischer Hemmnisse“ auch und insbesondere als die Freiheit des *hire and fire,* die es den Unternehmen erlaubt, flexibel auf die Marktchancen zu reagieren und die vom Wettbewerb erschöpften und Ausgebrannten sowie alle anderen unbrauchbaren oder unbrauchbar gewordenen „Humanressourcen“, die bezeichnenderweise als „dead wood“[758] klassifiziert werden, problemlos zu „entsorgen“.

Für alle, denen es zu viel wird, sich der Liebe zur Firma grenzen- und bedingungslos „hinzugeben“, oder auch für diejenigen, die beim Niederreißen aller Dämme hinausgespült worden sind, gibt es aber zum Glück einen Ausweg. Sie können sich selbst in eine Firma verwandeln: in eine ICH AG. Den Weg dorthin weist wiederum (und schon lange vor Hartz & Co.) Tom Peters mit seinem Ratgeber *„Fifty Ways to Transform Yourself from an ‚Employee‘ into a Brand that Shouts Distinction, Commitment and Passion!“.*[759] Dort wird verkündet: „Die Bürorevolution ist ausgebrochen!“[760] Wo man hinsieht, wird entbürokratisiert, „restrukturiert“, „verschlankt“, überall werden die Hierarchien „ausgedünnt“, überall steigen die Dynamik und der Wettbewerbsdruck, überall wird flexibilisiert, überall wird „downsizing“ und „rightsizing“ betrieben. Niemand, so scheint es, kann sich auf den einmal erworbenen Kenntnissen oder gar auf erworbenem Status ausruhen. Die Revolution, die von den ExpertInnen des Business Process Reengineering und von den ProphetInnen des „Entrepreneurial spirit“ angeführt wird, fordert ihren Preis. Dazu Peters be- und einschwörend: „Wer von uns – angefangen mit mir – die große Flut überleben will, steht vor der Herausforderung, sich selbst neu zu erfinden, ... bevor er auf dem Abstellgleis landet.“[761] Und getreu dem Motto, Freiheit bedeute Einsicht in die Notwendigkeit, werden alle „Schreibtischsklaven“ und alle „Anonyme[n] Bürosklaven“ aufgefordert, sich zu befreien.[762]

Peters Empfehlungen richten sich aber nicht nur an diejenigen, die bereits selbstständige „Arbeitskraftunternehmer“[763] sind, sondern auch an jene, die noch bei „Müllermaier & Co.“[764] beschäftigt sind und auch vorhaben, dort noch eine Weile auf der Gehaltsliste zu bleiben. Das Objekt der Liebe für diese von der Schreibtischsklaverei Befreiten ist jedoch nicht länger „Müllermaier und Co.“, sondern die „ICH AG“, denn: „Ich bin eine Firma!“[765] Ich! Ich! Ich! *Ich* bin das Zentrum der Welt! *Ich* nutze alle Gelegenheiten! *Ich* bin das Projekt, in das investiert wird! Die(se) Firmengründung erfordert kein dickes Konto, sondern „Leidenschaft, Entschlossenheit und ein paar Freunde ... und ein unbezähmbares Verlangen, den nächsten, in der Regel winzig kleinen Schritt zu tun“.[766] Gefordert ist nichts weniger als eine „planmäßige, leidenschaftliche Neugier“ als Voraussetzung für „wirkliche Erneuerung“.[767]

Mit Blick auf die Kundschaft verbreitet die ICH AG „ansteckenden Enthusiasmus“,[768] denn „Marketing = aktiv = bewusstes Erzeugen von Begeisterung“.[769] Und: „Die ICH AG erfordert eine „‚Obsession‘ – richtiges Wort! – fürs ‚Verkaufen‘“.[770]

Und – ganz im Sinne Golemans, dessen Buch *„Emotionale Intelligenz“* sich auch unter „Empfohlene Lektüre“ findet – lautet Tipp Nummer 35: „Arbeiten Sie an Ihrem Optimismus.“[771] Wir alle, so Peters, „haben Dämonen, Ängste und tragen unsere Last. Das Geheimnis liegt darin, sie in den Griff zu bekommen“.[772] Auch wenn es ihm „höllisch schwer [fällt], darüber zu reden“, bekennt er, ein eher schwermütiger Typ zu sein, der Procak braucht, „um den latenten Grauschleier zu vertreiben“.[773] Aber, und hier hat er sich mit seinem Geständnis zugleich als vorbildliches Modell qualifiziert, mit einer positiven geistigen Einstellung kann die ICH AG die Dämonen bannen und ihre Erfolgsaussichten verbessern.

Weitere Tipps beziehen sich auf Networking, und immer wieder geht es darum, interessante Leute zum Essen einzuladen, dabei aber keine Zeit oder Energie zu verschwenden: „Ich lasse kein Essen ungenutzt."[774] Jedes Essen – wie überhaupt jede soziale Aktivität – ist Teil einer Strategie der Wertsteigerung der ICH AG. Alles, was sich nicht rechnet, wird damit zur Fehlinvestition (erklärt).

Ein Erfolgsrezept fehlt allerdings bei Tom Peters noch, und das liefert Claudia C. Enkelmann in ihrem Buch *„Mit Liebe, Lust und Leidenschaft zum Erfolg"*.[775] Ihre Botschaft lautet: „Liebe macht erfolgreich!"[776] Menschen, die in einer Partnerschaft oder – besser noch – in einer Ehe leben, „sind optimistischer und haben mehr Erfolg".[777] Sie können es sogar „zu Höchst- beziehungsweise Glanzleistungen bringen".[778] Deshalb lohnt sich die Investition in das „Unternehmen Ehe".[779] Und natürlich lohnt sich auch die Investition in die Trainings, die Enkelmann anbietet. Wer sich diese nicht leisten kann oder mag, kann zumindest auf ihren mit praktischen Prüffragen und Tipps versehenen Ratgeber zurückgreifen. Dieser lehrt uns, wie wichtig die „Motivierung" des Ehepartners oder der Ehepartnerin ist, und stellt uns dazu eine passende Prüffrage, die uns zur Mobilisierung dieser Ressource ermuntern soll: „Wann haben Sie ihm/ihr das letzte Mal ein Kompliment gemacht?"[780] Für diejenigen, die ihr Soll nicht erfüllt und vielleicht in der Hektik des Alltagsgeschäfts das Komplimentemachen schlicht vergessen haben, hat Enkelmann folgenden „Erfolgstipp" parat: „Nehmen Sie sich Ihren Kalender vor und markieren Sie, an welchen Tagen in den nächsten vier Wochen Sie Ihrer Partnerin beziehungsweise Ihrem Partner ein Kompliment machen werden. Bitte drei pro Woche, aber nicht zu regelmäßig verteilt!"[781] Auch für diejenigen, die die Wirklichkeit schaffende Macht der Sprache im Grau des Büro- oder Haushaltsalltags vergessen haben, gibt es praktische Tipps: „Mit liebenswerten Namen, am besten ergänzt durch eine zärtliche Geste, erreichen Sie herrliche Glücksgefühle und eine noch intensivere gegenseitige Zuneigung."[782] Wer sich noch weiter vorwagt und mit dem Gedanken spielt, bis nahe an die Überschreitung zu gehen, sollte sich die ernsthafte Frage stellen: „Sind Sie wirklich bereit, mehr Leidenschaft in ihr Liebesleben zu bringen?"[783] Für diejenigen, die diese Frage mit einem ehrlichen und entschiedenen „Ja" beantworten können, ist die „Zehn-Sekunden-Kusstechnik" nach Dr. Ellen Kreidmann ein sicherer Weg zum Glück: Denn

„ganz abgesehen davon, dass Küssen gesund ist und Glückshormone freisetzt“, zeigt diese Technik einen „fantastischen Weg auf, das Feuer der Leidenschaft neu zu entfachen“.[784]

All dies – wohlgemerkt – braucht nun nicht mehr unter Kategorien der Verschwendung oder nutzlosen Verausgabung verbucht zu werden. Die Mobilisierung der (ehelichen) Leidenschaften ist vielmehr eine Investition in die ICH AG, die einen hohen Return on Investment verspricht und sich auch auf dem Bankkonto positiv niederschlägt.

(K)ein Schluss

Nun kommen wir zum Ende unseres Reiseberichts und müssen für das Unabschließbare einen Abschluss finden, der auch noch „passen" soll, nicht nur zur Art und Weise unserer Erkundung, sondern auch für uns beide, denn nicht immer herrschten und herrschen zwischen uns Einigkeit über Reiserouten und -stationen sowie die Verweildauern dort.

Für diesen Schluss *nicht* in Frage käme, da waren wir uns schnell einig, eine abschließende Erörterung oder gar Fest-Stellung dessen, was aus den gewonnenen Eindrücken und Einsichten für den Umgang mit den Leidenschaften denn nun folgen könnte oder sollte, sei es für die Wissenschaften, sei es für das Management von Arbeitsorganisationen und der dort Beschäftigten, sei es für die ganz alltägliche Praxis von uns als „Begehrensmenschen"[785]. Auch darin halten wir es mit Foucault. Denn es gilt nicht nur für den philosophischen Diskurs, dass „immer etwas Lächerliches" in ihm ist, „wenn er von außen den anderen vorschreiben und vorsagen will, wo ihre Wahrheit liegt und wie sie zu finden ist, oder wenn er ihnen in naiver Positivität vorschreiben will, wie sie zu verfahren haben".[786]

Nichtsdestotrotz, und damit können wir unserer Sammlung von paradoxen Effekten einen weiteren hinzufügen, haben wir mit unserer Diskursanalyse nicht nur beschrieben oder nachvollzogen, wie die Leidenschaften angeordnet werden, sondern uns auch an diesem Anordnungsprozess – und damit zugleich an den „Wahrheitsspielen"[787] – beteiligt: Wir haben die diversen diskursiven Bemühungen zur Ordnung der Gefühle nicht nur nachgezeichnet, sondern wir haben diesen selbst eine Ordnung verliehen. Wir haben die Verbindungen des Gefühls- mit dem Geschlechterdiskurs nicht nur rekonstruiert, sondern wir haben auch selbst Verbindungen hergestellt und damit unsere eigenen Konstruktionen vorgenommen. Mit den vier Strategien der Organisation der Ströme haben wir nicht nur Vorfindbares beschrieben; durch unser Einteilen und Einsortieren haben wir zugleich organisiert und ein ganz bestimmtes Bild erzeugt. Und auch unsere Zuordnung von Effekten zu einzelnen Strategien ist eine Fabrikation, die ihre eigenen Effekte hervorbringt.

Was diesen Anordnungsprozess betrifft, so gab es zwar aus einer früheren Erkundung[788] stammende „Organisationspläne". Diese wurden jedoch beständig von den „Kompositionen des Begehrens" durchkreuzt.[789] Unsere Linien haben sich nicht immer geplant entfaltet und sind an Stellen, wo uns der Boden fruchtbar oder eine Spur verführerisch erschien, zum Teil auch gewuchert – *rhizomatisch*[790] regelrecht. So waren zum Beispiel die Passagen über die Leidenschaften von WissenschaftlerInnen, die sich biographisch mit anderen WissenschaftlerInnen und deren Leidenschaften befassen, nicht Teil eines vorgefertigten Plans. Und in diesem Zusammenhang konnten – trotz aller Aversion gegen die inquisitorische Art und Weise, in der einige (nicht alle!) AutorInnen ihre „Forschungsgegenstände" im wahrsten Sinne des Wortes verfolgten – auch wir uns nicht immer der Faszination entziehen, die das Vorhaben ausübt, die ambivalente Rolle der Leidenschaften nicht nur im Werk, sondern auch im Leben – etwa von Max Weber – zu ergründen.

Viele der Erfahrungen, die im Leidenschaftsdiskurs beschrieben werden, haben wir als Forschende und Schreibende selbst auch gemacht: Wir waren von unserem Projekt gleichermaßen getrieben und gefesselt. Wir waren zeit- und streckenweise von unserem Forschungsgegenstand geradezu besessen, dem folgten aber auch Phasen, in denen die Begeisterung in Überdruss umschlug und das Ressentiment die Überhand gewann. Im Zustand des Flow oder gar der Überflutung Geschriebenes hielt nicht immer einer späteren nüchternen Betrachtung stand. Einiges davon musste einen wissenschaftlichen Reinigungsprozess durchlaufen und in disziplinierter, harter Arbeit durch Umschreiben „gerettet" oder als unbrauchbar verworfen und aussortiert werden. So entstand das Gefüge, das unseren Reisebericht bildet. Es handelt nicht nur *von* den Leidenschaften und deren Organisation, sondern es ist selbst ein „passionelles Gefüge",[791] das von diesen durchdrungen ist.

Und schließlich haben auch wir das Wechselspiel von Grenze und Überschreitung gespielt: Wir haben uns nicht gescheut, mit diesem Projekt einige disziplinäre Grenzen zu überschreiten. Aber wir haben uns auch Grenzen gesetzt. Obwohl sie uns beständig begleitet und verfolgt hat, haben wir die Grundfrage nach einer vor-diskursiven Existenz der Leidenschaften ausgeblendet beziehungsweise ausgegrenzt.[792] Dies wäre ein weiterer Versuch, die Energie oder Kraft, auf die sich alle Ordnungsbemühungen – wie vergeblich auch immer – beziehen, doch irgendwie „dingfest“ zu machen. Die Leidenschaften entziehen sich jeder abschließenden An-Ordnung. Der Ab-Schluss ist immer auch ein Auf-Schluss, der ins Offene führt.

Anmerkungen

[1] Felix HUBY, *Bienzle und die lange Wut*, Reinbek bei Hamburg 2000.

[2] Vgl. ARISTOTELES, *Nicomachische Ethik*, auf der Grundlage der Übersetzung von Eugen ROLFES, hg. von Günther BIEN, Hamburg 1972, 33. Die Begriffe Affekt und Passion wurden damals noch synonym verwendet. Dazu mehr im folgenden Kapitel.

[3] Vgl. Immanuel KANT, *Anthropologie in pragmatischer Hinsicht*, Stuttgart 1983 [1798], 213.

[4] Peter KUTTER, *Liebe, Hass, Neid, Eifersucht. Eine Psychoanalyse der Leidenschaften*, 2. Aufl., Göttingen 1998.

[5] Hans G. FURTH, *Wissen als Leidenschaft. Eine Untersuchung über Freud und Piaget*, Frankfurt a. M. 1990.

[6] Marco BRUSCOTTI, *Die Leidenschaft der Erkenntnis. Philosophie und ästhetische Lebensgestaltung bei Nietzsche von Morgenröthe bis Also sprach Zarathustra*, Berlin–New York 1997.

[7] Im Mittelhochdeutschen wurde passion aus dem kirchlichen Bereich (passio als Leiden Christi) entlehnt bzw. aus passio im Sinne von Leiden, Erdulden, Krankheit, was sich wiederum aus pati (passus sum, das heißt: erdulden, hinnehmen, sich in einer Stimmung befinden) ableitet. Die Bedeutung Leidenschaft wurde aus dem Französischen übernommen, wo sie sich als eine Intensivierung von „sich in einer Stimmung befinden" herausbildete. Interessant ist weiters die etymologische Verwandtschaft zu passiv und Passivität – aber auch zu Patient und zum englischen Wort patience (Ausdauer, Beharrlichkeit, Geduld). Vgl. dazu Friedrich KLUGE, *Etymologisches Wörterbuch der deutschen Sprache*, 22. Aufl., Berlin–New York 1989, 531.

[8] Niklas LUHMANN, *Liebe als Passion. Zur Codierung der Intimität*, 5. Aufl., Frankfurt a. M. 1999, 73 ff.

[9] Dabei handle es sich allerdings um eine Form von Aktivität, die man nicht zu begründen brauche und für die man nicht rechenschaftspflichtig sei – eben weil sie als passionelle Aktivität außerhalb des Bereichs rationaler Kontrolle liege. Vgl. ebenda, 71.

[10] Agnes HELLER, *Theorie der Gefühle*, Hamburg 1981, 148 ff.

[11] LUHMANN, Liebe als Passion, 76.

[12] HELLER, Theorie der Gefühle, 301.

[13] Georges BATAILLE, *Die Erotik*, München 1994, 23.

[14] Hans Peter DREITZEL, Aufklärung als Leidenschaft, in: Holger Andreas LEIDIG (Hg.), *Leidenschaften: Symposium zum 65. Geburtstag von Hans Peter Dreitzel*, Berlin 2001, 15–60, hier: 16.

[15] Nick CAVE, *The Secret Life of the Love Song* (Audio-CD), London 1998.

[16] Cheryl BENARD, Edit SCHLAFFER, *Im Dschungel der Gefühle. Expeditionen in die Niederungen der Leidenschaft,* Reinbek bei Hamburg 1987, 10.

[17] BENARD, SCHLAFFER, Im Dschungel der Gefühle, 9.

[18] Hier verweist Heller – ohne genaue Quellenangabe – auf Hegels „Votum für die Leidenschaft; ohne Leidenschaft wäre, so Hegel, nichts Großes in der Weltgeschichte vollbracht worden". Für den gegensätzlichen Standpunkt stehe der „reife Goethe"; dieser „beurteilt jegliche Leidenschaft als solche negativ". HELLER, Theorie der Gefühle, 150.

[19] Ebenda.

[20] LUHMANN, Liebe als Passion, 86.

[21] Slavoj ŽIŽEK, *Die gnadenlose Liebe*, Frankfurt a. M. 2001, 18.

[22] Ebenda.

[23] Ebenda, 137.

[24] HELLER, Theorie der Gefühle, 310.

[25] Das Konzept der „Unentscheidbarkeit" bzw. die Denkfigur der „Heimsuchung durch das Unentscheidbare" (Jacques DERRIDA, *Gesetzeskraft. Der „mythische" Grund der Autorität,* Frankfurt a. M. 1991, 49) stammt von Derrida und durchzieht dessen gesamtes Werk. „Das Unentscheidbare", so Derrida, „ist nicht einfach ein Schwanken oder die Spannung zwischen zwei Entscheidungen, es ist die Erfahrung dessen, was dem Berechenbaren, der Regel nicht zugeordnet werden kann, weil es ihnen fremd ist und ihnen gegenüber ungleichartig bleibt." (Ebenda) HELLER will die Entscheidbarkeit per definitionem herstellen, indem sie zwischen „Leidenschaft" und „Leidenschaftlichkeit" unterscheidet. Beides kennzeichnet sie als tiefe und intensive Emotion. Unterschieden bzw. abgegrenzt voneinander werden sie dadurch, dass *„man für sie* [die Leidenschaftlichkeit] *bewußt die Verantwortung trägt*" und dass sie „mit dem emotionalen Reichtum nicht in Widerspruch steht; im Gegenteil: *es gibt keinen emotionalen Reichtum ohne Leidenschaftlichkeit"*. HELLER, Theorie der Gefühle, 151 f., Hervorhebung im Original.

[26] Vgl. die Analyse des *pharmakon* in Jacques DERRIDA, *Dissemination*, Wien 1995, insbes. 106 ff.

[27] Zur Metapher des Feuers im Zusammenhang mit den Leidenschaften vgl. z. B. Albert O. HIRSCHMAN, *Leidenschaften und Interessen. Politische Begründungen des Kapitalismus vor seinem Sieg*, Frankfurt a. M 1987, 29; Ralph-Rainer WUTHENOW, *Die gebändigte Flamme. Zur Wiederentdeckung der Leidenschaften im Zeitalter der Vernunft*, Heidelberg 2000; und Josef VOGL, *Kalkül und Leidenschaft. Poetik des ökonomischen Menschen*, München 2002, 303 ff.

[28] Vgl. Hartmut BÖHME, Umriß einer Kulturgeschichte des Wassers, in: Hartmut BÖHME (Hg.), *Kulturgeschichte des Wassers*, Frankfurt a. M. 1988, 7–42, hier: 13.

[29] Ebenda, 29 f.

[30] Ebenda, 13.

[31] Ebenda, 21.

[32] Ebenda; vgl. auch 23 f.

[33] Ebenda, 25.

[34] KANT, Anthropologie in pragmatischer Hinsicht, 193.

[35] Sigmund FREUD, Das Unbehagen in der Kultur, in: Sigmund FREUD, *Abriß der Psychoanalyse. Das Unbehagen in der Kultur*, Frankfurt a. M. 1972 [1930], 63–129, hier: 65.

[36] Ebenda.

[37] Vgl. z. B. Joanne WIELAND-BURSTON, *Chaotische Gefühle. Wenn die Seele Ordnung sucht*, München 1989, 48 und 79.

[38] Ebenda, 74.

[39] Ebenda, 9

[40] Gilles DELEUZE, Félix GUATTARI, *Antiödipus. Kapitalismus und Schizophrenie I*, 8. Aufl., Frankfurt a. M. 1977, 86.

[41] Henning SCHMIDGEN, *Das Unbewusste der Maschinen. Konzeptionen des Psychischen bei Guattari, Deleuze, Lacan*, München 1997, 29.

[42] Ebenda.

[43] „Was immer gewisse Revolutionäre denken mögen, der Wunsch ist im Innersten revolutionär – der Wunsch, nicht das Fest! – und keine Gesellschaft kann auch nur eine einzige wahre Wunschposition ertragen, ohne daß ihre hierarchischen, ihre Ausbeutungs- und Unterwerfungsstrukturen gefährdet wären ... Der Wunsch ‚will' nicht die Revolution, er ist revolutionär an sich, unwillentlich das wollend, was er will." DELEUZE, GUATTARI, Antiödipus, 150. Dem entsprechend ist es die Angelegenheit des Sozius, die „Wunschströme" zu codieren. Ebenda, 177. Zur „Revolution of desire" vgl. auch Philip GOODCHILD, *Deleuze and Guattari. An Introduction to the Politics of Desire*, London 1996.

[44] Klaus THEWELEIT, *Männerphantasien. Band 1. Frauen, Fluten, Körper, Geschichte*, Frankfurt a. M. 1977.

[45] Michel LEIRIS, *Leidenschaften. Prosa, Gedichte, Skizzen und Essays*, Frankfurt a. M. 1992, 59.

[46] BATAILLE, Die Erotik, 14.

[47] Ebenda, 18.

[48] Elaine MORGAN, *The Decent Woman*, New York 1972.

[49] Vgl. THEWELEIT, Männerphantasien 1, 363.

[50] Ebenda, 367.

[51] BÖHME, Umriß einer Kulturgeschichte des Wassers, 14.

[52] Vgl. Inge STEPHAN, Weiblichkeit, Wasser und Tod, in: BÖHME, Kulturgeschichte des Wassers, 234–262, hier: 247.

[53] Michel FOUCAULT, *Mikrophysik der Macht. Über Strafjustiz, Psychiatrie und Medizin*, Berlin 1976, 45.

[54] Michel FOUCAULT, *Archäologie des Wissens*, Frankfurt a. M. 1981, 74.

[55] Michel FOUCAULT, *Der Gebrauch der Lüste. Sexualität und Wahrheit 2*, 5. Aufl., Frankfurt a. M. 1997, 19, Hervorhebungen im Original. Zum Konzept der Problematisierung bei Foucault vgl. auch Thomas LEMKE, Antwort auf die Frage: Ist Foucaults „Geschichte der Wahrheit" eine wahre Geschichte, in: Hannelore BUBLITZ, Andrea D. BÜHRMANN, Christine HANKE, Andrea SEIER (Hg.), *Das Wuchern der Diskurse. Perspektiven der Diskursanalyse Foucaults*, Frankfurt–New York 1999, 177–193; und Gilles DELEUZE, *Foucault*, Frankfurt a. M. 1995.

[56] Auf Foucault gestützte (Diskurs-)Analysen von Emotionen gibt es bereits in unterschiedlichen Wissenschaftsdisziplinen und Kontexten. Beispielhaft seien hier genannt: die Beiträge in Catherine A. LUTZ, Lila ABU-LUGHOD (Hg.), *Language and the politics of emotion*, Cambridge u. a. 1990; Wolfgang MATZAT, *Diskursgeschichte der Leidenschaft: Zur Affektmodellierung im französischen Roman von Rousseau bis Balzac*, Tübingen 1990; Philipp SARASIN, *Reizbare Maschinen. Eine Geschichte des Körpers 1765–1914*, Frankfurt a. M. 2001; und Beiträge in Joanna BREWIS, Stephen LINSTEAD, David BOJE, Anthony O'SHEA (Hg.), *The Passion of Organizing. A Critique of Motivation Theory*, Oslo 2005.

[57] Michel FOUCAULT, *Der Wille zum Wissen. Sexualität und Wahrheit 1*, 6. Aufl., Frankfurt a. M. 1992, 122.

[58] Das soll wiederum nicht so verstanden werden, dass Wissen immer von irgendwelchen „Machthabenden" benutzt oder ausgebeutet wird. Vielmehr bedeutet das, dass „Macht Wissen hervorbringt (und nicht bloß fördert, anwendet, ausnutzt); dass Macht und Wissen einander unmittelbar einschließen, dass es keine Machtbeziehung gibt, ohne dass sich ein entsprechendes Wissensfeld konstituiert, und kein Wissen, das nicht gleichzeitig Machtbeziehungen voraussetzt und konstituiert". Michel FOUCAULT, *Überwachen und Strafen. Die Geburt des Gefängnisses,* 8. Aufl., Frankfurt a. M. 1989, 39. Damit wird zugleich auch die Produktivität bzw. Performativität von Diskursen betont.

[59] „[D]iscourses, in Foucault's work, are ways of constituting knowledge ... Discourses are more than ways of thinking and producing meaning. They constitute the ‚nature' of the body, unconscious and conscious mind and emotional life of the subjects that they seek to govern." Chris WEEDON, *Feminist Practice and Poststructuralist Theory*, Oxford 1987, 108.

[60] Vgl. dazu auch Heinz-Jürgen STOLZ, Klaus TÜRK, Individuum und Organisation, in: Erich FRESE (Hg.), *Handwörterbuch der Organisation*, 3. Aufl., Stuttgart 1992, 841–855.

[61] So die Übersetzung des Titels eines Klassikers zu Organisationstheorien: Gareth MORGAN, *Images of Organization*, Beverly Hills u. a. 1986. Zur historischen Dimension des Konstrukts „Organisation" vgl. insbesondere Klaus TÜRK, Thomas LEMKE, Michael BRUCH, *Organisation in der modernen Gesellschaft. Eine historische Einführung*, Wiesbaden 2002.

[62] „Organisation" verstehen wir dementsprechend nicht als eine gegebene Ordnung, die sich durch bestimmte Merkmale (Rationalität, Struktur usw.) auszeichnet, sondern vielmehr als einen Prozess, im Zuge dessen durch diskursive und nicht diskursive Praktiken Individuen und Organisationen überhaupt erst hervorgebracht werden – und dem inhärent Unentscheidbaren eine Ordnung verliehen oder aufgezwungen wird. Vgl. dazu auch Oswald NEUBERGER, Individualisierung und Organisierung. Die wechselseitige Erzeugung von Individuum und Organisation durch Verfahren, in: Günther ORTMANN, Jörg SYDOW, Klaus TÜRK (Hg.), *Theorien der Organisation. Die Rückkehr der Gesellschaft*, Opladen 1997, 487–522; Richard WEISKOPF, Management, Organisation, Poststrukturalismus, in: Richard WEISKOPF (Hg.), *Menschenregierungskünste*, Wiesbaden 2003, 9–36; und Richard WEISKOPF, Gouvernementabilität:

Die Produktion des regierbaren Menschen in post-disziplinären Regimen, in: *Zeitschrift für Personalforschung* 19, 2005, 289–311.

[63] Die organisationstheoretische Dimension unserer Reise setzt also die Dekonstruktion des klassischen Organisationsbegriffes voraus. Vgl. dazu auch Robert CHIA, From Modern to Postmodern Organizational Analysis, in: *Organization Studies* 16, 1995, 579–604; Günther ORTMANN, *Regel und Ausnahme. Paradoxien sozialer Ordnung*, Frankfurt a. M. 2003, 116 ff.; und Günther ORTMANN, *Organisation und Welterschließung. Dekonstruktionen*, Wiesbaden 2003, insbesondere 34 ff.

[64] Michel FOUCAULT, Überwachen und Strafen, 220.

[65] Michel FOUCAULT, Nachwort: Das Subjekt und die Macht, in: Hubert L. DREYFUS, Paul RABINOW, *Michel Foucault. Jenseits von Strukturalismus und Hermeneutik*, 2. Aufl., Weinheim 1994, 241–261, hier: 248, Hervorhebung durch uns.

[66] FOUCAULT, Der Wille zum Wissen, 185, Hervorhebung durch uns.

[67] FOUCAULT, Überwachen und Strafen, 187.

[68] Ebenda, 238.

[69] Ebenda, 247.

[70] Nikolas ROSE, *Governing the Soul. The Shaping of the Private Self*, London–New York 1990.

[71] FOUCAULT, Der Wille zum Wissen, 27.

[72] ROSE, Governing the Soul, 11.

[73] FOUCAULT, Der Wille zum Wissen, 76.

[74] Ebenda.

[75] FOUCAULT, Der Gebrauch der Lüste, 18.

[76] FOUCAULT geht diesen Selbsttechniken und Praktiken in Der Gebrauch der Lüste und in *Die Sorge um sich. Sexualität und Wahrheit 3*, 3. Aufl., Frankfurt a. M. 1993, nach. Im antiken Griechenland dienten diese dazu, den „Gebrauch der Lüste“ im Sinne einer Ästhetik der Existenz zu regeln. Nach Foucaults – umstrittener – Interpretation wurde in der griechischen Antike „[d]er Akzent ... auf das Verhältnis zu sich gelegt, welches es ermöglicht, daß man sich nicht von den Begierden und Lüsten fortreißen läßt, daß man ihnen gegenüber Herrschaft und Überlegenheit wahrt, daß man seine Sinne in einem Zustand der Ruhe hält, daß man frei bleibt von jeder inneren Versklavung durch die Leidenschaften und daß man zu einer Seinsweise gelangt, die durch den vollen Genuß seiner selber oder die vollkommene Souveränität seiner über sich definiert werden kann“. FOUCAULT, Der Gebrauch der Lüste, 43. Dabei war, so Foucault, nicht die Übereinstimmung mit einem bestimmten moralischen Code (der bestimmte Verhaltensweisen festlegt) der entscheidende Punkt, sondern vielmehr die Frage, wie das Subjekt Wissen, Macht und das Begehren bzw. die Lüste auf sich beziehen kann.

[77] Ebenda, 43.

[78] FOUCAULT, Nachwort: Das Subjekt und die Macht, 248.

[79] Ebenda, 243.

[80] Tom PETERS, Nancy AUSTIN, *Leistung aus Leidenschaft. „A passion for Excellence“. Über Management und Führung*, Hamburg 1986.

[81] Michel FOUCAULT, *Die Ordnung der Dinge. Eine Archäologie der Humanwissenschaften*, 12. Aufl., Frankfurt a. M. 1994, 110.

[82] Ebenda, 107.

[83] Ebenda, 272.

[84] Vgl. z. B. Ingrid CRAEMER-RUEGENBERG, Begrifflich-systematische Bestimmung von Gefühlen. Beiträge aus der antiken Tradition, in: Hinrich FINK-EITEL, Georg LOHMANN (Hg.), *Zur Philosophie der Gefühle*, Frankfurt a. M. 1993, 20–32, hier: 20; und Martin HARTMANN, *Gefühle. Wie die Wissenschaften sie erklären*, Frankfurt–New York 2005, 29.

[85] Vgl. dazu zum Beispiel Hinrich FINK-EITEL, Georg LOHMANN, Einleitung, in: FINK-EITEL, LOHMANN (Hg.), Zur Philosophie der Gefühle, 7–20, hier: 7 f.; H. M. GARDINER, Ruth Clark METCALF, John G. BEEBE-CENTER, *Feeling and Emotion. A History of Theories*, Westpoint, Connecticut 1970 [1937]; Thomas DIXON, Theology, Anti-Theology and Atheology: From Christian Passions to Secular Emotions, in: *Modern Theology* 15, 1999, 297–330; und Amélie Oksenberg RORTY, From Passions to Emotions and Sentiments, in: *Philosophy* 57, 1982, 15–173.

[86] HARTMANN, Gefühle, 30. Der Autor interpretiert dies als Akt der Domestizierung: Die „einst unberechenbaren ‚Leidenschaften' … können nun als ‚Gefühl' oder ‚Emotion' aus sicherer Distanz betrachtet und analysiert werden". Ebenda, 17.

[87] Vgl. ebenda, 30.

[88] Vgl. z. B. Christoph DEMMERLING, Hilge LANDWEER, *Philosophie der Gefühle. Von Achtung bis Zorn*, erscheint Stuttgart 2006.

[89] Vgl. z. B. Christiane VOSS, *Narrative Emotionen. Eine Untersuchung über Möglichkeiten und Grenzen philosophischer Emotionstheorien*, Berlin 2004.

[90] Das gilt in zweierlei Hinsicht: Zum einen bleibt die Thematisierung von Emotionen in anderen Disziplinen ausgeblendet. Zum anderen können die ausgewählten Disziplinen nicht umfassend betrachtet werden.

[91] Philipp MAYRING, Geschichte der Emotionsforschung, in: Dieter ULICH, Philipp MAYRING, *Psychologie der Emotionen*, 2. Aufl., Stuttgart 2003, 11–29, hier: 11.

[92] Für einen Überblick: MAYRING, Geschichte der Emotionsforschung, 20 ff.; und Alexander KOCHINKA, *Emotionstheorien. Begriffliche Arbeit am Gefühl*, Bielefeld 2004, 169 ff.

[93] Vgl. Max F. MEYER, The whale among the fishes – the theory of emotions, in: *Psychological Review* 40, 1933, 292–300.

[94] Für Überblicksdarstellungen vgl. z. B. ULICH, MAYRING, Psychologie der Emotionen; Lothar SCHMIDT-ATZERT, *Lehrbuch der Emotionspsychologie*, Stuttgart u. a. 1996; und Jürgen H. OTTO, Harald A. EULER, Heinz MANDL (Hg.), *Emotionspsychologie. Ein Handbuch*, Weinheim 2000.

[95] Jean-Paul SARTRE, Entwurf einer Theorie der Emotionen, in: Jean-Paul SARTRE, *Die Transzendenz des Ego. Drei Essays*, Reinbek bei Hamburg 1964 [1939], 153–195, hier: 156.

[96] Ebenda, 153.

[97] Ebenda, 154.

[98] Vgl. ebenda, 155.

[99] Robert C. SOLOMON, *Gefühle und der Sinn des Lebens*, Frankfurt a. M. 2000, 107.

[100] Claudia WASSMANN, *Die Macht der Emotionen. Wie Gefühle unser Denken und Handeln beeinflussen*, Darmstadt 2002, 25.

[101] Vgl. Helena FLAM, *Soziologie der Emotionen*, Konstanz 2002, 15.

[102] Für zusammenfassende Darstellungen vgl. z. B. Jürgen GERHARDS, *Soziologie der Emotionen. Fragestellungen, Systematik und Perspektiven*, Weinheim–München 1988, 24 ff.; Helena FLAM, Soziologie der Emotionen heute, in: Ansgar KLEIN, Frank NULLMEIER (Hg.), *Masse–Macht–Emotionen. Zu einer politischen Soziologie der Emotionen*, Opladen–Wiesbaden 1999, 179–199; und FLAM, Soziologie der Emotionen, 15 ff.

[103] Vgl. z. B. Heinz-Günther VESTER, *Emotion, Gesellschaft und Kultur. Grundzüge einer soziologischen Theorie der Emotionen*, Opladen 1991, 11 f.

[104] Vgl. z. B. (in der deutschen Übersetzung): Arlie R. HOCHSCHILD, *Das gekaufte Herz. Zur Kommerzialisierung der Gefühle*, Frankfurt–NewYork 1990.

[105] Vgl. z. B. Wolfgang DUNKEL, Wenn Gefühle zum Arbeitsgegenstand werden. Gefühlsarbeit im Rahmen personenbezogener Dienstleistungstätigkeiten, in: *Soziale Welt* 39, 1988, 66–85; und Jürgen GERHARDS, Emotionsarbeit. Zur Kommerzialisierung von Gefühlen, in: *Soziale Welt* 39, 1988, 47–65.

[106] Vgl. Helena FLAM, Soziologie der Emotionen, 117.

[107] Vgl. zusammenfassend VESTER, Emotion, Gesellschaft und Kultur, 98 ff.; und FLAM, Soziologie der Emotionen, 136 ff.

[108] Vgl. z. B. Sighard NECKEL, Blanker Neid, blinde Wut? Sozialstruktur und kollektive Gefühle, in: *Leviathan* 27, 1999, 145–165.

[109] FLAM, Soziologie der Emotionen heute, 179 f.

[110] Aber das ist noch nicht alles. Die Soziologie der Emotionen sei auch in der Lage, die Lücke zwischen Mikro- und Makro-Soziologie zu schließen. Bis jetzt habe nur noch niemand versucht, „die verschiedenen partiellen [emotionssoziologischen; GK, RW] Theoriestränge zu einer Makrotheorie zusammenzufügen". FLAM, Soziologie der Emotionen heute, 180.

[111] Vgl. z. B. die Sammelbände von Stephen FINEMAN (Hg.), *Emotion in Organizations*, London u. a. 1993 (2. Aufl. 2000); Georg SCHREYÖGG, Jörg SYDOW (Hg.), *Managementforschung 11: Emotionen und Management*, Wiesbaden 2001; und Neal M. ASHKANASY, Charmine E. J. HÄRTEL, Wilfred J. ZERBE (Hg.), *Managing Emotions in the Workplace*, Armonk–London 2002; sowie die Lehrbücher von Stephen FINEMAN, *Understanding Emotion at Work*, London u. a. 2003; und Wendelin KÜPERS, Jürgen WEIBLER, *Emotionen in Organisationen*, Stuttgart 2005.

[112] So z. B. von Stephen FINEMAN, Emotion and Organizing, in: Stewart CLEGG, Cynthia HARDY, Walter R. NORD (Hg.), *Handbook of Organization Studies*, London u. a. 1996, 543–564.

[113] Zur Rolle von Emotionen in Entscheidungsprozessen vgl. z. B. die Beiträge in dem Sammelband von ASHKANASY, HÄRTEL, ZERBE (Hg.), Managing Emotions in the Workplace, 143 ff.; sowie Günther ORTMANN, Emotion und Entscheidung, in: SCHREYÖGG, SYDOW (Hg.), Managementforschung 11: Emotionen und Management, 277–323; und – zusammenfassend – FINEMAN, Understanding Emotion at Work, 95 ff.

[114] Zu Emotionsarbeit in Dienstleistungsberufen vgl. z. B. die Beiträge in ASHKANASY, HÄRTEL, ZERBE (Hg.), Managing Emotions in the Workplace, 219 ff.; sowie Gertraude KRELL, Zur Analyse und Bewertung von Dienstleistungsarbeit. Ein Diskussionsbeitrag, in: *Industrielle Beziehungen* 8, 2001, 9–36; und Daniela RASTETTER, Emotionsarbeit – Betriebliche Steuerung und individuelles Erleben, in: SCHREYÖGG, SYDOW (Hg.), Managementforschung 11: Emotionen und Management, 111–134.

[115] Dazu später noch ausführlicher.

[116] Zur Bedeutung von Emotionen in Prozessen des organisationalen Wandels vgl. z. B. FINEMAN, Understanding Emotion at Work, 120 ff.; und die Beiträge in Charmine E. J. HÄRTEL, Wilfred J. ZERBE, Neal M. ASHKANASY (Hg.), *Emotions in Organizational Behavior*, Mahwah, New Jersey–London 2005, 295 ff.

[117] Zu Emotionen und Stress vgl. z. B. Cary COOPER, Sue CARTWRIGHT, Organizational management of stress and destructive emotions at work, in: Roy L. PAYNE, Cary L. COOPER (Hg.): *Emotions at Work. Theory, research and applications for management*, Cichester 2004, 269–280; FINEMAN, Understanding Emotion at Work, 135 ff.

[118] FOUCAULT, Die Ordnung der Dinge, 279 ff.

[119] Ebenda, 285.

[120] FOUCAULT, Überwachen und Strafen, 190.

[121] Vgl. DREYFUS, RABINOW, Michel Foucault, 191.

[122] FOUCAULT, Die Ordnung der Dinge, 111.

[123] Ute OSTERKAMP, Zum Problem der Gesellschaftlichkeit und Rationalität der Gefühle/Emotionen, in: *Forum Kritische Psychologie* 40, 1999, 3–49, hier: 9.

[124] MAYRING, Geschichte der Emotionsforschung, 11 ff.

[125] Vgl. ebenda, 17 und 24.

[126] René DESCARTES, *Die Leidenschaften der Seele*, hg. und übersetzt von Klaus HAMMACHER, 2. Aufl., Hamburg 1996 [1649], 53.

[127] So z.B. MAYRING, Geschichte der Emotionsforschung, 17.

[128] Zur Kritik an GOLEMANs Umgang mit neurowissenschaftlichen Quellen vgl. Barbara SIEBEN, Emotionale Intelligenz – Golemans Erfolgskonstrukt auf dem Prüfstand, in: SCHREYÖGG, SYDOW (Hg.), Managementforschung 11: Emotionen und Management, 75–110.

[129] Daniel GOLEMAN, *Emotionale Intelligenz*, München 1997, 32.

[130] Ebenda, 46.

[131] Vgl. z.B. SCHMIDT-ATZERT, Lehrbuch der Emotionspsychologie, 18; und Jürgen H. OTTO, Harald A. EULER, Heinz MANDL, Begriffsbestimmungen, in: OTTO, EULER, MANDL (Hg.), Emotionspsychologie, 11–18, hier: 11.

[132] Carroll E. IZARD, *Die Emotionen des Menschen. Eine Einführung in die Grundlagen der Emotionspsychologie*, 3. Aufl., Weinheim 1994, 20, Hervorhebung durch uns.

[133] KOCHINKA, Emotionstheorien, 135.

[134] Vgl. dazu Dieter ULICH, *Das Gefühl. Einführung in die Emotionspsychologie*, 3. Aufl., Weinheim 1995, 31.

[135] Klaus HAMMACHER, Einleitung, in: René DESCARTES, Die Leidenschaften der Seele, XV–XCVIII, hier: XXXIII.

[136] Dieter ULICH, Begriffsbestimmungen und Theoriediskussion, in: ULICH, MAYRING, Psychologie der Emotionen, 28–57, hier: 55 ff.

[137] ULICH, Das Gefühl, 34 ff.

[138] Lothar SCHMIDT-ATZERT, Struktur der Emotionen, in: OTTO, EULER, MANDL (Hg.), Emotionspsychologie, 30–44, hier: 30, Hervorhebung durch uns.

[139] Ebenda, Hervorhebung im Original.

[140] Vgl. SCHMIDT-ATZERT, Lehrbuch der Emotionspsychologie, 87.

[141] Philipp MAYRING, Klassifikation und Beschreibung einzelner Emotionen, in: ULICH, MAYRING, Psychologie der Emotionen, 144–190, hier: 144 f., Hervorhebung durch uns.

[142] FOUCAULT, Die Ordnung der Dinge, 111.

[143] SCHMIDT-ATZERT, Lehrbuch der Emotionspsychologie, 27.

[144] Klaus R. SCHERER, Prolegomina zu einer Taxonomie affektiver Zustände: Ein Komponenten-Prozeß-Modell, in: Gerd LÜER (Hg.), *Bericht über den 33. Kongreß der Deutschen Gesellschaft für Psychologie in Mainz 1982*, Göttingen 1983, 415–423.

[145] So z. B. auch MAYRING, Klassifikation und Beschreibung einzelner Emotionen, 145.

[146] Vgl. dazu SCHMIDT-ATZERT, Struktur der Emotionen, 30.

[147] Vgl. SOLOMON, Gefühle und der Sinn des Lebens, 300.

[148] SCHMIDT-ATZERT, Struktur der Emotionen, 32, Hervorhebung durch uns.

[149] Ebenda, 30.

[150] SCHMIDT-ATZERT, Lehrbuch der Emotionspsychologie, 87 f.

[151] SCHMIDT-ATZERT, Struktur der Emotionen, 33.

[152] Vgl. SCHMIDT-ATZERT, Lehrbuch der Emotionspsychologie, 88.

[153] Philipp MAYRING, Klassifikation und Beschreibung einzelner Emotionen, in: Dieter ULICH, Philipp MAYRING, *Psychologie der Emotionen*, Stuttgart u. a. 1992, 131–181, hier: 136.

[154] Vgl. SCHMIDT-ATZERT, Struktur der Emotionen, 35 ff.

[155] SCHMIDT-ATZERT, Lehrbuch der Emotionspsychologie, 90.

[156] SCHMIDT-ATZERT, Struktur der Emotionen, 33.

[157] Lothar SCHMIDT-ATZERT, Werner STRÖHM, Ein Beitrag zur Taxonomie der Emotionswörter, in: *Psychologische Beiträge* 25, 1983, 126–141.

[158] Ebenda, 133.

[159] Ebenda, 132.

[160] Ebenda, 134.

[161] Ebenda, 134.

[162] Ebenda, 135.

[163] Ebenda, 137.

[164] Weil die Verwendung verschiedener Verfahren zu unterschiedlichen Ergebnissen führen kann (siehe oben), haben die beiden Forscher neben der Average Linkage Methode auch die Single Linkage Methode und die Complete Linkage Methode angewendet. Die so erzielten Unterschiede werden aber als nicht gravierend eingeschätzt, „so daß die Ergebnisse der Average Linkage Methode durch den Vergleich mit den beiden anderen Methoden nicht invalidiert werden". Ebenda, 137.

[165] Ebenda, 139, Hervorhebungen durch uns.

[166] Ebenda, 140.
[167] Vgl. z. B. Eliot R. SMITH, Diane M. MACKIE, *Social Psychology*, New York 1995, 479 ff.; und OTTO, EULER, MANDL (Hg.), Emotionspsychologie.
[168] Vgl. z. B. Philipp MAYRING, Klassifikation und Beschreibung einzelner Emotionen, 1. Aufl., 139.
[169] Vgl. z. B. Hans Werner BIERHOFF, *Sozialpsychologie. Ein Lehrbuch*, 3. Aufl., Stuttgart u. a. 1993, 86 ff.
[170] Vgl. Robert J. STERNBERG, A triangular theory of love, in: *Psychological Review* 93, 1986, 119–135.
[171] BIERHOFF, Sozialpsychologie, 88.
[172] Ebenda.
[173] Ebenda.
[174] Ulrich MEES, Cornelia RHODE-HÖFT, Liebe, Verliebtsein und Zuneigung, in: OTTO, EULER, MANDL (Hg.), Emotionspsychologie, 239–252, hier 240, Hervorhebungen im Original.
[175] Vgl. z. B. John A. LEE, Love-stiles, in: Robert J. STERNBERG, Michael L. BARNES (Hg.), *The psychology of love*, New Haven 1988, 38-68.
[176] LUHMANN, Liebe als Passion, 75.
[177] Anthony GIDDENS, *Modernity and Self-Identity. Self and Society in the Late Modern Age*, Cambridge 1991, 162 ff.
[178] SOLOMON, Gefühle und der Sinn des Lebens, 16.
[179] KANT, Anthropologie in pragmatischer Hinsicht.
[180] Ebenda, 192.
[181] Ebenda, 193.
[182] Ebenda, 195.
[183] Vgl. ebenda, 196 ff.
[184] Vgl. ebenda, 197.
[185] Ebenda, 198.
[186] Ebenda, 212, Hervorhebung durch uns.
[187] Ebenda, 213, Hervorhebung im Original.
[188] Ebenda, 192, Hervorhebung im Original.
[189] Ebenda, 193.
[190] Vgl. ebenda, 206.
[191] Ebenda, 205.
[192] Ebenda, 212.
[193] Ebenda.
[194] Ebenda, 211 f.
[195] Ebenda, 211.
[196] Ebenda, 210.
[197] Gernot BÖHME, Hartmut BÖHME, *Das Andere der Vernunft. Zur Entwicklung von Rationalitätsstrukturen am Beispiel Kants*, Frankfurt a. M. 1996, 367.
[198] Ebenda, 365.
[199] Ebenda, 366.
[200] Erich FROMM, *Die Kunst des Liebens*, Frankfurt a. M. u. a. 1972 [1956], 41.

[201] Ebenda, 40.

[202] Erich FROMM, *Die Seele des Menschen. Ihre Fähigkeit zum Guten und zum Bösen*, Frankfurt a. M. u. a. 1981 [1964], 136.

[203] Ebenda.

[204] Ebenda, 152, Hervorhebung durch uns.

[205] Vgl. dazu z. B. Alessia CONTU, Hugh C. WILLMOTT, Macht, Lernen und Organisation, in: WEISKOPF (Hg.), Menschenregierungskünste, 159–186.

[206] FROMM, Die Seele des Menschen, 153.

[207] Ebenda, 154.

[208] Das Privileg, die „wahren Interessen" zu erkennen, liegt auf der Seite der kritischen Theorie, denn die „wahren Interessen" sind den Normalsterblichen, die in ihre Leidenschaften verstrickt sind, nicht vollkommen transparent. Sie brauchen den „kritischen" Theoretiker, der sie darüber aufklärt, und den Therapeuten, der sie zur Einsicht in ihre „wahren Interessen" bringt und sie zu einem Leben entsprechend den Prinzipien der Vernunft führt.

[209] Max WEBER, *Die protestantische Ethik.* Eine Aufsatzsammlung hg. von Johannes WINCKELMANN, Hamburg 1975 [1904/05].

[210] Ebenda, 135.

[211] Ebenda, 179.

[212] Ebenda, 180.

[213] Ebenda, 324.

[214] Ebenda, 322.

[215] Max WEBER, *Wirtschaft und Gesellschaft*, Tübingen 1922, 129; vgl. auch 661.

[216] Max WEBER, *Politik als Beruf*, Neudruck Stuttgart 2002 [1919], 32.

[217] Ebenda, 62 f.

[218] Vgl. z. B. Birgit SAUER, „Politik wird mit dem Kopfe gemacht." Überlegungen zu einer geschlechtersensiblen Politologie der Gefühle, in: KLEIN, NULLMEIER (Hg.), Masse–Macht–Emotionen, 200–218.

[219] Max WEBER, *Wissenschaft als Beruf*, 6. Aufl., Berlin 1967 [1919].

[220] Vgl. Marianne WEBER, Vorbemerkung, in: Max WEBER, Politik als Beruf, 3.

[221] WEBER, Politik als Beruf, 80.

[222] Ebenda, 71.

[223] Ebenda, 80.

[224] Ebenda, 61 f.

[225] BENARD, SCHLAFFER, Im Dschungel der Gefühle, 9.

[226] SOLOMON, Gefühle und der Sinn des Lebens, 83, Hervorhebung durch uns.

[227] Vgl. ebenda, 63.

[228] WUTHENOW, Die gebändigte Flamme, 18.

[229] Vgl. zusammenfassend ORTMANN, Organisation und Welterschließung, 115 ff.

[230] LEIRIS, Leidenschaften, 153.

[231] Ebenda, 158.

[232] Vgl. Max WEBER, Richtungen und Stufen religiöser Weltablehnung, in: Max WEBER, *Soziologie. Universalgeschichtliche Analysen*, hg. und erläutert von Johannes WINCKELMANN, 5. Aufl., Stuttgart 1973 [1915], 441–483.

[233] Ebenda, 469, Hervorhebung durch uns.
[234] Ebenda, 468.
[235] Ebenda, 472.
[236] Ebenda, 466.
[237] WEBER, Wirtschaft und Gesellschaft, 664, Hervorhebung durch uns.
[238] WEBER, Politik als Beruf, 31 ff.
[239] Ebenda, 32.
[240] Ebenda, 62.
[241] Ebenda.
[242] Ebenda.
[243] Vgl. WEBER, Wissenschaft als Beruf, 12.
[244] Ebenda.
[245] Ebenda, 14.
[246] WEBER, Politik als Beruf, 59.
[247] WEBER, Wirtschaft und Gesellschaft, 140 ff. und 758 ff.
[248] Ebenda, 140.
[249] Ebenda, 141.
[250] Ebenda, 758.
[251] Ebenda, 142.
[252] Ebenda, 759.
[253] Ebenda, 761.
[254] Gertraude KRELL, *Vergemeinschaftende Personalpolitik: Normative Personallehren, Werksgemeinschaft, NS-Betriebsgemeinschaft, Betriebliche Partnerschaft, Japan, Unternehmenskultur*, München–Mering 1994.
[255] Ferdinand TÖNNIES, *Gemeinschaft und Gesellschaft. Grundbegriffe der reinen Soziologie*, 2. Aufl., Berlin 1912, insbesondere 5 ff.
[256] WEBER, Wirtschaft und Gesellschaft, 21.
[257] KRELL, Vergemeinschaftende Personalpolitik, 38 ff.
[258] Die Bezeichnung „symbolische Führung“ als Versuch der Sinnstiftung mittels Worten, Handlungen oder auch Gegenständen als Symbolen taucht im Führungsdiskurs erst Jahrzehnte später auf. Vgl. zusammenfassend Jürgen WEIBLER, Symbolische Führung, in: Alfred KIESER, Gerhard REBER, Rolf WUNDERER (Hg.), *Handwörterbuch der Führung*, 2. Aufl., Stuttgart 1995, 2015–2026; und Oswald NEUBERGER, *Führen und Führen lassen*, 6. Aufl. von *Führung*, Stuttgart 2002, 642 ff. Jene Praktiken, die als symbolische Führung bezeichnet werden, lassen sich aber viel weiter zurückverfolgen.
[259] Oswald NEUBERGER, *Führen und geführt werden*, 3. Aufl. von *Führung*, Stuttgart 1990.
[260] Paul OSTHOLD, *Der Kampf um die Seele unseres Arbeiters*, Düsseldorf 1926.
[261] Gerhard ALBRECHT, Werksgemeinschaft, in: *Handwörterbuch der Staatswissenschaften*, 4. Aufl., Ergänzungsband, Jena 1929, 945–951, hier: 957, Hervorhebung durch uns.
[262] Gerhard ALBRECHT, *Vom Klassenkampf zum sozialen Frieden*, Jena 1932, 121, Hervorhebung durch uns.

[263] Josef WINSCHUH, *Praktische Werkspolitik*, Berlin 1923, 50.

[264] Karl ARNHOLD, Umrisse einer deutschen Betriebslehre, in: Karl ARNHOLD, *Der deutsche Betrieb. Aufgaben und Ziele nationalsozialistischer Betriebsführung*, Leipzig 1942, 1–64, hier: 62.

[265] Karl ARNHOLD, Der Betriebsführer und sein Betrieb, in: Karl ARNHOLD, *Der deutsche Betrieb*, Leipzig 1942, 1–63, hier: 58.

[266] Ebenda, Hervorhebung durch uns.

[267] ARNHOLD, Umrisse einer deutschen Betriebslehre, 63.

[268] Ebenda, 9.

[269] Ethel MATALA DE MAZZA, *Der verfaßte Körper. Zum Projekt einer organischen Gemeinschaft in der Politischen Romantik*, Freiburg i. Br. 1999, 14.

[270] Vgl. dazu ausführlicher: Gertraude KRELL, Symbole, Rituale und Zeremonien als Praktiken vergemeinschaftender Personalpolitik, in: Christoph WULF, Jörg ZIRFAS (Hg.), *Rituelle Welten*, Paragrana, Internationale Zeitschrift für Historische Anthropologie, Band 12, 2003, Heft 1 und 2, 524–538.

[271] Warren G. BENNIS, Burt NANUS, *Führungskräfte. Die vier Schlüsselstrategien erfolgreichen Führens*, 3. Aufl., Frankfurt–New York 1987.

[272] Roland BERGER, Vorwort zur deutschen Ausgabe, in: BENNIS, NANUS, Führungskräfte, 7–8, hier: 7.

[273] PETERS, AUSTIN, Leistung aus Leidenschaft, 16.

[274] Tom PETERS, Robert WATERMAN, *Auf der Suche nach Spitzenleistungen. Was man von den bestgeführten US-Unternehmen lernen kann*, 10. Aufl., Landsberg a. L. 1984, 111.

[275] Ebenda 67.

[276] Ebenda, 71.

[277] Ebenda, 279 f.

[278] James McGregor BURNS, *Leadership*, New York 1978. Die gängige Übersetzung ins Deutsche lautet „transformationale Führung".

[279] PETERS, WATERMAN, Auf der Suche nach Spitzenleistungen, 110.

[280] Ebenda, 111.

[281] Vgl. Johannes STEYRER, Charisma in Organisationen, in: Georg SCHREYÖGG, Jörg SYDOW (Hg.), *Managementforschung 9: Führung neu gesehen*, Berlin–New York 1999, 143–197, hier: 145.

[282] Ebenda, 144.

[283] Ebenda, 146.

[284] GOLEMAN, Emotionale Intelligenz, 190

[285] Daniel GOLEMAN, Richard BOYATZIS, Annie McKEE, *Emotionale Führung*, München 2002, 10.

[286] Ulrich GONSCHORREK unter Mitarbeit von Esther BERG, *Emotionales Management. Erfolgsfaktoren sozial kompetenter Führung*, Frankfurt a. M. 2002.

[287] Kathleen SANFORD, *Führen mit Liebe. Ein neuer Weg zur ganzheitlichen Managementpraxis*, Bern 1999.

[288] Peter MÜRI, *Dreidimensional führen mit Verstand, Gefühl und Intuition*, Thun 1990, 21, Hervorhebungen durch uns.

[289] Vgl. z. B. HARTMANN, Gefühle, 17.
[290] Vgl. z. B. SCHMIDT-ATZERT, Lehrbuch der Emotionspsychologie, 11.
[291] vgl. z. B. VESTER, Emotion, Gesellschaft und Kultur, 13; und FLAM, Soziologie der Emotionen, 117 ff.
[292] Vgl. z. B. Neal M. ASHKANASY, Charmine E. J. HÄRTEL, Wilfred J. ZERBE, Emotions in the Workplace: Research, Theory, and Practice, in: ASHKANASY, HÄRTEL, ZERBE (Hg.), Emotions in the Workplace, 2000, 3–18, hier: 4; und Georg SCHREYÖGG, Jörg SYDOW, Vorwort, in: SCHREYÖGG, SYDOW (Hg.), Managementforschung 11: Emotionen und Management, VII–IX, hier: VII.
[293] Claudia BENTHIN, Anne FLEIG, Ingrid KASTEN, Einleitung, in: Claudia BENTHIN, Anne FLEIG, Ingrid KASTEN (Hg.), *Emotionalität. Zur Geschichte der Gefühle*, Köln 2000, 7–20, hier: 9.
[294] Vgl. SOLOMON, Gefühle und der Sinn des Lebens, XX.
[295] Vgl. zusammenfassend HARTMANN, Gefühle, 12.
[296] Vgl. zusammenfassend FINEMAN, Emotion and organizing, insbesondere 547.
[297] Vgl. ebenda sowie Günther ORTMANN, Emotion und Entscheidung.
[298] Ansgar KLEIN, Frank NULLMEIER, Oliver von WERSCH, Einleitung, in: KLEIN, NULLMEIER (Hg.), Masse–Macht–Emotionen, 9–24, hier: 10f.
[299] Birgit SAUER, Politik wird mit dem Kopfe gemacht, 203
[300] So berichten z. B. KLEIN, NULLMEIER, WERSCH, Einleitung, 11, von den „‚dunklen', ‚weiblichen' Emotionen". Und bei VESTER, Emotion, Gesellschaft und Kultur, 11, findet sich eine aufschlussreiche Aufzählung von Merkmalen von Emotionen wie z. B. „infantil, animalisch, feminin, primitiv".
[301] Karin HAUSEN, Die Polarisierung der „Geschlechtscharaktere" – Eine Spiegelung der Dissoziation von Erwerbs- und Familienleben, in: Werner CONZE (Hg.), *Sozialgeschichte der Familie in der Neuzeit Europas,* Stuttgart 1976, 363–393.
[302] Ebenda, 365 f.
[303] Ebenda, 369 f.
[304] Ebenda, 367.
[305] Karin HAUSEN selbst spricht davon, die Geschlechtscharaktere seien im letzten Drittel des 18. Jahrhunderts „erfunden" worden. Ebenda, 369, Anführungszeichen im Original.
[306] Judith BUTLER, *Das Unbehagen der Geschlechter*, Frankfurt a. M. 1991, 200.
[307] Diese Bezeichnung haben wir von THEWELEIT, Männerphantasien 1, 278, übernommen.
[308] BUTLER, Das Unbehagen der Geschlechter, 206.
[309] HAUSEN, Die Polarisierung der „Geschlechtscharaktere", 368.
[310] FOUCAULT, Die Ordnung der Dinge, 107.
[311] FOUCAULT, Überwachen und Strafen, 190.
[312] Vgl. HAUSEN, Die Polarisierung der „Geschlechtscharaktere", 369.
[313] FOUCAULT, Der Wille zum Wissen, 126, Hervorhebungen durch uns.
[314] Ausführlicher dazu: Gertraude KRELL, Die Ordnung der „Humanressourcen" als Ordnung der Geschlechter, in: WEISKOPF (Hg.), Menschenregierungskünste, 65-90.
[315] Immanuel KANT, Anthropologie in pragmatischer Hinsicht, 198.

[316] Vgl. z. B. François LELORD, Christophe ANDRÉ, *Die Macht der Emotionen und wie sie unseren Alltag bestimmen*, München 2005, 170, mit Bezug auf Anne VINCENT-BUFFAULT, *Histoire de larmes*, Paris 1993. Roland BARTHES fragt: „Seit wann weinen die Männer (und nicht die Frauen) nicht mehr? Warum hat sich die ‚Sensibilität' zu einem bestimmten Zeitpunkt in Gefühligkeit verwandelt?" Roland BARTHES, *Fragmente einer Sprache der Liebe*, Frankfurt a. M. 1998, 252.

[317] Immanuel KANT, Anthropologie in pragmatischer Hinsicht , 255 ff.

[318] Ebenda, 258.

[319] Ebenda, 255.

[320] Ebenda, 261.

[321] Ebenda, 264 f.

[322] Ebenda, 256.

[323] Ebenda.

[324] BÖHME, BÖHME, Das Andere der Vernunft, 367.

[325] Gisela BOCK, Barbara DUDEN, Arbeit aus Liebe – Liebe als Arbeit. Zur Entstehung der Hausarbeit im Kapitalismus, GRUPPE BERLINER DOZENTINNEN (Hg.), *Frauen und Wissenschaft. Beiträge zur Berliner Sommeruniversität für Frauen, Juli 1976*, Berlin 1976, 118–199, hier: 141 ff.

[326] Ebenda, 144.

[327] Judith BUTLER, Kontingente Grundlagen: Der Feminismus und die Frage der „Postmoderne", in: Seyla BENHABIB, Judith BUTLER, Drucilla CORNELL, Nancy FRASER, *Der Streit um Differenz. Feminismus und Postmoderne in der Gegenwart*, Frankfurt a. M. 1993, 31–58, hier: 44.

[328] Judith BUTLER, *Körper von Gewicht*, Frankfurt a. M. 1997, 23.

[329] Simone de BEAUVOIR, *Das andere Geschlecht. Sitte und Sexus der Frau*, Reinbek bei Hamburg 1968 [1949].

[330] Darauf verweist HAUSEN, Die Polarisierung der „Geschlechtscharaktere", 369. Eine instruktive Illustration dazu, dass und wie das „andere Geschlecht" eine Bedingung männlicher Identitätsbildung ist, findet sich z. B. bei Susanne ASCHE. Diese zeigt anhand von Aufzeichnungen des Karlsruher Kaufmanns Wilhelm Christian Griesbach, der von 1772 bis 1832 gelebt hat, dass es diesem schwer fällt, „ohne Blick auf die Frau über den Mann zu schreiben. ... Erst mit dem Blick auf das Weibliche gelingt das Bild des Mannes; der Entwurf bürgerlicher Männlichkeit verdankt sich der Abgrenzung und Segregation. Das Weib fungiert als Projektionsfläche männlicher Identität, die dadurch in erster Linie nicht weiblich ist." Susanne ASCHE, Tagträumende Phantasie und kalkulierter Eigennutz – die Genese einer Kaufmannsidentität, in: Claudia OPITZ, Ulrike WECKEL, Elke KLEINAU (Hg.), *Tugend, Vernunft und Gefühl: Geschlechterdiskurse der Aufklärung und weibliche Lebenswelten*, Münster 2000, 145–170, hier: 148.

[331] Vgl. THEWELEIT, Männerphantasien 1, 88 ff.

[332] Christina von BRAUN, Männliche Hysterie, Weibliche Askese. Zum Paradigmenwechsel in den Geschlechterrollen, in: Karin RICK (Hg.), *Das Sexuelle, die Frauen und die Kunst*, Konkursbuch 20, Tübingen 1989, 10–38, hier: 10.

[333] Vgl. ebenda, 24.

[334] Vgl. z. B. STEPHAN, Weiblichkeit, Wasser, Tod; und Renate SCHLESIER, Das Schweigen der Sirenen, in: Christoph WULF, Dietmar KAMPER (Hg.), *Logik und Leidenschaft. Erträge Historischer Antrhopologie*, Berlin 2002, 1089–1097.

[335] THEWELEIT, Männerphantasien 1, 121ff.

[336] BRAUN, Männliche Hysterie, Weibliche Askese, 22.

[337] Ebenda, 27.

[338] So auch in ihrer kritischen Analyse Gertrude POSTL, „Rationalität" und „Gefühl" im feministischen Diskurs. Zur Bewahrung und Überwindung eines Erklärungsmodells, in: Ursula Marianne ERNST, Charlotte ANNERL, Werner W. ERNST (Hg.), *Rationalität, Gefühl und Liebe im Geschlechterverhältnis*, Paffenweiler 1995, 111–124.

[339] Vgl. Carol GILLIGAN, *Die andere Stimme. Lebenskonflikte und Moral der Frau*, 5. Aufl., München–Zürich 1991; und für eine kritische Auseinandersetzung die Beiträge in Gertrud NUNNER-WINKLER (Hg.), *Weibliche Moral. Die Kontroverse um eine geschlechtsspezifische Ethik*, Frankfurt–New York 1991.

[340] Dorothee BIERHOFF-ALFERMANN, *Androgynie. Möglichkeiten und Grenzen der Geschlechterrollen*, Opladen 1989, 19, Hervorhebung im Original. Für eine kritische Auseinandersetzung mit dieser Lesart und für alternative Verständnisse vgl. z. B. die Beiträge in Ulla BOCK, Dorothee ALFERMANN (Hg.), *Androgynie. Vielfalt der Möglichkeiten*, Querelles. Jahrbuch für Frauenforschung 1999, Band 4, Stuttgart–Weimar 1999.

[341] Ausführlicher dazu vgl. KRELL, Die Ordnung der „Humanressourcen" als Ordnung der Geschlechter, 72 ff.; und Gertraude KRELL, „Vorteile eines neuen, weiblichen Führungsstils": Ideologiekritik und Diskursanalyse, in: Gertraude KRELL (Hg.), *Chancengleichheit durch Personalpolitik*, 4. Aufl., Wiesbaden 2004, 377–392.

[342] Marylin LODEN, *Als Frau im Unternehmen führen – Feminine Leadership*, Freiburg i. Br. 1988.

[343] Sally HELGESEN, *Frauen führen anders. Vorteile eines neuen Führungsstils*, Frankfurt–New York 1991.

[344] LODEN, Als Frau im Unternehmen führen, 68 f., Hervorhebung durch uns.

[345] Nach LODEN, Als Frau im Unternehmen führen, 34 und 72.

[346] Zu den damit verbundenen – widersprüchlichen – Identitätsangeboten an weibliche Führungs(nachwuchs)kräfte vgl. KRELL, Die Ordnung der „Humanressourcen" als Ordnung der Geschlechter, 77 f.

[347] Claudia WEBER, Die Zukunft des Clans. Überlegungen zum japanischen Managementstil, in: Gertraude KRELL, Margit OSTERLOH (Hg.), *Personalpolitik aus der Sicht von Frauen – Frauen aus der Sicht der Personalpolitik*, 2. Aufl., München–Mering 1993, 148–172, hier: 170. Vgl. dazu auch Claudia WEBER, Welche Maske zu welcher Gelegenheit? Anmerkungen zur Debatte um Frauen im Management, in: Walter MÜLLER-JENTSCH (Hg.), *Profitable Ethik – Effiziente Kultur. Neue Sinnstiftungen durch das Management*, München–Mering 1993, 209–228; und Helga MANTHEY, *Der Neue Man(n)ager. Effizienz und Menschlichkeit*, Berlin 1992.

[348] Im Unterschied zu zumindest Teilen der politischen Analyse bzw. der Machtanalyse – und einmal mehr Foucault folgend – unterstellen wir, wenn wir von Strategien sprechen, keine Strategen oder Strateginnen als eine Art „Generalstab". Foucault, Der

Wille zum Wissen, 116. Vielmehr geht es uns darum, „in Begriffen der ‚Strategien' die Mechanismen [zu] entschlüsseln, die in Machtverhältnissen zum Zuge kommen", wie es FOUCAULT in seinem Nachwort: Das Subjekt und die Macht, 259, formuliert.

[349] FREUD, Das Unbehagen in der Kultur, 66 f.

[350] Ebenda, 66.

[351] Vgl. THEWELEIT, Männerphantasien 1, 325.

[352] HIRSCHMAN, Leidenschaften und Interessen, 134 f.

[353] KANT, Anthropologie in pragmatischer Hinsicht, 213.

[354] KLEIN, NULLMEIER, WERSCH, Einleitung, 9.

[355] Michael WALZER, *Vernunft, Politik und Leidenschaft. Defizite liberaler Theorie*, Frankfurt a. M. 1999, 69.

[356] THEWELEIT Männerphantasien 1, 294, Hervorhebungen durch uns.

[357] Ebenda, 299.

[358] Vgl. ebenda, 298.

[359] Vgl. dazu z. B. die bei HIRSCHMAN, Leidenschaften und Interessen, 63 ff., angeführten Quellen.

[360] Ebenda, 23.

[361] WEBER, Die protestantische Ethik, 12, vgl. auch 180. „Allerdings ist Kapitalismus identisch mit dem Streben nach Gewinn: im kontinuierlichen, rationalen kapitalistischen Betrieb." Ebenda, 12.

[362] Ebenda, 167.

[363] WEBER, Richtungen und Stufen religiöser Weltablehnung, 469.

[364] WEBER, Die protestantische Ethik, 168.

[365] FOUCAULT, Überwachen und Strafen, 173 ff.

[366] Zur Disziplinierung der soldatischen Männer vgl. auch THEWELEIT, Männerphantasien 1. THEWELEIT beschreibt den Prozess der Panzerung, der Hervorbringung von „Härte und Permanenz der Körpergrenzen und psychischen Systeme" als die Errichtung eines Dammes durch die „feindlichen Mächte" der Herrschenden. Ebenda 332.

[367] FOUCAULT, Überwachen und Strafen, 138.

[368] Ebenda, 133.

[369] Ebenda, 145.

[370] Ebenda, 136.

[371] Ebenda, 133.

[372] Vgl. ebenda, 148 ff.

[373] Ebenda, 156.

[374] Ebenda, 311.

[375] WEBER, Wirtschaft und Gesellschaft, 660.

[376] Ebenda, 662.

[377] Ebenda, 661.

[378] Ebenda, 129.

[379] Vgl. ebenda, 126; und WEBER, Die protestantische Ethik, 16.

[380] Daniela RASTETTER, *Sexualität und Herrschaft in Organisationen. Eine geschlechtervergleichende Analyse*, Opladen 1994, 125 ff.

[381] Karl Bernhard Arwed EMMINGHAUS, *Allgemeine Gewerkslehre*, Berlin 1868, 110.

[382] Michel FOUCAULT, Der Wille zum Wissen, 59.
[383] Gibson BURRELL, Sexualität und Organisationsanalyse, in: KRELL, OSTERLOH (Hg.), Personalpolitik aus der Sicht von Frauen, 122–147.
[384] Rudolf SEYFFERT, *Der Mensch als Betriebsfaktor. Eine Kleinhandelsstudie*, Stuttgart 1922, 135 f.
[385] Vgl. dazu z. B. Bärbel MESCHKUTAT, Monika HOLZBECHER, Sexuelle Belästigung und Gewalt: (K)ein Thema für Personalverantwortliche, in: KRELL (Hg.), Chancengleichheit durch Personalpolitik, 427–434, und die dort angegebenen Quellen.
[386] BURRELL, Sexualität und Organisationsanalyse, 135.
[387] SEYFFERT, Der Mensch als Betriebsfaktor, 134 f.
[388] RASTETTER, Sexualität und Herrschaft in Organisationen, 135, mit Verweis auf Antonio GRAMSCI, *Selection from the Prison Notebooks*, London 1971, 304 f.
[389] Vgl. dazu TÜRK, LEMKE, BRUCH, Organisation in der modernen Gesellschaft, 215, und die dort angegebenen Quellen.
[390] BATAILLE, Die Erotik, 63.
[391] FOUCAULT, Der Wille zum Wissen, 61, Hervorhebung im Original.
[392] Peter SLOTERDIJK, *Eurotaoismus. Zur Kritik der politischen Kinetik*, Frankfurt a. M. 1989, 105.
[393] Eine Problematisierung des Spiels von sexuellen Begrenzungen und Grenzüberschreitungen bei Betriebsfeiern findet sich z. B. bei Renate ORTLIEB, Barbara SIEBEN, River Rafting, Polonaise oder Bowling: Betriebsfeiern und ähnliche Events als Medien organisationskultureller (Re-)Produktion von Geschlechterverhältnissen, in: KRELL (Hg.), Chancengleichheit durch Personalpolitik, 449–456, insbesondere 454 f.
[394] Vgl. dazu auch VESTER, Emotion, Gesellschaft und Kultur, 96.
[395] Aldous HUXLEY, *Schöne neue Welt*, Frankfurt a. M. 1953 [1932], 88.
[396] Ebenda, 50.
[397] Vgl. ebenda, 67 f.
[398] Vgl. ebenda, 76 ff.
[399] Ebenda, 201.
[400] Gilles DELEUZE, *Nietzsche und die Philosophie*, Hamburg 1991, 62 ff.
[401] Ebenda, 211.
[402] Vgl. dazu auch Robert PFALLER, *Die Illusionen der anderen. Über das Lustprinzip in der Kultur*, Frankfurt a. M. 2002, 224 ff.
[403] Friedrich NIETZSCHE, Zum Capitel: Religion als décadence Nachgelassene Fragmente Frühjahr 1888, in: Giorgio COLLI, Mazzino MONTINARI (Hg.), *Friedrich NIETZSCHE, Nachgelassene Fragmente 1887–1889,* 347, 2. Aufl., München und Berlin–New York 1999, Hervorhebung im Original. Nietzsche bezieht sich hier auf die „kurzsichtigste und verderblichste Denkweise, die Moral-Denkweise", welche „die großen Kraftquellen *versiegen* machen [will]". Ebenda, Hervorhebung im Original.
[404] DELEUZE, GUATTARI, Antiödipus, 333.
[405] Robert COOPER, Organization/Disorganization, in: John HASSARD, David PYM (Hg.), *The theory and philosophy of organizations: Critical issues and new perspectives*, London 1990, 167–197, hier: 171.
[406] HIRSCHMAN, Leidenschaften und Interessen, 24.

[407] Vgl. ebenda, 49.
[408] Ebenda, 39.
[409] Ebenda, 72.
[410] THEWELEIT, Männerphantasien 1, 344, Hervorhebungen im Original.
[411] Ebenda, 447.
[412] Ebenda, 395.
[413] Ebenda, 395 f.
[414] Bruno FREY, *Ökonomie ist Sozialwissenschaft*, München 1990, 119.
[415] Norbert ELIAS, *Über den Prozeß der Zivilisation*, Band 1, Frankfurt a. M. 1942, 267.
[416] Bruno FREY, Margit OSTERLOH, Sanktion oder Seelenmassage? Motivationale Grundlagen der Unternehmensführung, in: *Die Betriebswirtschaft* 57, 1997, 307–321, hier: 312; vgl. auch Bruno FREY, *Markt und Motivation*, München 1997, 97.
[417] Einen anderen Aspekt –die im Hinblick auf die Leidenschaften neutralisierende Wirkung des Geldes (als extrinsischer Motivator) – spricht ŽIŽEK am Beispiel der Bezahlung im Rahmen von psychotherapeutischen bzw. -analytischen Sitzungen an: Die Bezahlung wird nicht nur als eine materielle Notwendigkeit gesehen, sondern auch als ein Medium, das die Herstellung von Distanz ermöglicht und vor der Verwicklung in die Dynamik der Leidenschaften schützt. „Geld – die Bezahlung des Analytikers – ist erforderlich, um ihn aus dem Kreislauf herauszuhalten, um zu vermeiden, dass er in das durch die Pathologie des Patienten erzeugte imbroglio der Leidenschaften hineingezogen wird.“ ŽIŽEK, Die gnadenlose Liebe, 68.
[418] Vgl. FREY, OSTERLOH, Sanktion oder Seelenmassage?, 313.
[419] FOUCAULT, Überwachen und Strafen, 312.
[420] Edward L. DECI, *Intrinsic Motivation*, New York 1975.
[421] FREY, OSTERLOH, Sanktion oder Seelenmassage?, 310 ff.
[422] Vgl. FREY, Markt und Motivation, 85.
[423] WEBER, Wissenschaft als Beruf.
[424] Ebenda, 12.
[425] Um nur einige Beispiele zu nennen: Michael SUKALE, *Max Weber – Leidenschaft und Disziplin: Leben, Werk, Zeitgenossen*, Tübingen 2002; Hans G. FURTH, Wissen als Leidenschaft; Marco BRUSCOTTI, Die Leidenschaft der Erkenntnis; Christoph WULF, Dietmar KAMPER (Hg.), Logik und Leidenschaft (zum Andenken an Dietmar KAMPER); Raúl FORNET-BETANCOURT (Hg.), *Diskurs und Leidenschaft. Festschrift für Karl-Otto Apel zum 75. Geburtstag*, Aachen 1996; Dirk BAECKER, Jürgen MARKOWITZ, Rudolf STICHWEH, Hartmann TYRELL, Helmut WILKE (Hg.), *Theorie als Passion. Festschrift zum 60. Geburtstag von Niklas Luhmann*, Frankfurt a. M. 1987; und Holger Andreas LEIDIG (Hg.), *Leidenschaften: zum 65. Geburtstag von Hans Peter Dreitzel*, Berlin 2001.
[426] DREITZEL, Aufklärung als Leidenschaft, 15.
[427] Nicht nur bei den im Folgenden angeführten, sondern auch bei den uns generell bekannten Beispielen handelt es sich ausnahmslos um männliche Forscher. Es wäre interessant, den Fragen nachzugehen, warum dies so ist oder ob es dazu nicht doch auch Beispiele von Forscherinnen gibt.
[428] THEWELEIT, Männerphantasien 1, 334 f.

[429] Vgl. dazu beispielsweise auch Philipp SARASIN, Das obszöne Genießen der Wissenschaft: Über Populärwissenschaft und „mad scientists", in: Philipp SARASIN, *Geschichtswissenschaft und Diskursanalyse*, Frankfurt a. M. 2003, 231–257.
[430] Clément ROSSET, *Regime der Leidenschaft*, Berlin 2002, 27.
[431] Honoré de BALZAC, *Der Stein der Weisen*, Berlin 1968 [La recherche de l'absolu, Paris 1834], zitiert in ROSSET, Regime der Leidenschaft, 27 f.
[432] Jens JOHLER, Olaf-Axel BUROW, *Gottes Gehirn,* Zürich 2003, 51.
[433] Ebenda, 52.
[434] Ebenda, 53 f.
[435] Ebenda, 54.
[436] Ebenda, 292.
[437] Ebenda, 292 ff.
[438] Michel FOUCAULT, Nietzsche, die Genealogie, die Historie, in: Michel FOUCAULT, *Von der Subversion des Wissens*, Frankfurt a. M. 1978, 83–109, hier: 86.
[439] DREYFUS, RABINOW, Michel Foucault, 214.
[440] Michael SCHRÖTER, Plagiatsvorwürfe und Paranoiaverdacht. Das bittere Ende einer wissenschaftlichen Freundschaft, in: LEIDIG (Hg.), Leidenschaften, 113–120, hier: 113.
[441] Ebenda, 113 f.
[442] Ebenda.
[443] Ebenda, 115.
[444] Ebenda, 114.
[445] Ebenda, 115.
[446] Ebenda.
[447] Ebenda, 113 f.
[448] Ebenda, 117.
[449] Ebenda, 119.
[450] Ebenda.
[451] Ebenda.
[452] Ebenda.
[453] René KÖNIG, Johannes WINCKELMANN (Hg.), *Max Weber zum Gedächtnis. Materialien zur Bewertung von Werk und Persönlichkeit*, Köln–Opladen 1963.
[454] Josef SCHUMPETER, Max Webers Werk [1920], Wiederabdruck in: KÖNIG, WINCKELMANN (Hg.), Max Weber zum Gedächtnis, 64–71, hier: 70.
[455] So z. B. von Theodor HEUSS, Zu Max Webers Gedächtnis [1920], Wiederabdruck in: KÖNIG, WINCKELMANN (Hg.), Max Weber zum Gedächtnis, 60–64, hier: 62; und Erich HULA, Ein einsamer Kämpfer [1927], Wiederabdruck in: KÖNIG, WINCKELMANN (Hg.), Max Weber zum Gedächtnis, 148–157, hier: 148.
[456] Karl ROTHENBÜCHER, Gedenkrede bei Max Webers Bestattung am 17. Juni 1920, Erstabdruck in: KÖNIG, WINCKELMANN (Hg.), Max Weber zum Gedächtnis, 37–39, hier: 38.
[457] Immanuel BIRNBAUM, Erinnerungen an Max Weber (Winter-Semester 1918/19), Erstabdruck in: KÖNIG, WINCKELMANN (Hg.), Max Weber zum Gedächtnis, 19–21, hier: 20.

[458] Theodor HEUSS, Max Weber † [1920], Wiederabdruck in: KÖNIG, WINCKELMANN (Hg.), Max Weber zum Gedächtnis, 71–74, hier: 73.
[459] Karl LOEWENSTEIN, Persönliche Erinnerungen an Max Weber [1920], Wiederabdruck in: KÖNIG, WINCKELMANN (Hg.), Max Weber zum Gedächtnis, 48–53, hier: 51.
[460] Paul HONIGSHEIM, Erinnerungen an Max Weber, in: KÖNIG, WINCKELMANN (Hg.), Max Weber zum Gedächtnis, 161–271, hier: 251.
[461] Marianne WEBER, *Max Weber. Ein Lebensbild*, 2. Aufl., Heidelberg 1950 [1926], 265.
[462] HEUSS, Max Weber †, 72.
[463] Max HORKHEIMER, Einleitung zur Diskussion, in: Otto STAMMER (Hg.): *Max Weber und die Soziologie heute. Verhandlungen des 15. Deutschen Soziologentages*, Tübingen 1965, 65–67, hier: 65 f.
[464] BIRNBAUM, Erinnerungen an Max Weber, 20.
[465] WEBER, Max Weber, 724.
[466] HEUSS, Zu Max Webers Gedächtnis, 61.
[467] LOEWENSTEIN, Persönliche Erinnerungen an Max Weber, 51.
[468] Ernst CORRELL, Max Weber [1920], Wiederabdruck in: KÖNIG, WINCKELMANN (Hg.), Max Weber zum Gedächtnis, 90–94, hier: 93.
[469] Zitiert nach WEBER, Max Weber, 226
[470] WEBER, Max Weber, 2.
[471] Ebenda, 107.
[472] Ebenda.
[473] Ebenda, 295.
[474] Ebenda, 207, Hervorhebung im Original.
[475] Ebenda, 226, Hervorhebung im Original.
[476] SUKALE, Max Weber, 197.
[477] Eduard BAUMGARTEN ist ein Neffe Max Webers und hat 1964 zu dessen 100. Geburtstag eine Weber-Biographie verfasst (vgl. Eduard BAUMGARTEN, *Max Weber, Werk und Person*, Tübingen 1964), in der er, laut SUKALE, dem „aufmerksamen Leser als erster einen Einblick in die privaten Liebesverhältnisse Webers gewährt, die die Spatzen inzwischen von den Dächern pfeifen“. SUKALE, Max Weber, 48 f.
[478] SUKALE, Max Weber, 197.
[479] Ingrid GILCHER-HOLTEY, Max Weber und die Frauen, in: Christian GNEUSS, Jürgen KOCKA (Hg.), *Max Weber – Ein Symposion*, München 1988, 142–154.
[480] Vgl. ebenda, 146 f.; und SUKALE, Max Weber, 474.
[481] Vgl. z. B. SUKALE, Max Weber, 402, 409 ff. und 431.
[482] GILCHER-HOLTEY, Max Weber und die Frauen, 147.
[483] Vgl. dazu ausführlicher Wolfgang SCHWENTKER, Leidenschaft als Lebensform. Erotik und Moral bei Max Weber im Kreis um Otto Gross, in: Wolfgang J. MOMMSEN, Wolfgang SCHWENTKER (Hg.), *Max Weber und seine Zeitgenossen*, Göttingen–Zürich 1988, 661–681; und WEBER, Max Weber, 409 ff. Marianne WEBER berichtet in ihrer Biographie, sie und Max Weber seien „von dem, was sich allmählich auswirkte, ... leidenschaftlich ergriffen [worden] – innerlich zerrissen von Entsetzen, Abscheu gegen die Theorie und tiefer verstehender Teilnahme für die Tragik

der Schicksale". Ebenda, 413 f. Zu diesen Schicksalen gehört auch das der gemeinsamen Freundin Else Jaffé, später Jaffé-Richthofen, von der gleich noch die Rede sein wird.

[484] GILCHER-HOLTEY, Max Weber und die Frauen, 151.

[485] SUKALE, Max Weber, 483 f. So auch M. Rainer LEPSIUS, Mina Tobler, die Freundin Max Webers, in: Bärbel MEURER (Hg.), *Marianne Weber. Beiträge zu Werk und Person*, Tübingen 2004, 77–89.

[486] Vgl. GILCHER-HOLTEY, Max Weber und die Frauen, 153.

[487] Ebenda, 483.

[488] Davon wird auch in neueren Quellen ausgegangen. Vgl. z. B. Christa KRÜGER, „Doppelsternpersönlichkeiten". Konzept einer Partner-Ehe, in: MEURER (Hg.), Marianne Weber, 59–76, insbes. 75; und M. Rainer LEPSIUS, Mina Tobler, 87.

[489] BAUMGARTEN, Max Weber, 635.

[490] SUKALE, Max Weber, 142 und 475; vgl. auch 483.

[491] Ebenda, 142.

[492] Ebenda, 140.

[493] Ebenda, 483.

[494] James MILLER, *Die Leidenschaft des Michel Foucault. Eine Biographie*, Köln 1995, 8.

[495] Ebenda, 7.

[496] Ebenda, 11.

[497] Ebenda, 12; vgl. auch 555.

[498] Ebenda, 554.

[499] Ebenda, 12.

[500] Ebenda, 96 und 563.

[501] Ebenda, 563 f.

[502] Vgl. ebenda, 549 ff.

[503] Ebenda, 561.

[504] Ebenda, 551.

[505] Ebenda, 561.

[506] Ebenda, 563.

[507] Ebenda, 554.

[508] Ebenda, 12.

[509] Ebenda, 11.

[510] Judith BUTLER, *Haß spricht. Zur Politik des Performativen*, Berlin 1998.

[511] Hans-Ulrich WEHLER, *Die Herausforderung der Kulturgeschichte*, München 1998, 68.

[512] Ebenda, 77, Hervorhebung durch uns.

[513] Ebenda, 85.

[514] Ebenda, 91.

[515] Ebenda, 89.

[516] Ebenda, 88.

[517] Ebenda.

[518] Michel FOUCAULT, *Der Mensch ist ein Erfahrungstier. Gespräch mit Ducio Trombadori*, 2. Aufl., Frankfurt a. M. 1997, 34.

[519] Michel FOUCAULT, Der maskierte Philosoph. Gespräch mit Christian Delacampagne („Le Monde"), übersetzt von Peter GENTE, in: *Von der Freundschaft als Lebensweise. Michel Foucault im Gespräch*, Berlin o. J., 9–24, hier: 17.

[520] Ebenda, 17 f.

[521] Ulrich BRIELER, Blind Date. Michel Foucault in der deutschen Geschichtswissenschaft, in: Axel HONNETH, Martin SAAR (Hg.), *Michel Foucault. Zwischenbilanz einer Rezeption. Frankfurter Foucault-Konferenz 2001*, Frankfurt a. M. 2003, 311–334, hier: 329.

[522] Ebenda, 332 f.

[523] Steven P. FELDMAN, The Revolt Against Cultural Authority: Power/Knowledge as an Assumption in Organization Theory, in: *Human Relations* 8, 1997, 937–954, hier: 937.

[524] Ebenda, 939.

[525] Ebenda, 948.

[526] Jürgen HABERMAS, *Der philosophische Diskurs der Moderne. Zwölf Vorlesungen*, Frankfurt a. M. 1985, 327.

[527] WEHLER, Die Herausforderung der Kulturgeschichte, 46.

[528] ORTMANN, Organisation und Welterschließung, 53 ff.

[529] LEIRIS, Leidenschaften, 169 f.

[530] WEBER, Wissenschaft als Beruf, 37.

[531] FOUCAULT, Überwachen und Strafen, 233.

[532] Ebenda, 267.

[533] Vgl. dazu z. B. Wolfgang KEMP, Die Selbstfesselung der deutschen Universität. Eine Evaluation, in: *Deutsche Zeitschrift für europäisches Denken* 58, 2004, 294–305, insbesondere 294; Alfred KIESER, Going Dutch – Was lehren niederländische Erfahrungen mit der Evaluation universitärer Forschung? in: *Die Betriebswirtschaft* 58, 1998, 208–224; und Alfred KIESER, Zur Amerikanisierung der deutschen Universität: Tendenzen, Ursachen und Konsequenzen, in: Werner AUER-RIZZI, Erna SZABO, Cäcilia INNREITER-MOSER (Hg.), *Management in einer Welt der Globalisierung und Diversität. Europäische und nordamerikanische Sichtweisen. Festschrift für Prof. Dr. Dr. h.c. mult. Gerhard Reber zum 65. Geburtstag*, Stuttgart 2002, 269–285.

[534] FOUCAULT, Überwachen und Strafen, 245.

[535] Ebenda, 233.

[536] Ebenda, 237.

[537] Ebenda, 236.

[538] Ebenda, 229 ff.

[539] WEBER, Wissenschaft als Beruf, 12.

[540] FOUCAULT, Der Gebrauch der Lüste, 15.

[541] Ebenda, 14.

[542] „Was aber die angeht", so FOUCAULT, „die meinen, es müsse einer abgedankt haben, der sich Mühe gibt, anfängt und wieder anfängt, versucht, sich täuscht, alles von neuem aufrollt und noch immer auf Schritt und Tritt zögert, zurückgezogen und unruhig arbeitet, nun wohl, wir sind ganz offenkundig nicht vom selben Planeten." Ebenda.

[543] Vgl. z. B. Martin PARKER, David JERRY, The McUniversity: Organization, Management and Academic Subjectivity, in: *Organization* 2, 1995, 319–338; Marilyn

STRATHERN, >Improving Ratings<. Audit in the British University System, in: *European Review* 5, 1997, 305–326; Hugh C. WILLMOTT, Managing the Academics: Commodification and Control in the Development of University Education in the U. K., in: *Human Relations* 48, 1995, 993–1027.

[544] Der Ausdruck der „Entfesselung“ wird von führenden Vertretern der aktuellen Hochschulreform gern verwendet, so z. B. von Detlef MÜLLER-BÖLING, *Die entfesselte Hochschule*, Gütersloh 2000.

[545] KEMP, Die Selbstfesselung der deutschen Universität, 294, Hervorhebung durch uns.

[546] Ebenda.

[547] Ebenda, 297.

[548] KANT, Anthropologie in pragmatischer Hinsicht, 220.

[549] Daniel GOLEMAN, *Emotionale Intelligenz*, München 1997, 79 und 15.

[550] Daniel GOLEMAN, *Der Erfolgsquotient*, München–Wien 1999, 12 f.

[551] Ebenda, 339 ff.

[552] Daniel GOLEMAN, Richard BOYATZIS, Annie McKEE, *Emotionale Führung*, München 2002.

[553] HIRSCHMAN, Leidenschaften und Interessen, 25.

[554] Ebenda, 26.

[555] GOLEMAN, Emotionale Intelligenz, 10.

[556] Ebenda, 11.

[557] Ebenda, 54; vgl. auch GOLEMAN, Der Erfolgsquotient, 22.

[558] Ebenda, 34.

[559] GOLEMAN, Emotionale Intelligenz, 79.

[560] Ebenda, 14.

[561] Ebenda, 107.

[562] Ebenda, 79.

[563] FOUCAULT, Der Wille zum Wissen, 138.

[564] Vgl. SIEBEN, Emotionale Intelligenz. Dort befasst sie sich kritisch mit GOLEMANs unterschiedlichen Klassifikationen der „Emotionalen Intelligenz“ sowie mit dessen Umgang mit den dazu herangezogenen Quellen.

[565] GOLEMAN, Emotionale Intelligenz, 51

[566] Peter SALOVEY, John D. MAYER, Emotional Intelligence, in: *Imagination, Cognition and Personality* 9, 1990, Heft 3, 185–211.

[567] GOLEMAN, Emotionale Intelligenz, 66.

[568] In GOLEMAN, BOYATZIS, McKEE, Emotionale Führung, wird die „Natur“ der Emotionalen Intelligenz zum „Modell“ umgeformt, und dieses Modell wird „auf vier Domänen vereinfacht: *Selbstwahrnehmung, Selbstmanagement, soziales Bewusstsein* und *Beziehungsmanagement*“. Ebenda, 59 f., Hervorhebung im Original. Dabei werden die ersten beiden „Domänen emotionaler Intelligenz und damit verbundenen Fähigkeiten“ unter „persönliche Kompetenzen“ rubriziert, die dritte und die vierte unter „soziale Kompetenz“.

[569] GOLEMAN, Emotionale Intelligenz, 106.

[570] Ebenda, 109 ff.

[571] Ebenda, 111.

[572] Bei dem so genannten Marshmallowtest bestand die Versuchung für die Vorschulkinder darin, ein Marshmallow sofort aufzuessen – anstatt zwanzig Minuten zu warten, um dann zur Belohnung zwei zu bekommen.
[573] Ebenda, 110, Hervorhebungen durch uns.
[574] Ebenda.
[575] Ebenda, 112 ff.
[576] Ebenda, 114.
[577] Ebenda, 114 ff.
[578] Ebenda, 116.
[579] Ebenda, 108.
[580] Ebenda.
[581] Ebenda, 117.
[582] Ebenda, 108.
[583] Ebenda, 118.
[584] Ebenda, 207, Hervorhebung im Original.
[585] Ebenda, 188.
[586] Ebenda, 205, Hervorhebung durch uns.
[587] GOLEMAN, BOYATZIS, McKEE, Emotionale Führung.
[588] Ebenda, 65.
[589] Ebenda, 9.
[590] Ebenda, 22 und 41 f.
[591] Ebenda, 19; vgl. auch 51, 257 und 265.
[592] GOLEMAN, Der Erfolgsquotient, 16, 24, 291 und 383.
[593] Ebenda, 439.
[594] http://ei.haygroup.com/products_and_services/default_ECI_Accreditation.html
[595] GOLEMAN, Der Erfolgsquotient, 379.
[596] ROSE, Governing the Soul, 246 f.
[597] GOLEMAN, Emotionale Intelligenz, 68.
[598] Ebenda, 70.
[599] Ebenda, 69.
[600] GOLEMAN, BOYATZIS, McKEE, Emotionale Führung, 75.
[601] Ebenda, Hervorhebung durch uns.
[602] Ebenda, 76.
[603] Ebenda.
[604] Ebenda, 283.
[605] Ebenda, 215.
[606] GOLEMAN, Der Erfolgsquotient, 352.
[607] Ebenda, 379.
[608] Ebenda, Hervorhebungen durch uns.
[609] Ebenda, Hervorhebung durch uns.
[610] Cecelia McMILLAN, (ohne genauere Quellenangabe) zitiert in GOLEMAN, BOYATZIS, McKEE, Emotionale Führung, 246.
[611] Ebenda, 254.
[612] Ebenda, 254 f.

[613] Ebenda, 270.
[614] Ebenda, 271.
[615] Ebenda.
[616] Ebenda, 273.
[617] Ebenda.
[618] Ebenda, 303.
[619] GOLEMAN, Emotionale Intelligenz, 120, Hervorhebung durch uns.
[620] Mihaly CSIKSZENTMIHALYI, *Das Flow-Erlebnis. Jenseits von Angst und Langeweile: im Tun aufgehen*, 5. Aufl., Stuttgart 1993, 64.
[621] Mihaly CSIKSZENTMIHALYI, *Flow im Beruf. Das Geheimnis des Glücks am Arbeitsplatz*, Stuttgart 2003, 69.
[622] CSIKSZENTMIHALYI, Flow im Beruf, 79.
[623] CSIKSZENTMIHALYI, Das Flow-Erlebnis, 71.
[624] Ebenda, 180.
[625] Ebenda, 208.
[626] Ebenda, 178.
[627] GOLEMAN, Emotionale Intelligenz, 121, Hervorhebungen durch uns.
[628] Vgl. dazu auch CSIKSZENTMIHALYI, Flow im Beruf, 147 ff.
[629] CSIKSZENTMIHALYI, Das Flow-Erlebnis, 203.
[630] Ebenda.
[631] Hans AEBLI, Zur Einführung, in: CSIKSZENTMIHALYI, Das Flow-Erlebnis, 7–9, hier: 9.
[632] Wenn wir dieses Beispiel hier aufgreifen und in unsere eigene Analyse des Organisierens der Leidenschaften integrieren, so sind wir uns sehr wohl bewusst, dass dies der Komplexität und Vielschichtigkeit der über Jahrhunderte gewachsenen und komplexen Organisationsformen und Praktiken des Jesuitenordens nicht gerecht werden kann. Was wir hier aufzeigen, ist eine Grundlogik, die der detaillierten Analyse bedürfte – auch um die Ambivalenzen noch stärker hervortreten zu lassen.
[633] Isabella CSIKSZENTMIHALYI, Flow in a historical context: the case of the Jesuits, in: Mihaly CSIKSZENTMIHALYI, Isabella CSIKSZENTMIHALYI (Hg.), *Optimal Experience. Psychological studies of flow in consciousness*, Cambridge 1992, 232–250, hier: 247.
[634] Vgl. Harro HÖPFL, Ordered Passions: Commitment and Hierarchy in the Organizational Ideas of the Jesuit Founders, in: *Management Learning* 3, 2000, 313–329.
[635] CSIKSZENTMIHALYI, Flow in a historical context, 235 ff.
[636] Ebenda, 247.
[637] Vgl. zum Folgenden vor allem Harro HÖPFL, Ordered Passions, 324 ff.
[638] Ignatius von LOYOLA, *Geistliche Übungen,* nach dem spanischen Urtext übersetzt von Peter KNAUER, 3. Aufl., Würzburg 2003 [1548].
[639] HÖPFL, Ordered Passions, 324.
[640] Ebenda, 326.
[641] Ebenda, 324.
[642] Alfred KIESER, Disziplinierung durch Selektion. Ein kurzer Abriß zur langen Geschichte der Personalauswahl, in: Rüdiger KLIMECKI, Andreas REMER (Hg.), *Perso-*

nal als Strategie. Mit flexiblen und lernbereiten Humanressourcen Kernkompetenzen aufbauen, Konstanz 1997, 85–120, hier: 94.

643 Ebenda, 93.

644 Ain KOMPA, Assessment Center, in: Eduard GAUGLER, Walter OECHSLER, Wolfgang WEBER (Hg.), *Handwörterbuch des Personalwesens,* 3. Aufl., Stuttgart 2004, 473–483.

645 Ignatius von LOYOLA, *Satzungen der Gesellschaft Jesu*, Frankfurt a. M. 1980 [1544], 85 f., zitiert nach KIESER, Ein kurzer Abriß zur langen Geschichte der Personalauswahl, 98.

646 Vgl. Ignatius von LOYOLA, Geistliche Übungen.

647 Vgl. dazu Stefan GORBACH, Richard WEISKOPF, Personal-Entwicklung. Von der Disziplin des Handelns zur Disziplin des Seins, in: Stefan GORBACH, Stephan LASKE (Hg.), *Personalentwicklung. Konzepte, Analysen, Perspektiven*, Wien 1994, 171–191.

648 FOUCAULT, Der Wille zum Wissen, 75 ff.

649 Ebenda, 78.

650 Ebenda, 79 f.

651 Harro HÖPFL, Ordered Passions, 325.

652 FOUCAULT, Der Wille zum Wissen, 79.

653 HÖPFL, Ordered Passions, 326

654 Michel FOUCAULT, Richard SENNETT, Sexualität und Einsamkeit (Gespräch), in: Michel FOUCAULT,*Von der Freundschaft als Lebensweise. Michel Foucault im Gespräch,* Berlin o. J., 25–54, hier 36.

655 Ebenda, 38.

656 Thomas LEMKE, *Eine Kritik der politischen Vernunft. Foucaults Analyse der Gouvernementalität*, Berlin–Hamburg 1997, 292.

657 Ebenda.

658 Ebenda, 291.

659 Ebenda.

660 Ebenda.

661 FOUCAULT, SENNETT, Sexualität und Einsamkeit, 37.

662 Philipp SARASIN, Reizbare Maschinen, 112.

663 So konstatiert SARASIN z. B., die AutorInnen betonten ihre Sorge um das Wohl der LeserInnen (ebenda, 170) und benutzten den „Gestus der Popularisierung", um für ihre Beiträge von der Glaubwürdigkeit der Wissenschaft zu profitieren (ebenda, 138). Vom Ersten zeugen die angeführten Bedrohungsszenarien, die Goleman entwirft, das Zweite arbeitet insbesondere SIEBEN, Emotionale Intelligenz, heraus.

664 SARASIN, Reizbare Maschinen, 25.

665 Nicht nur GOLEMAN selbst hat den Büchermarkt um Folgeprodukte bereichert: Die Zahl der AutorInnen bzw. Ratgeber, die – mit oder ohne Bezug auf GOLEMAN – auf der Erfolgswelle der „Emotionalen Intelligenz" mitschwimmen, ist inzwischen kaum noch zu überschauen. Vgl. z. B. Leslie CAMERON-BANDLER, Michael LEBAU, *Die Intelligenz der Gefühle: Grundlagen der „Imperative Self Analysis"*, 4. Aufl., Paderborn 2005; Stefan KLEIN, *Die Glücksformel oder wie die guten Gefühle entste-*

hen, 9. Aufl., Reinbek bei Hamburg 2005; und David R. CARUSO, Peter SALOVEY, *Managen mit emotionaler Kompetenz: Die vier zentralen Skills für Ihren Führungsalltag*, Frankfurt–New York 2005.

[666] Vgl. Sighard NECKEL, Emotion by design. Das Selbstmanagement der Gefühle als kulturelles Programm, in: *Berliner Journal für Soziologie* 15, 2005, 419–430, hier: 427.

[667] Vgl. dazu auch SARASIN, Reizbare Maschinen, 257 und 19; sowie NECKEL, Emotion by design, 424.

[668] Vgl. auch Barbara SIEBEN, Emotionale Intelligenz und Personalentwicklung: Eine Produktwarnung, in: Karlheinz GEISSLER, Stephan LASKE, Astrid ORTHEY (Hg.), *Handbuch Personalentwicklung*, München, 86. Ergänzungslieferung, Oktober 2003, 1-26, hier: 21. Barbara Sieben arbeitet derzeit (am Fachbereich Wirtschaftswissenschaft der Freien Universität Berlin) an einer Dissertation mit dem (Arbeits-)Titel *Emotionen als modisches Managementthema*, in der dieses Argument (nicht nur bezogen auf Personalentwicklung) weiterentwickelt und entfaltet wird.

[669] THEWELEIT, Männerphantasien 1, 227.

[670] Zu den Verkaufszahlen: „Some 16 years on and close to the millenium, In Search of Excellence (ISOE) (Peters/Waterman 1982) is still in print, still selling well and … has made accessible, and disseminated via some seven million copies, organizational theory which has subsequently impacted on practice." Ian COLVILLE, Tom PETERS, Karl E. WEICK, Organizing and the search of excellence. Making sense of the times in theory and practice, in: *Organization* 6, 1999, 129–148: hier: 130.
Kritische Stellungnahmen stammen z. B. von Hugh C. WILLMOTT, Strength is ignorance; slavery is freedom: Managing culture in modern organizations, in: *Journal of Management Studies* 30, 1993, 515–552; und KRELL, Vergemeinschaftende Personalpolitik, 248 ff.

[671] PETERS, WATERMAN, Auf der Suche nach Spitzenleistungen, 67.

[672] Ebenda, 71.

[673] Ebenda, 362.

[674] Gemeint ist Tom PETERS, Robert WATERMAN, *In Search of Excellence*, London 1982 (hier zitiert nach der deutschen Übersetzung: PETERS, WATERMAN, Auf der Suche nach Spitzenleistungen).

[675] Tom PETERS, *Liberation Management. Necessary Disorganization for the Nanosecond Nineties,* New York 1992, 701.

[676] Ebenda, 701.

[677] Ebenda.

[678] Tom PETERS, *Re-Imagine: Spitzenleistungen in chaotischen Zeiten*, Starnberg 2004, insbesondere 27, 32 ff. und 201.

[679] Ulrich BRÖCKLING, Der anarchistische Manager. Fluchtlinien der Kritik, in: WEISKOPF (Hg.), Menschenregierungskünste, 319–333.

[680] Vgl. ebenda, 323.

[681] Vgl. dazu Ulrich BRÖCKLING, Susanne KRASMANN, Thomas LEMKE, *Gouvernementalität der Gegenwart. Studien zur Ökonomisierung des Sozialen*, Frankfurt a. M. 2000; und Sven OPITZ, *Gouvernementalität im Postfordismus. Macht, Wissen und Techniken des Selbst im Feld unternehmerischer Rationalität*, Hamburg 2004.

[682] Vgl. dazu Paul DU GAY, *In Praise of Bureaucracy*, London 2000; und die differenzierenden Beiträge in Paul DU GAY (Hg.), *The Values of Bureaucracy*, Oxford 2005.

[683] WEBER, Wirtschaft und Gesellschaft, 761.

[684] Luc BOLTANSKI, Éve CHIAPELLO, *Der neue Geist des Kapitalismus*, Konstanz 2003.

[685] PETERS, WATERMAN, Auf der Suche nach Spitzenleistungen, 302.

[686] PETERS, AUSTIN, Leistung aus Leidenschaft, 459.

[687] PETERS, WATERMAN, Auf der Suche nach Spitzenleistungen, 304, Auslassungen im Original, Hervorhebung durch uns.

[688] Ebenda, 301.

[689] Vgl. z. B. Hartmut WÄCHTER, Zur Kritik an Peters und Waterman, in: *Die Betriebswirtschaft* 45, 1985, 608–609; und KRELL, Vergemeinschaftende Personalpolitik, insbesondere 270.

[690] PETERS, WATERMAN, Auf der Suche nach Spitzenleistungen, 254.

[691] Ebenda, 252.

[692] Wolfgang PALAVER, Segen und Fluch der Konkurrenz, in: *actio catholica* 42, 1998, 39–48. Vgl. dazu auch die Ausführungen zu den mimetischen Leidenschaften der Konkurrenz (Eitelkeit, Stolz, Neid) in Wolfgang PALAVER, *René Girards mimetische Theorie. Im Kontext kulturtheoretischer und gesellschaftspolitischer Fragen*, Münster u. a. 2003, 141 ff.

[693] Bezeichnenderweise wird in einem der zahlreichen Ratgeber zu Exzellenz durch Unternehmenskultur auf Napoleons Erkenntnis verwiesen, dass Männer für ein paar bunte Bänder zu sterben bereit sind – verbunden mit der Versicherung, „Natürlich wollen wir nicht, daß jemand für sein Unternehmen stirbt, aber wir müssen uns die Macht sichtbarer Anerkennung klarmachen ... Es ist eine Tatsache, daß die meisten Mitarbeiter, genau wie Napoleons Fußvolk, ... sich heimlich nach Anerkennung und Abgrenzung sehnen. Unternehmen müssen Möglichkeiten schaffen, um diese Sehnsucht zu stillen." David DRENNAN, *Veränderung der Unternehmenskultur*, London u. a 1993, 181. Und: „Dic Preise, das Lob und die Zeichen der Anerkennung ... gehören zu den stärksten Waffen im Arsenal des Managements." Ebenda, 183.

[694] Jean-Jacques ROUSSEAU, *Diskurs über die Ungleichheit. Discours sur l'inegalité*. Kritische Ausgabe des integralen Textes. Mit sämtlichen Fragmenten und ergänzenden Materialien nach den Originalausgaben und den Handschriften neu editiert, übersetzt und kommentiert von Hans MEIER, 3. Aufl., Paderborn 1993 [1755], 257.

[695] Ebenda.

[696] PETERS, WATERMAN, Auf der Suche nach Spitzenleistungen, 271.

[697] PALAVER, Segen und Fluch der Konkurrenz, 43.

[698] Ebenda, 321.

[699] Ebenda, 77.

[700] Ebenda, 79.

[701] Vgl. dazu auch KRELL, Vergemeinschaftende Personalpolitik, 33 ff.

[702] Eine Radikalisierung dieses Bildes findet sich bei jenen Autoren, wie z. B. Richard D'AVENI, *Hypercompetition*, New York 1994, die die moderne Welt als eine „hypercompetitive" konstruieren, in der Individuen wie Organisationen nur die Möglichkeit

bleibt, den Konkurrenten „zu töten" oder selbst getötet zu werden. Zur Kritik an dieser Konzeption von Wettbewerb vgl. auch Richard WEISKOPF, Bernhard MARK-UNGERICHT, Strategy, perverted competition and social relations, in: *Global Business Review* 1, 2000, 193–296.

[703] René GIRARD, *Das Heilige und die Gewalt,* Frankfurt a. M. 1992, 19.

[704] Ebenda, 18.

[705] PETERS, WATERMAN, Auf der Suche nach Spitzenleistungen, 334.

[706] Georges ORWELL, *1984*, Frankfurt a. M. 1976 [1948], 14 ff., Hervorhebungen durch uns.

[707] Sigmund FREUD, *Massenpsychologie und Ich-Analyse,* Frankfurt a. M. 1973 [1921], 27.

[708] PETERS, AUSTIN, Leistung aus Leidenschaft, 312.

[709] PETERS, WATERMAN, Auf der Suche nach Spitzenleistungen, 302.

[710] Ebenda, 277, Hervorhebung im Original.

[711] Vgl. dazu auch WILLMOTT, Strength is ignorance, der diese Beobachtung zum Ausgangspunkt einer fundamentalen Kritik der Instrumentalisierung von Kultur bzw. „Unternehmenskultur" nimmt. Zu den Grenzen dieser Instrumentalisierung vgl. auch Alan SCOTT, Organisation zwischen bürokratischer und charismatischer Revolution, in: WEISKOPF (Hg.), Menschenregierungskünste, 304–318.

[712] ORWELL, 1984, 274.

[713] PETERS, AUSTIN, Leistung aus Leidenschaft, 330.

[714] PETERS, WATERMAN, Auf der Suche nach Spitzenleistungen, 278.

[715] PETERS, AUSTIN, Leistung aus Leidenschaft, 455.

[716] PETERS, WATERMAN, Auf der Suche nach Spitzenleistungen, 277.

[717] Ebenda, 109 f.

[718] Ebenda, 110.

[719] Ebenda, 111.

[720] Ebenda.

[721] Ebenda, 112.

[722] PETERS, AUSTIN, Leistung aus Leidenschaft, 16.

[723] Ebenda, 27.

[724] Ebenda, 315, vgl. auch 345.

[725] Ebenda, 457.

[726] Ebenda, 237.

[727] Ebenda, 244, Hervorhebung im Original.

[728] Ebenda, 247, Hervorhebung durch uns.

[729] Ebenda.

[730] KANT, Anthropologie in pragmatischer Hinsicht, 221.

[731] Ebenda.

[732] Richard CHANG, *The Passion Plan at Work. Building a Passion-Driven Organization*, San Francisco 2002.

[733] Ebenda, 215.

[734] Ebenda, 245.

[735] Ebenda, 32.

[736] Ebenda, 13.
[737] Ebenda, 14.
[738] Ebenda, 45.
[739] Vgl. zum Folgenden ebenda, 37 ff.
[740] Ebenda, 16 f.
[741] Vgl. www.deutsche-bank.de
[742] Jérôme NIEMEYER, Vom Pionier-Unternehmen zum führenden New Media Dienstleister – das Beispiel Pixelpark AG, in: BERTELSMANN STIFTUNG, HANS-BÖCKLER-STIFTUNG (Hg.), *Praxis Unternehmenskultur. Herausforderungen gemeinsam bewältigen*, Band 6: Junge Unternehmen zukunftsfest machen, Gütersloh 2001, 41–69, hier: 48.
[743] FOUCAULT, Der Wille zum Wissen, 107.
[744] Vgl. www.passion-wanted.mckinsey.de
[745] Slavoj ŽIŽEK, *Liebe deinen Nächsten? Nein, danke! Die Sackgasse des Sozialen in der Postmoderne*, Berlin 1999, 194 f.
[746] PETERS, AUSTIN, Leistung aus Leidenschaft, 414, Hervorhebung durch uns.
[747] Judith BUTLER, *Psyche der Macht. Das Subjekt der Unterwerfung*, Frankfurt a. M. 2001, 11.
[748] PETERS, AUSTIN, Leistung aus Leidenschaft, 462.
[749] Ebenda, 463.
[750] Arlie R. HOCHSCHILD, *The Time Bind: When Work Becomes Home and Home Becomes Work*, New York 1997.
[751] Helmut KASPER, Peter J. SCHEER, Angelika SCHMIDT, *Managen und Lieben: Führungskräfte im Spannungsfeld zwischen Beruf und Privatleben*, Frankfurt–Wien 2002.
[752] Tom PETERS, Liberation Management, 58.
[753] Heather HÖPFL, Stephen LINSTEAD, Passion and Performance: Suffering and the Carrying of Organizational Roles, in: FINEMAN (Hg.), Emotion in Organizations, 76–93, hier: 82 f.
[754] Ebenda, 82, Hervorhebung durch uns.
[755] Diese bezeichnende Bezeichnung gab der Übersetzer des Werkes von Tom PETERS, Nancy AUSTIN, *A Passion for Excellence. The Leadership Difference*, New York 1985, dem „smell of the customer“ (ebenda, 129), an dem man „die richtige Kundenorientierung“ erkennen könne. Diese „richtige Kundenorientierung“ zeichne sich dadurch aus, „daß er [der Kunde; GK, RW] in jedem Funktionsbereich der Organisation gewissermaßen atmosphärisch anwesend ist“. PETERS, AUSTIN, Leistung aus Leidenschaft, 140.
[756] Ebenda, Hervorhebung durch uns.
[757] CHANG, The Passion Plan at Work, 198.
[758] Diese Bezeichnung stammt von George S. ODIORNE, der die Einteilung der Beschäftigten bzw. der „Human Resources“ in vier Klassen vorschlägt: Stars, Cash Cows, Question Marks und eben „dead wood“. Vgl. George S. ODIORNE, *Strategic Management of Human Resources. A Portfolio Approach*, San Francisco–London 1984, 66 f. Dieses an Zynismus kaum zu überbietende Schema ist nicht nur moralisch

verwerflich (was sicher auch zutrifft), es bringt zudem eine Wahrheit zum Ausdruck, die über die Organisationslogik des „Spiels" Auskunft gibt, in das die Beschäftigten und auch das Management mit durchaus unterschiedlichen Gewinnchancen verwickelt sind. Darin kommt auch der „neue Geist des Kapitalismus" (BOLTANSKI, CHIAPELLO) zum Ausdruck.

[759] Tom PETERS, *Top 50 Selbstmanagement. Machen Sie aus sich eine ICH AG*, München 2001. Dieses – und auch die folgenden Zitate – im Original in Versalien.

[760] Ebenda, 8.

[761] Ebenda, 36.

[762] Ebenda, 8 f. und 29.

[763] Dieser Begriff wird in der akademischen Diskussion im deutschsprachigen Raum verwendet. Vgl. z. B. Hans J. PONGRATZ, G. Günter VOSS, *Arbeitskraftunternehmer: Erwerbsorientierungen in entgrenzten Arbeitsformen*, Berlin 2003.

[764] PETERS, Top 50 Selbstmanagement, 63.

[765] Ebenda, im Original in Versalien.

[766] Ebenda, 96.

[767] Ebenda, 171.

[768] Ebenda, 195.

[769] Ebenda, 201, im Original in Versalien.

[770] Ebenda, 209.

[771] Ebenda, 161, im Original in Versalien.

[772] Ebenda, 162.

[773] Ebenda.

[774] Ebenda, 20.

[775] Claudia C. ENKELMANN, *Mit Liebe, Lust und Leidenschaft zum Erfolg*, Regensburg 2002.

[776] Ebenda, 8.

[777] Ebenda, 17.

[778] Ebenda, 21.

[779] Ebenda, 9.

[780] Ebenda, 90.

[781] Ebenda, 93.

[782] Ebenda, 106.

[783] Ebenda, 210.

[784] Ebenda.

[785] FOUCAULT, Der Gebrauch der Lüste, 13.

[786] Ebenda, 16.

[787] Ebenda, 13.

[788] Vgl. Gertraude KRELL, Richard WEISKOPF, Leidenschaften als Organisationsproblem, in: SCHREYÖGG, SYDOW (Hg.), Managementforschung 11: Emotionen und Management, 1-45.

[789] Zur Unterscheidung von „Organisationsebene" bzw. „-plan" und „Kompositionsebene" vgl. Gilles DELEUZE, Félix GUATTARI, *Tausend Plateaus: Kapitalismus und Schizophrenie*, Berlin 1997, 361 ff. In der Sicht dieser Autoren stehen diese beiden

„Ebenen“ oder „Pläne“, die überall – auch in einem Buch – zu finden sind, in einem antagonistischen Verhältnis zueinander. Die Ordnung, die einer beweglichen und intensiven Materie durch den „Organisationsplan“ aufgezwungen wird, ist nie endgültig oder fest. Die „Kompositionen des Begehrens“ durchkreuzen sie und bringen ihre eigenen (Un-)Ordnungen hervor.

[790] Der Begriff „Rhizom“ stammt aus der Botanik und bezeichnet einen Wurzeltyp, der zum Teil unterirdisch wächst und an verschiedenen Stellen wuchert und Verbindungen eingeht. DELEUZE und GUATTARI (ebenda, insbesondere 11 ff.) verwenden das Bild des Rhizoms zur Charakterisierung von „Mannigfaltigkeiten“ verschiedenster Art. „Rhizomatisch“ oder „rhizomorph“ sind in ihrer Sicht nicht nur Zwiebel- und Knollengewächse, verschiedene Pflanzen und Tiere, wenn sie eine Meute bilden (vgl. ebenda, 16), sondern ist auch das Begehren (vgl. ebenda, 211 ff.).

[791] „Gefüge sind passionell, sie sind Kompositionen des Begehrens“, schreiben DELEUZE und GUATTARI, ebenda, 551.

[792] Zur Reflexion der Diskursanalyse und ihrer Grenzen vgl. z. B. auch Hannelore BUBLITZ, Andrea D. BÜHRMANN, Christine HANKE, Andrea SEIER, Diskursanalyse – (k)eine Methode? Eine Einleitung, in: BUBLITZ, BÜHRMANN, HANKE, SEIER (Hg.), Das Wuchern der Diskurse, 10–21, hier: 14; SARASIN, Geschichtswissenschaft und Diskursanalyse, in: SARASIN, Geschichtswissenschaft und Diskursanalyse, 10–60.

Literatur

AEBLI, Hans, Zur Einführung, in: Mihaly CSIKSZENTMIHALYI, *Das Flow-Erlebnis*, Stuttgart 1993, 7–9.

ALBRECHT, Gerhard, Werksgemeinschaft, in: *Handwörterbuch der Staatswissenschaften*, 4. Aufl., Ergänzungsband, Jena 1929, 945–951.

ALBRECHT, Gerhard, *Vom Klassenkampf zum sozialen Frieden*, Jena 1932.

ARISTOTELES, *Nicomachische Ethik,* auf der Grundlage der Übersetzung von Eugen ROLFES, hg. von Günther BIEN, Hamburg 1972.

ARNHOLD, Karl, Umrisse einer deutschen Betriebslehre, in: Karl ARNHOLD, *Der deutsche Betrieb. Aufgaben und Ziele nationalsozialistischer Betriebsführung*, Leipzig 1942, 1–64.

ARNHOLD, Karl, Der Betriebsführer und sein Betrieb, in: Karl ARNHOLD, *Der deutsche Betrieb. Aufgaben und Ziele nationalsozialistischer Betriebsführung*, Leipzig 1942, 1–63.

ASCHE, Susanne, Tagträumende Phantasie und kalkulierter Eigennutz – die Genese einer Kaufmannsidentität, in: Claudia OPITZ, Ulrike WECKEL, Elke KLEINAU (Hg.), *Tugend, Vernunft und Gefühl: Geschlechterdiskurse der Aufklärung und weibliche Lebenswelten*, Münster 2000, 145–170.

ASHKANASY, Neal M., Emotion and Performance, in: *Human Performance* 17, 2004, 137–144.

ASHKANASY, Neal M., Charmine E. J. HÄRTEL, Wilfred J. ZERBE, Emotions in the Workplace: Research, Theory, and Practice, in: Neal M. ASHKANASY, Charmine E. J. HÄRTEL, Wilfred J. ZERBE (Hg.), *Emotions in the Workplace: Research, Theory, and Practice*, Westport, Connecticut–London 2000, 3–18.

ASHKANASY, Neal M., Wilfred J. ZERBE, Charmine E. J. HÄRTEL (Hg.), *Managing Emotions in the Workplace*, Armonk–London 2002.

BAECKER, Dirk, Jürgen MARKOWITZ, Rudolf STICHWEH, Hartmann TYRELL, Helmut WILKE (Hg.), *Theorie als Passion. Festschrift zum 60. Geburtstag von Niklas Luhmann*, Frankfurt a. M. 1987.

BALZAC, Honoré de, *Der Stein der Weisen*, Berlin 1968 [La recherche de l'absolu, Paris 1834].

BARTHES, Roland, *Fragmente einer Sprache der Liebe*, Frankfurt a. M. 1988.

BATAILLE, Georges, *Die Erotik*, München 1994.

BAUMGARTEN, Eduard, *Max Weber, Werk und Person*, Tübingen 1964.

BEAUVOIR, Simone de, *Das andere Geschlecht. Sitte und Sexus der Frau*, Reinbek bei Hamburg 1968 [1949].

BENARD, Cheryl, Edith SCHLAFFER, *Im Dschungel der Gefühle. Expeditionen in die Niederungen der Leidenschaft*, Reinbek bei Hamburg 1987.

BENNIS, Warren G., Burt NANUS, *Führungskräfte. Die vier Schlüsselstrategien erfolgreichen Führens*, 3. Aufl., Frankfurt–New York 1987.

BENTHIN, Claudia, Anne FLEIG, Ingrid KASTEN, Einleitung, in: Claudia BENTHIN, Anne FLEIG, Ingrid KASTEN (Hg.), *Emotionalität. Zur Geschichte der Gefühle*, Köln 2000, 7–20.

BERGER, Roland, Vorwort zur deutschen Ausgabe, in: Warren G. BENNIS, Burt NANUS, *Führungskräfte. Die vier Schlüsselstrategien erfolgreichen Führens*, 3. Aufl., Frankfurt–New York 1987, 7–8.

BIERHOFF, Hans Werner, *Sozialpsychologie. Ein Lehrbuch*, 3. Aufl., Stuttgart u. a. 1993.

BIERHOFF-ALFERMANN, Dorothee, *Androgynie. Möglichkeiten und Grenzen der Geschlechterrollen*, Opladen 1989.

BIRNBAUM, Immanuel, Erinnerungen an Max Weber (Winter-Semester 1918/19), Erstabdruck in: René KÖNIG, Johannes WINCKELMANN (Hg.), *Max Weber zum Gedächtnis*, Köln–Opladen 1963, 19–21.

BOCK, Gisela, Barbara DUDEN, Arbeit aus Liebe – Liebe als Arbeit. Zur Entstehung der Hausarbeit im Kapitalismus, GRUPPE BERLINER DOZENTINNEN (Hg.), *Frauen und Wissenschaft. Beiträge zur Berliner Sommeruniversität für Frauen, Juli 1976*, Berlin 1976, 118–199.

BOCK, Ulla, Dorothee ALFERMANN (Hg.), *Androgynie. Vielfalt der Möglichkeiten*, Querelles. Jahrbuch für Frauenforschung 1999, Band 4, Stuttgart–Weimar 1999.

BÖHME, Gernot, Hartmut BÖHME, *Das Andere der Vernunft. Zur Entwicklung von Rationalitätsstrukturen am Beispiel Kants*, Frankfurt a. M. 1996.

BÖHME, Hartmut, Umriß einer Kulturgeschichte des Wassers, in: Hartmut BÖHME (Hg.), *Kulturgeschichte des Wassers*, Frankfurt a. M. 1988, 7–42.

BOLTANSKI, Luc, Éve CHIAPELLO, *Der neue Geist des Kapitalismus*, Konstanz 2003.

BRAUN, Christina von, Männliche Hysterie, Weibliche Askese. Zum Paradigmenwechsel in den Geschlechterrollen, in: Karin RICK (Hg.), *Das Sexuelle, die Frauen und die Kunst*, Konkursbuch 20, Tübingen 1989, 10–38.

BREWIS, Joanna, Stephen LINSTEAD, David BOJE, Anthony O'SHEA (Hg.), *The Passion of Organizing. A Critique of Motivation Theory*, Oslo 2005.

BRIELER, Ulrich, Blind Date. Michel Foucault in der deutschen Geschichtswissenschaft, in: Axel HONNETH, Martin SAAR (Hg.), *Michel Foucault. Zwischenbilanz einer Rezeption. Frankfurter Foucault-Konferenz 2001*, Frankfurt a. M. 2003, 311–334.

BRÖCKLING, Ulrich, Der anarchistische Manager. Fluchtlinien der Kritik, in: Richard WEISKOPF (Hg.), *Menschenregierungskünste*, Wiesbaden 2003, 319–333.

BRÖCKLING, Ulrich, Susanne KRASMANN, Thomas LEMKE (Hg.), *Gouvernementalität. Studien zur Ökonomisierung des Sozialen*, Frankfurt a. M. 2000.

BRUSCOTTI, Marco, *Die Leidenschaft der Erkenntnis. Philosophie und ästhetische Lebensgestaltung bei Nietzsche von Morgenröthe bis Also sprach Zarathustra*, Berlin–New York 1997.

BUBLITZ, Hannelore, Andrea D. BÜHRMANN, Christine HANKE, Andrea SEIER (Hg.), *Das Wuchern der Diskurse. Perspektiven der Diskursanalyse Foucaults*, Frankfurt–New York 1999.

BUBLITZ, Hannelore, Andrea D. BÜHRMANN, Christine HANKE, Andrea SEIER, Diskursanalyse – (k)eine Methode? Eine Einleitung, in: Hannelore BUBLITZ, Andrea D. BÜHRMANN, Christine HANKE, Andrea SEIER (Hg.), *Das Wuchern der Diskurse. Perspektiven der Diskursanalyse Foucaults*, Frankfurt–New York 1999, 10–21.

BURNS, James McGregor, *Leadership*, New York 1978.

BURRELL, Gibson, Sexualität und Organisationsanalyse, in: Gertraude KRELL, Margit OSTERLOH (Hg.), *Personalpolitik aus der Sicht von Frauen – Frauen aus der Sicht der Personalpolitik*, 2. Aufl., München–Mering, 1993, 122–147.

BUTLER, Judith, *Das Unbehagen der Geschlechter*, Frankfurt a. M. 1991.

BUTLER, Judith, Kontingente Grundlagen: Der Feminismus und die Frage der „Postmoderne", in: Seyla BENHABIB, Judith BUTLER, Drucilla CORNELL, Nancy FRASER, *Der Streit um Differenz. Feminismus und Postmoderne in der Gegenwart*, Frankfurt a. M. 1993, 31–58.

BUTLER, Judith, *Körper von Gewicht*, Frankfurt a. M. 1997.

BUTLER, Judith, *Haß spricht. Zur Politik des Performativen*, Berlin 1998.

BUTLER, Judith, Was ist Kritik? Ein Essay über Foucaults Tugend, in: *Deutsche Zeitschrift für Philosophie* 47, 1999, 249–265.

BUTLER, Judith, *Psyche der Macht. Das Subjekt der Unterwerfung*, Frankfurt a. M. 2001.

CAMERON-BANDLER, Leslie, Michael LEBAU, *Die Intelligenz der Gefühle: Grundlagen der „Imperative Self Analysis"*, 4. Aufl., Paderborn 2005.

CARUSO, David R., Peter SALOVEY, *Managen mit emotionaler Kompetenz: Die vier zentralen Skills für Ihren Führungsalltag*, Frankfurt–New York 2005.

CHANG, Richard, *The Passion Plan at Work. Building a Passion-Driven Organization*, San Francisco 2002.

CHIA, Robert, From Modern to Postmodern Organizational Analysis, in: *Organization Studies* 16, 1995, 579–604.

COLEVILLE, Ian, Tom PETERS, Karl E. WEICK, Organizing and the search of excellence. Making sense of the times in theory and practice, in: *Organization* 6, 1999, 129–148.

CONTU, Alessia, Hugh C. WILLMOTT, Macht, Lernen und Organisation, in: Richard WEISKOPF (Hg.), *Menschenregierungskünste*, Wiesbaden 2003, 159–186.

COOPER, Cary, Sue CARTWRIGHT, Organizational management of stress and destructive emotions at work, in: Roy L. PAYNE, Cary L. COOPER (Hg.), *Emotions at Work. Theory, research and applications for management*, Cichester 2004, 269–280.

COOPER, Robert, Organization/Disorganization, in: John HASSARD, Martin PARKER (Hg.), *The theory and philosophy of organizations: Critical issues and new perspectives*, London 1990, 167–197.

CORRELL, Ernst, Max Weber [1920], in: René KÖNIG, Johannes WINCKELMANN (Hg.), *Max Weber zum Gedächtnis*, Köln–Opladen 1963, 90–94.

CRAEMER-RUEGENBERG, Ingrid, Begrifflich-systematische Bestimmung von Gefühlen. Beiträge aus der antiken Tradition, in: Hinrich FINK-EITEL, Georg LOHMANN (Hg.), *Zur Philosophie der Gefühle*, Frankfurt a. M. 1993, 20–32.

CSIKSENTMIHALYI, Isabella, Flow in a historical context: the case of the Jesuits, in: Mihaly CSIKSENTMIHALYI, Isabella CSIKSENTMIHALYI (Hg.), *Optimal experience. Psychological studies of flow in consciousness*, Cambridge 1992, 232–250.

CSIKSENTMIHALYI, Mihaly, *Flow. The psychology of optimal experience*, New York 1991.

CSIKSENTMIHALYI, Mihaly, *Das Flow-Erlebnis. Jenseits von Angst und Langeweile: im Tun aufgehen*, 5. Aufl., Stuttgart 1993.

CSIKSENTMIHALYI, Mihaly, *Flow im Beruf. Das Geheimnis des Glücks am Arbeitsplatz*, Stuttgart 2003.

DAMASIO, Antonio R., *Descartes' Irrtum: Fühlen, Denken und das menschliche Gehirn*, München 1995.

DANZELOT, Jacques, The Mobilization of Society, in: Graham BURCHELL, Colin GORDON, Peter MILLER (Hg.), *The Foucault Effect. Studies in Governmentality*, London 1991, 169–180.

D'AVENI, Richard, *Hypercompetition*, New York 1994.

DECI, Edward L., *Intrinsic Motivation*, New York 1975.

DELEUZE, Gilles, *Nietzsche und die Philosophie*, Hamburg 1991.

DELEUZE, Gilles, Ein Portrait Foucaults, in: Gilles DELEUZE, *Unterhandlungen 1972–1990*, Frankfurt a. M. 1993, 147–174.

DELEUZE, Gilles, *Foucault*, Frankfurt a. M 1995.

DELEUZE, Gilles, Félix GUATTARI, *Antiödipus. Kapitalismus und Schizophrenie I*, 8. Aufl., Frankfurt a. M. 1977.

DELEUZE, Gilles, Félix GUATTARI, *Tausend Plateaus: Kapitalismus und Schizophrenie*, Berlin 1997.

DEMMERLING, Christoph, Hilge LANDWEER, *Philosophie der Gefühle. Von Achtung bis Zorn*, erscheint Stuttgart 2006.

DERRIDA, Jacques, *Gesetzeskraft. Der „mythische" Grund der Autorität*, Frankfurt a. M. 1991.

DERRIDA, Jacques, *Dissemination*, Wien 1995.

DESCARTES, René, *Die Leidenschaften der Seele*, hg. und übersetzt von Klaus HAMMACHER, 2. Aufl., Hamburg 1996 [1649].

DIXON, Thomas, Theology, Anti-Theology and Atheology: From Christian Passions to Secular Emotions, in: *Modern Theology* 15, 1999, 297–330.

DREITZEL, Hans Peter, Aufklärung als Leidenschaft, in: Holger Andreas LEIDIG (Hg.), *Leidenschaften: zum 65. Geburtstag von Hans Peter Dreitzel*, Berlin 2001, 15–60.

DRENNAN, David, *Veränderung der Unternehmenskultur*, London u. a. 1993.

DREYFUS, Hubert L., Paul RABINOW, *Michel Foucault. Jenseits von Strukturalismus und Hermeneutik*, 2. Aufl., Weinheim 1994.

DU GAY, Paul, *In Praise of Bureaucracy*, London 2000.

DU GAY, Paul (Hg.), *The Values of Bureaucracy*, Oxford 2005.

DUNKEL, Wolfgang, Wenn Gefühle zum Arbeitsgegenstand werden. Gefühlsarbeit im Rahmen personenbezogener Dienstleistungstätigkeiten, in: *Soziale Welt* 39, 1988, 66–85.

ELIAS, Norbert, *Über den Prozeß der Zivilisation*, Band 1, Frankfurt a. M. 1942.

EMMINGHAUS, Karl Bernhard Arwed, *Allgemeine Gewerkslehre*, Berlin 1868.

ENKELMANN, Claudia C., *Mit Liebe, Lust und Leidenschaft zum Erfolg*, Regensburg 2002.

FELDMAN, Steven P., The Revolt Against Cultural Authority: Power/Knowledge as an Assumption in Organization Theory, in: *Human Relations* 8, 1997, 937–954.

FINEMAN, Stephen (Hg.), *Emotion in Organizations*, London u. a. 1993.

FINEMAN, Stephen, Emotion and organizing, in: Stewart CLEGG, Cynthia HARDY, Walter R. NORD (Hg.), *Handbook of Organization Studies*, London u. a. 1996, 543–564.

FINEMAN, Stephen (Hg.), *Emotion in organizations*, 2. Aufl., London u. a. 2000.

FINEMAN, Stephen, *Understanding Emotion at Work*, London u. a. 2003.

FINK-EITEL, Hinrich, Georg LOHMANN (Hg.), *Theorie der Gefühle*, Frankfurt a. M. 1993.

FINK-EITEL, Hinrich, Georg LOHMANN, Einleitung, in: Hinrich FINK-EITEL, Georg LOHMANN (Hg.), *Zur Philosophie der Gefühle*, Frankfurt a. M. 1993, 7–20.

FLAM, Helena, Soziologie der Emotionen heute, in: Ansgar KLEIN, Frank NULLMEIER (Hg.), *Masse–Macht–Emotionen*, Opladen–Wiesbaden 1999, 179–199.

FLAM, Helena, *Soziologie der Emotionen*, Konstanz 2002.

FORNET-BETANCOURT, Raúl (Hg.), *Diskurs und Leidenschaft. Festschrift für Karl-Otto Apel zum 75. Geburtstag*, Aachen 1996.

FOUCAULT, Michel, *Mikrophysik der Macht. Über Strafjustiz, Psychiatrie und Medizin*, Berlin 1976.

FOUCAULT, Michel, Nietzsche, die Genealogie, die Historie, in: Michel FOUCAULT, *Von der Subversion des Wissens*, Frankfurt a. M. 1978, 83–109.

FOUCAULT, Michel, *Archäologie des Wissens*, Frankfurt a. M. 1981.

FOUCAULT, Michel, *Überwachen und Strafen. Die Geburt des Gefängnisses*, 8. Aufl., Frankfurt a. M. 1989.

FOUCAULT, Michel, *Der Wille zum Wissen. Sexualität und Wahrheit 1*, 6. Aufl., Frankfurt a. M. 1992.

FOUCAULT, Michel, *Die Sorge um sich. Sexualität und Wahrheit 3*, 3. Aufl., Frankfurt a. M. 1993.

FOUCAULT, Michel, *Die Ordnung der Dinge. Eine Archäologie der Humanwissenschaften*, 12. Aufl., Frankfurt a. M. 1994.

FOUCAULT, Michel, Nachwort: Das Subjekt und die Macht, in: Hubert L. DREYFUS, Paul RABINOW, *Michel Foucault. Jenseits von Strukturalismus und Hermeneutik*, 2. Aufl., Weinheim 1994, 241–261.

FOUCAULT, Michel, *Der Gebrauch der Lüste. Sexualität und Wahrheit 2*, 5. Aufl., Frankfurt a. M. 1997.

FOUCAULT, Michel, *Der Mensch ist ein Erfahrungstier. Gespräch mit Ducio Trombadori*, 2. Aufl., Frankfurt a. M. 1997.

FOUCAULT, Michel, Andere Räume, in: Jan ENGELMANN (Hg.), *Michel Foucault. Botschaften der Macht*, Stuttgart 1999, 145–157.

FOUCAULT, Michel, Der maskierte Philosoph. Gespräch mit Christian Delacampagne („Le Monde"), übersetzt von Peter GENTE, in: *Von der Freundschaft als Lebensweise. Michel Foucault im Gespräch,* Berlin o. J., 9–24.

FOUCAULT, Michel, Richard SENNETT, Sexualität und Einsamkeit (Gespräch), in: *Von der Freundschaft als Lebensweise. Michel Foucault im Gespräch,* Berlin o. J., 25–54.

FREUD, Sigmund, Das Unbehagen in der Kultur, in: Sigmund FREUD, *Abriß der Psychoanalyse. Das Unbehagen in der Kultur*, Frankfurt a. M. 1972 [1930], 63–129.

FREUD, Siegmund, *Massenpsychologie und Ich-Analyse*, Frankfurt a. M. 1973 [1921].

FREY, Bruno, *Ökonomie ist Sozialwissenschaft*, München 1990.

FREY, Bruno, *Markt und Motivation*, München 1997.

FREY, Bruno, Margit OSTERLOH, Sanktion oder Seelenmassage? Motivationale Grundlagen der Unternehmensführung, in: *Die Betriebswirtschaft* 57, 1997, 307–321.

FROMM, Erich, *Die Kunst des Liebens*, Frankfurt a. M. u. a. 1972 [1956].

FROMM, Erich, *Die Seele des Menschen. Ihre Fähigkeit zum Guten und zum Bösen*, Frankfurt a. M. u. a. 1981 [1964].

FURTH, Hans G., *Wissen als Leidenschaft. Eine Untersuchung über Freud und Piaget*, Frankfurt a. M. 1990.

GARDINER, H. M., Ruth Clark METCALF, John G. BEEBE-CENTER, *Feeling and Emotion. A History of Theories*, Westpoint, Connecticut 1970 [1937].

GERHARDS, Jürgen, Emotionsarbeit. Zur Kommerzialisierung von Gefühlen, in: *Soziale Welt* 39, 1988, 47–65.

GERHARDS, Jürgen, *Soziologie der Emotionen. Fragestellungen, Systematik und Perspektiven*, Weinheim–München 1988.

GIDDENS, Anthony, *Modernity and Self-Identity. Self and Society in the Late Modern Age*, Cambridge 1991.

GILCHER-HOLTEY, Ingrid, Max Weber und die Frauen, in: Christian GNEUSS, Jürgen KOCKA (Hg.), *Max Weber – Ein Symposion*, München 1988, 142–154.

GILLIGAN, Carol, *Die andere Stimme. Lebenskonflikte und Moral der Frau*, 5. Aufl., München–Zürich 1991.

GIRARD, René, *Das Heilige und die Gewalt,* Frankfurt a. M. 1992.

GOLEMAN, Daniel, *Emotionale Intelligenz*, München 1997.

GOLEMAN, Daniel, *Der Erfolgsquotient*, München–Wien 1999.

GOLEMAN, Daniel, Richard BOYATZIS, Annie McKEE, *Emotionale Führung*, München 2002.

GONSCHORREK, Ulrich, unter Mitarbeit von Esther BERG, *Emotionales Management. Erfolgsfaktoren sozial kompetenter Führung*, Frankfurt a. M. 2002.

GOODCHILD, Philip, *Deleuze and Guattari. An Introduction to the Politics of Desire*, London 1996.

GORBACH, Stefan, Richard WEISKOPF, Personal-Entwicklung. Von der Disziplin des Handelns zur Disziplin des Seins, in: Stefan GORBACH, Stephan LASKE (Hg.), *Personalentwicklung. Konzepte, Analysen, Perspektiven*, Wien 1994, 171–191.

GRAMSCI, Antonio, *Selection from the Prison Notebooks*, London 1971.

HABERMAS, Jürgen, *Der philosophische Diskurs der Moderne. Zwölf Vorlesungen*, Frankfurt a. M. 1985.

HÄRTEL, Charmine E. J., Wilfred J. ZERBE, Neal M. ASHKANASY (Hg.), *Emotions in Organizational Behavior*, Mahwah, New Jersey–London 2005.

HAMMACHER, Klaus, Einleitung, in: René DESCARTES, *Die Leidenschaften der Seele*, hg. und übersetzt von Klaus HAMMACHER, 2. Aufl., Hamburg 1996 [1649], XV–XCVIII.

HARTMANN, Martin, *Gefühle. Wie die Wissenschaften sie erklären*, Frankfurt–New York 2005.

HAUSEN, Karin, Die Polarisierung der „Geschlechtscharaktere“ – Eine Spiegelung der Dissoziation von Erwerbs- und Familienleben, in: Werner CONZE (Hg.), *Sozialgeschichte der Familie in der Neuzeit Europa*s, Stuttgart 1976, 363–393.

HELGESEN, Sally, *Frauen führen anders. Vorteile eines neuen Führungsstils*, Frankfurt–New York 1991.

HELLER, Agnes, *Theorie der Gefühle*, Hamburg 1981.

HEUSS, Theodor, Zu Max Webers Gedächtnis [1920], in: René KÖNIG, Johannes WINCKELMANN (Hg.), *Max Weber zum Gedächtnis*, Köln–Opladen 1963, 60–64.

HEUSS, Theodor, Max Weber † [1920], in: René KÖNIG, Johannes WINCKELMANN (Hg.), *Max Weber zum Gedächtnis*, Köln–Opladen 1963, 71–74.

HIRSCHMAN, Albert O., *Leidenschaften und Interessen. Politische Begründung des Kapitalismus vor seinem Sieg*, Frankfurt a. M. 1987.

HOCHSCHILD, Arlie R., *Das gekaufte Herz. Zur Kommerzialisierung der Gefühle*, Frankfurt–New York 1990.

HOCHSCHILD, Arlie R., *The Time Bind: When Work Becomes Home and Home Becomes Work*, New York 1997.

HÖPFL, Harro, Ordered Passions: Commitment and Hierarchy in the Organizational Ideas of the Jesuit Founders, in: *Management Learning* 3, 2000, 313–329.

HÖPFL, Heather, Stephen LINSTEAD, Passion and Performance: Suffering and the Carrying of Organizational Roles, in: Stephen FINEMAN (Hg.), *Emotion in Organizations*, London, 1993, 76–93.

HONIGSHEIM, Paul, Erinnerungen an Max Weber, in: René KÖNIG, Johannes WINCKELMANN (Hg.), *Max Weber zum Gedächtnis*, Köln–Opladen 1963, 161–271.

HORKHEIMER, Max, Einleitung zur Diskussion, in: Otto STAMMER (Hg.), *Max Weber und die Soziologie heute. Verhandlungen des 15. Deutschen Soziologentages*, Tübingen 1965, 65–67.

HUBY, Felix, *Bienzle und die lange Wut*, Reinbek bei Hamburg 2000.

HULA, Erich, Ein einsamer Kämpfer [1927], in: René KÖNIG, Johannes WINCKELMANN (Hg.), *Max Weber zum Gedächtnis*, Köln–Opladen 1963, 148–157.

HUXLEY, Aldous, *Schöne neue Welt*, Frankfurt a. M. 1953 [1932].

IZARD, Carroll E., *Die Emotionen des Menschen. Eine Einführung in die Grundlagen der Emotionspsychologie*, 3. Aufl., Weinheim 1994.

JOHLER, Jens, Olaf-Axel BUROW, *Gottes Gehirn*, Zürich 2003.

KANT, Immanuel, *Anthropologie in pragmatischer Hinsicht*, Stuttgart 1983 [1798].

KASPER, Helmut, Peter J. SCHEER, Angelika SCHMIDT, *Managen und Lieben: Führungskräfte im Spannungsfeld zwischen Beruf und Privatleben*, Frankfurt–Wien 2002.

KEMP, Wolfgang, Die Selbstfesselung der deutschen Universität. Eine Evaluation, in: *Deutsche Zeitschrift für europäisches Denken* 58, 2004, 294–305.

KIESER, Alfred, Disziplinierung durch Selektion. Ein kurzer Abriß zur langen Geschichte der Personalauswahl, in: Rüdiger KLIMECKI, Andreas REMER (Hg.), *Personal als Strategie. Mit flexiblen und lernbereiten Humanressourcen Kernkompetenzen aufbauen*, Konstanz 1997, 85–120.

KIESER, Alfred, Going Dutch – Was lehren niederländische Erfahrungen mit der Evaluation universitärer Forschung? in: *Die Betriebswirtschaft* 58, 1998, 208–224.

KIESER, Alfred, Zur Amerikanisierung der deutschen Universität: Tendenzen, Ursachen und Konsequenzen, in: Werner AUER-RIZZI, Erna SZABO, Cäcilia INNREITER-

MOSER (Hg.), *Management in einer Welt der Globalisierung und Diversität. Europäische und nordamerikanische Sichtweisen. Festschrift für Prof. Dr. Dr. h.c. mult. Gerhard Reber zum 65. Geburtstag*, Stuttgart 2002, 269–285.

KLEIN, Ansgar, Frank NULLMEIER (Hg.), *Masse–Macht–Emotionen. Zu einer politischen Soziologie der Emotionen*, Opladen–Wiesbaden 1999.

KLEIN, Ansgar, Frank NULLMEIER, Oliver von WERSCH, Einleitung, in: Ansgar KLEIN, Frank NULLMEIER (Hg.), *Masse–Macht–Emotionen*, Opladen–Wiesbaden 1999, 9–24.

KLEIN, Stefan, *Die Glücksformel oder wie die guten Gefühle entstehen*, 9. Aufl., Reinbek bei Hamburg 2005.

KLUGE, Friedrich, *Etymologisches Wörterbuch der deutschen Sprache*, 22. Aufl., Berlin–New York 1989.

KOCHINKA, Alexander, *Emotionstheorien. Begriffliche Arbeit am Gefühl*, Bielefeld 2004.

KÖNIG, René, Johannes WINCKELMANN (Hg.), *Max Weber zum Gedächtnis. Materialien zur Bewertung von Werk und Persönlichkeit*, Köln–Opladen 1963.

KOMPA, Ain, Assessment Center, in: Eduard GAUGLER, Walter OECHSLER; Wolfgang WEBER (Hg.), *Handwörterbuch des Personalwesens*, 3. Aufl., Stuttgart 2004, 473–383.

KRELL, Gertraude, *Vergemeinschaftende Personalpolitik: Normative Personallehren, Werksgemeinschaft, NS-Betriebsgemeinschaft, Betriebliche Partnerschaft, Japan, Unternehmenskultur*, München–Mering 1994.

KRELL, Gertraude, Zur Analyse und Bewertung von Dienstleistungsarbeit. Ein Diskussionsbeitrag, in: *Industrielle Beziehungen* 8, 2001, 9–36.

KRELL, Gertraude, Die Ordnung der „Humanressourcen" als Ordnung der Geschlechter, in: Richard WEISKOPF (Hg.), *Menschenregierungskünste*, Wiesbaden 2003, 65–90.

KRELL, Gertraude, Symbole, Rituale und Zeremonien als Praktiken vergemeinschaftender Personalpolitik, in: Christoph WULF, Jörg ZIRFAS (Hg.), *Rituelle Welten*, Paragrana, Internationale Zeitschrift für Historische Anthropologie, Band 12, 2003, Heft 1 und 2, 524–538.

KRELL, Gertraude, „Vorteile eines neuen, weiblichen Führungsstils": Ideologiekritik und Diskursanalyse, in: Gertraude KRELL (Hg.), *Chancengleichheit durch Personalpolitik*, 4. Aufl., Wiesbaden 2004, 377–392.

KRELL, Gertraude, Gefühl und Geschlecht in Bürokratie, Gemeinschaft und ICH-AG, in: Ursula PASERO, Birger P. PRIDDAT (Hg.), *Organisationen und Netzwerke: Der Fall Gender*, Wiesbaden 2004, 65–92.

KRELL, Gertraude, Richard WEISKOPF, Leidenschaften als Organisationsproblem, in: Georg SCHREYÖGG, Jörg SYDOW (Hg.), *Managementforschung 11: Emotionen und Management*, Wiesbaden 2001, 1–45.

KRÜGER, Christa, „Doppelsternpersönlichkeiten". Konzept einer Partner-Ehe, in: Bärbel MEURER (Hg.), *Marianne Weber. Beiträge zu Werk und Person*, Tübingen 2004, 59–76.

KÜPERS, Wendelin, Jürgen WEIBLER, *Emotionen in Organisationen*, Stuttgart 2005.

KUTTER, Peter, *Liebe, Hass, Neid, Eifersucht. Eine Psychoanalyse der Leidenschaften*, 2. Aufl., Göttingen 1998.

LEE, John A., Love-stiles, in: Robert J. STERNBERG, Michael L. BARNES (Hg.), *The psychology of love*, New Haven 1988, 38–68.

LEIDIG, Holger Andreas (Hg.), *Leidenschaften: zum 65. Geburtstag von Hans Peter Dreitzel*, Berlin 2001.

LEIRIS, Michel, *Leidenschaften. Prosa, Gedichte, Skizzen und Essays*, Frankfurt a. M. 1992.

LELORD, François, Christophe ANDRÉ, *Die Macht der Emotionen und wie sie unseren Alltag bestimmen*, München 2005.

LEMKE, Thomas, *Eine Kritik der politischen Vernunft. Foucaults Analyse der modernen Gouvernmentalität*, Berlin–Hamburg 1997.

LEMKE, Thomas, Antwort auf die Frage: Ist Foucaults „Geschichte der Wahrheit“ eine wahre Geschichte, in: Hannelore BUBLITZ, Andrea D. BÜHRMANN, Christine HANKE, Andrea SEIER (Hg.), *Das Wuchern der Diskurse. Perspektiven der Diskursanalyse Foucaults*, Frankfurt a. M. 1999, 177–193.

LEMKE, Thomas, Susanne KRASMANN, Ulrich BRÖCKLING, Gouvernementalität, Neoliberalismus und Selbsttechnologien. Eine Einleitung, in: Ulrich BRÖCKLING, Susanne KRASMANN, Thomas LEMKE (Hg.), *Gouvernementalität der Gegenwart. Studien zur Ökonomisierung des Sozialen*, Frankfurt a. M. 2000, 7–40.

LEPSIUS, M. Rainer, Mina Tobler, die Freundin Max Webers, in: Bärbel MEURER (Hg.), *Marianne Weber. Beiträge zu Werk und Person*, Tübingen 2004, 77–89.

LINSTEAD, Stephen, Getting Past the Post? Recalling Ismism, in: Stephen LINSTEAD (Hg.), *Organization Theory and Postmodern Thought,* London 2004, 173–177.

LODEN, Marylin, *Als Frau im Unternehmen führen – Feminine Leadership*, Freiburg i. Br. 1988.

LOEWENSTEIN, Karl, Persönliche Erinnerungen an Max Weber [1920], in: René KÖNIG, Johannes WINCKELMANN (Hg.), *Max Weber zum Gedächtnis*, Köln–Opladen 1963, 48–53.

LOYOLA, Ignatius von, *Geistliche Übungen*, nach dem spanischen Urtext übersetzt von Peter KNAUER, 3. Aufl., Würzburg 2003 [1548].

LOYOLA, Ignatius von, *Satzungen der Gesellschaft Jesu*, Frankfurt a. M. 1980 [1544].

LUHMANN, Niklas, *Liebe als Passion. Zur Codierung der Intimität*, 5. Aufl., Frankfurt a. M. 1999.

LUTZ, Catherine A., Lila ABU-LUGHOD (Hg.), *Language and the politics of emotion*, Cambridge u. a. 1990.

MANTHEY, Helga, *Der Neue Man(n)ager. Effizienz und Menschlichkeit*, Berlin 1992.

MATALA DE MAZZA, Ethel, *Der verfaßte Körper. Zum Projekt einer organischen Gemeinschaft in der Politischen Romantik*, Freiburg i. Br. 1999.

MATZAT, Wolfgang, *Diskursgeschichte der Leidenschaft: Zur Affektmodellierung im französischen Roman von Rousseau bis Balzac*, Tübingen 1990.

MAYER, John D., Peter SALOVEY, David R. CARUSO, Emotional intelligence as Zeitgeist, as personality, and as a mental ability, in: Richard BAR-ON, John D. A. PARKER (Hg.), *The Handbook of Emotional Intelligence*, New York 2000, 92-117.

MAYER, John D., Peter SALOVEY, David R. CARUSO, Competing models of emotional intelligence, in Robert J. STERNBERG (Hg.), *Handbook of intelligence*, 2. Aufl., Cambridge, U. K. 2000, 396-420.

MAYRING, Philipp, Klassifikation und Beschreibung einzelner Emotionen, in: Dieter ULICH, Philipp MAYRING, *Psychologie der Emotionen*, Stuttgart u. a. 1992, 131–181.

MAYRING, Philipp, Geschichte der Emotionsforschung, in: Dieter ULICH, Philipp MAYRING, *Psychologie der Emotionen*, 2. Aufl., Stuttgart 2003, 11–29.

MAYRING, Philipp, Klassifikation und Beschreibung einzelner Emotionen, in: Dieter ULICH, Philipp MAYRING, *Psychologie der Emotionen*, 2. Aufl., Stuttgart 2003, 144–190.

MEES, Ulrich, Cornelia RHODE-HÖFT, Liebe, Verliebtsein und Zuneigung, in: Jürgen H. OTTO, Harald A. EULER, Heinz MANDL (Hg.), *Emotionspsychologie. Ein Handbuch*, Weinheim 2000, 239–252.

MESCHKUTAT, Bärbel, Monika HOLZBECHER, Sexuelle Belästigung und Gewalt: (K)ein Thema für Personalverantwortliche, in: Gertraude KRELL (Hg.), *Chancengleichheit durch Personalpolitik*, 4. Aufl., Wiesbaden 2004, 427–434.

MEYER, Max F., The whale among the fishes – the theory of emotions, in: *Psychological Review* 40, 1933, 292–300.

MILLER, James, *Die Leidenschaft des Michel Foucault. Eine Biographie*, Köln 1995.

MORGAN, Elaine, *The Decent Woman*, New York 1972.

MORGAN, Gareth, *Images of Organization*, Beverly Hills u. a. 1986.

MÜLLER-BÖLING, Detlef, *Die entfesselte Hochschule*, Gütersloh 2000.

MÜRI, Peter, *Dreidimensional führen mit Verstand, Gefühl und Intuition*, Thun 1990.

NECKEL, Sighard, Blanker Neid, blinde Wut? Sozialstruktur und kollektive Gefühle, in: *Leviathan* 27, 1999, 145–165.

NECKEL, Sighard, Emotion by design. Das Selbstmanagement der Gefühle als kulturelles Programm, in: *Berliner Journal für Soziologie* 15, 2005, 419–430.

NEUBERGER, Oswald, *Führen und geführt werden,* 3. Aufl. von *Führung*, Stuttgart 1990.

NEUBERGER, Oswald, Individualisierung und Organisierung. Die wechselseitige Erzeugung von Individuum und Organisation durch Verfahren, in: Günther ORTMANN, Jörg SYDOW, Klaus TÜRK (Hg.), *Theorien der Organisation. Die Rückkehr der Gesellschaft*, Opladen 1997, 487–522.

NEUBERGER, Oswald, *Führen und Führen lassen*, 6. Aufl. von *Führung*, Stuttgart 2002.

NIEMEYER, Jérôme, Vom Pionier-Unternehmen zum führenden New Media Dienstleister – das Beispiel Pixelpark AG, in: BERTELSMANN STIFTUNG, HANS-BÖCKLER-STIFTUNG (Hg.), *Praxis Unternehmenskultur. Herausforderungen gemeinsam bewältigen*, Band 6: Junge Unternehmen zukunftsfest machen, Gütersloh 2001, 41–69.

NIETZSCHE, Friedrich, Zum Capitel: Religion als décadence Nachgelassene Fragmente Frühjahr 1888, in: Giorgio COLLI, Mazzino MONTINARI (Hg.), *Friedrich Nietzsche. Nachgelassene Fragmente 1887–1889*, 2. Aufl., München und Berlin–New York 1999.

NUNNER-WINKLER, Gertrud (Hg.), *Weibliche Moral. Die Kontroverse um eine geschlechtsspezifische Ethik*, Frankfurt–New York 1991.

ODIORNE, George S., *Strategic Management of Human Resources. A Portfolio Approach*, San Francisco–London 1984.

OPITZ, Sven, *Gouvernementalität im Postfordismus: Macht, Wissen und Techniken des Selbst im Feld unternehmerischer Rationalität*, Hamburg 2004.

ORTLIEB, Renate, Barbara SIEBEN, River Rafting, Polonaise oder Bowling: Betriebsfeiern und ähnliche Events als Medien organisationskultureller (Re-)Produktion von Geschlechterverhältnissen, in: Gertraude KRELL (Hg.), *Chancengleichheit durch Personalpolitik*, 4. Aufl., Wiesbaden 2004, 449–456.

ORTMANN, Günther, Dekonstruktion und Organisation, in: Georg SCHREYÖGG (Hg.), *Organisation und Postmoderne. Grundfragen – Analysen – Perspektiven*, Wiesbaden 1999, 157–196.

ORTMANN, Günther, Emotion und Entscheidung, in: Georg SCHREYÖGG, Jörg SYDOW (Hg.), *Managementforschung 11: Emotionen und Management*, Wiesbaden 2001, 277–323.

ORTMANN, Günther, *Organisation und Welterschließung. Dekonstruktionen*, Wiesbaden 2003.

ORTMANN, Günther, *Regel und Ausnahme. Paradoxien sozialer Ordnung*, Frankfurt a. M. 2003.

ORWELL, George, *1984*, Frankfurt a. M. 1976 [1948].

OSTERKAMP, Ute, Zum Problem der Gesellschaftlichkeit und Rationalität der Gefühle/ Emotionen, in: *Forum Kritische Psychologie* 40, 1999, 3–49.

OSTHOLD, Paul, *Der Kampf um die Seele unseres Arbeiters*, Düsseldorf 1926.

OTTO, Jürgen H., Harald A. EULER, Heinz MANDL (Hg.), *Emotionspsychologie. Ein Handbuch*, Weinheim 2000.

OTTO, Jürgen H., Harald A. EULER, Heinz MANDL, Begriffsbestimmungen, in: Jürgen H. OTTO, Harald A. EULER, Heinz MANDL (Hg.), *Emotionspsychologie. Ein Handbuch*, Weinheim 2000, 11–18.

PALAVER, Wolfgang, Segen und Fluch der Konkurrenz, in: *actio catholica* 42, 1998, 39–48.

PALAVER, Wolfgang, *René Girards mimetische Theorie. Im Kontext kulturtheoretischer und gesellschaftspolitischer Fragen*, Münster u. a. 2003.

PALAVER, Wolfgang, Petra PÖSL (Hg.), *Passion in politics, economy and the media. In discussion with Christian Theology*, Wien 2005.

PARKER, Martin, David JERRY, The McUniversity: Organization, Management and Academic Subjectivity, in: *Organization* 2, 1995, 319–338.

PETERS, Tom, *Liberation Management. Necessary Disorganization for the Nanosecond Nineties,* New York 1992.

PETERS, Tom, *Top 50 Selbstmanagement. Machen Sie aus sich eine ICH AG*, München 2001.

PETERS, Tom, *Re-Imagine: Spitzenleistungen in chaotischen Zeiten*, Starnberg 2004.

PETERS, Tom, Nancy AUSTIN, *A Passion for Excellence. The Leadership Difference*, New York 1985.

PETERS, Tom, Nancy AUSTIN, *Leistung aus Leidenschaft. „A passion for Excellence". Über Management und Führung*, Hamburg 1986.

PETERS, Tom, Robert WATERMAN, *In Search of Excellence*, London 1982.

PETERS, Tom, Robert WATERMAN, *Auf der Suche nach Spitzenleistungen. Was man von den bestgeführten US-Unternehmen lernen kann*, 10. Aufl., Landsberg a. L. 1984.

PFALLER, Robert, *Die Illusionen der anderen. Über das Lustprinzip in der Kultur*, Frankfurt a. M. 2002.

PONGRATZ, Hans J., G. Günter VOSS, *Arbeitskraftunternehmer: Erwerbsorientierungen in entgrenzten Arbeitsformen*, Berlin 2003.

POSTL, Gertrude, „Rationalität" und „Gefühl" im feministischen Diskurs. Zur Bewahrung und Überwindung eines Erklärungsmodells, in: Ursula Marianne ERNST, Charlotte ANNERL, Werner W. ERNST (Hg.), *Rationalität, Gefühl und Liebe im Geschlechterverhältnis*, Paffenweiler 1995, 111–124.

RASTETTER, Daniela, *Sexualität und Herrschaft in Organisationen. Eine geschlechtervergleichende Analyse*, Opladen 1994.

RASTETTER, Daniela, Die Entsexualisierung der Organisation, in: *Soziale Welt* 50, 1999, 169–185.

RASTETTER, Daniela, Emotionsarbeit – Betriebliche Steuerung und individuelles Erleben, in: Georg SCHREYÖGG, Jörg SYDOW (Hg.), *Managementforschung 11: Emotionen und Management*, Wiesbaden 2001, 111–134.

RORTY, Amélie Oksenberg, From Passions to Emotions and Sentiments, in: *Philosophy* 57, 1982, 15–173.

ROSE, Nikolas, *Governing the Soul. The Shaping of the Private Self*, London–New York 1990.

ROSSET, Clément, *Regime der Leidenschaft*, Berlin 2002.

ROTHENBÜCHER, Karl, Gedenkrede bei Max Webers Bestattung am 17. Juni 1920, in: René KÖNIG, Johannes WINCKELMANN (Hg.), *Max Weber zum Gedächtnis*, Köln–Opladen 1963, 37–39.

ROUSSEAU, Jean-Jacques, *Diskurs über die Ungleichheit. Discours sur l'inegalité*. Kritische Ausgabe des integralen Textes. Mit sämtlichen Fragmenten und ergänzenden Materialien nach den Originalausgaben und den Handschriften neu editiert, übersetzt und kommentiert von Hans MEIER, 3. Aufl., Paderborn 1993 [1755].

SALOVEY, Peter, John D. MAYER, Emotional Intelligence, in: *Imagination, Cognition and Personality* 9, 1990, Heft 3, 185–211.

SANFORD, Kathleen, *Führen mit Liebe. Ein neuer Weg zur ganzheitlichen Managementpraxis*, Bern 1999.

SARASIN, Philipp, *Reizbare Maschinen. Eine Geschichte des Körpers 1765–1914*, Frankfurt a. M. 2001.

SARASIN, Philipp, *Geschichtswissenschaft und Diskursanalyse*, Frankfurt a. M. 2003.

SARASIN, Philipp, Geschichtswissenschaft und Diskursanalyse, in: Philipp SARASIN, *Geschichtswissenschaft und Diskursanalyse*, Frankfurt a. M. 2003, 10–60.

SARASIN, Philipp, Das obszöne Genießen der Wissenschaft: Über Populärwissenschaft und „mad scientists", in: Philipp SARASIN, *Geschichtswissenschaft und Diskursanalyse*, Frankfurt a. M. 2003, 231–257.

SARTRE, Jean-Paul, Entwurf einer Theorie der Emotionen, in: Jean-Paul SARTRE, *Die Transzendenz des Ego. Drei Essays*, Reinbek bei Hamburg 1964 [1939], 153–195.

SAUER, Birgit, „Politik wird mit dem Kopfe gemacht." Überlegungen zu einer geschlechtersensiblen Politologie der Gefühle, in: Ansgar KLEIN, Frank NULLMEIER (Hg.), *Masse–Macht–Emotionen*, Opladen–Wiesbaden 1999, 200–218.

SCHERER, Klaus R., Prolegomina zu einer Taxonomie affektiver Zustände: Ein Komponenten-Prozeß-Modell, in: Gerd LÜER (Hg.), *Bericht über den 33. Kongreß der Deutschen Gesellschaft für Psychologie in Mainz 1982*, Göttingen 1983, 415–423.

SCHLESIER, Renate, Das Schweigen der Sirenen, in: Christoph WULF, Dietmar KAMPER (Hg.), *Logik und Leidenschaft. Erträge Historischer Anthropologie*, Berlin 2002, 1089–1097.

SCHMIDGEN, Henning, *Das Unbewußte der Maschinen: Konzeptionen des Psychischen bei Guattari, Deleuze, Lacan*, München 1997.

SCHMIDT-ATZERT, Lothar, *Lehrbuch der Emotionspsychologie*, Stuttgart u. a. 1996.

SCHMIDT-ATZERT, Lothar, Struktur der Emotionen, in: Jürgen H. OTTO, Harald A. EULER, Heinz MANDL (Hg.), *Emotionspsychologie. Ein Handbuch*, Weinheim 2000, 30–44.

SCHMIDT-ATZERT, Lothar, Werner STRÖHM, Ein Beitrag zur Taxonomie der Emotionswörter, in: *Psychologische Beiträge* 25, 1983, 126–141.

SCHREYÖGG, Georg, Jörg SYDOW (Hg.), *Managementforschung 11: Emotionen und Management*, Wiesbaden 2001.

SCHREYÖGG, Georg, Jörg SYDOW, Vorwort, in: Georg SCHREYÖGG, Jörg SYDOW (Hg.), *Managementforschung 11: Emotionen und Management*, Wiesbaden 2001, VII–IX.

SCHRÖTER, Michael, Plagiatsvorwürfe und Paranoiaverdacht. Das bittere Ende einer wissenschaftlichen Freundschaft, in: Holger Andreas LEIDIG (Hg.), *Leidenschaften: zum 65. Geburtstag von Hans Peter Dreitzel*, Berlin 2001, 113–120.

SCHUMPETER, Josef, Max Webers Werk [1920], in: René KÖNIG, Johannes WINCKELMANN (Hg.), *Max Weber zum Gedächtnis*, Köln–Opladen 1963, 64–71.

SCHWENTKER, Wolfgang, Leidenschaft als Lebensform. Erotik und Moral bei Max Weber im Kreis um Otto Gross, in: Wolfgang J. MOMMSEN, Wolfgang SCHWENTKER (Hg.): *Max Weber und seine Zeitgenossen*, Göttingen–Zürich 1988, 661–681.

SCOTT, Alan, Organisation zwischen bürokratischer und charismatischer Revolution, in: Richard WEISKOPF (Hg.), *Menschenregierungskünste*, Wiesbaden 2003, 304–318.

SEYFFERT, Rudolf, *Der Mensch als Betriebsfaktor. Eine Kleinhandelsstudie*, Stuttgart 1922.

SIEBEN, Barbara, Emotionale Intelligenz – Golemans Erfolgskonstrukt auf dem Prüfstand, in: Georg SCHREYÖGG, Jörg SYDOW (Hg.), *Managementforschung 11: Emotionen und Management*, Wiesbaden 2001, 75–110.

SIEBEN, Barbara, Emotionale Intelligenz und Personalentwicklung: Eine Produktwarnung, in: Karlheinz GEISSLER, Stephan LASKE, Astrid ORTHEY (Hg.), *Handbuch Personalentwicklung*, München, 86. Ergänzungslieferung, Oktober 2003, 1–26.

SLOTERDIJK, Peter, *Eurotaoismus. Zur Kritik der politischen Kinetik*, Frankfurt a. M. 1989.

SMITH, Eliot R., Diane M. MACKIE, *Social Psychology*, New York 1995.

SOLOMON, Robert C., *Gefühle und der Sinn des Lebens*, Frankfurt a. M. 2000.

STEPHAN, Inge, Weiblichkeit, Wasser, Tod, in: Hartmut BÖHME (Hg.), *Kulturgeschichte des Wassers*, Frankfurt a. M. 1988, 234–262.

STERNBERG, Robert J., A triangular theory of love, in: *Psychological Review* 93, 1986, 119–135.

STEYRER, Johannes, Charisma in Organisationen, in: Georg SCHREYÖGG, Jörg SYDOW (Hg.), *Managementforschung 9: Führung neu gesehen*, Berlin–New York 1999, 143–197.

STOLZ, Heinz-Jürgen, Klaus TÜRK, Individuum und Organisation, in: Erich FRESE (Hg.), *Handwörterbuch der Organisation*, 3. Aufl., Stuttgart 1992, 841–855.

STRATHERN, Marilyn, >Improving Ratings<. Audit in the British University System, in: *European Review* 5, 1997, 305–326.

SUKALE, Michael, *Max Weber – Leidenschaft und Disziplin: Leben, Werk, Zeitgenossen*, Tübingen 2002.

THEWELEIT, Klaus, *Männerphantasien. Band 1: Frauen, Fluten, Körper, Geschichte*, Frankfurt a. M. 1977.

TÖNNIES, Ferdinand, *Gemeinschaft und Gesellschaft. Grundbegriffe der reinen Soziologie*, 2. Aufl., Berlin 1912.

TÜRK, Klaus, Thomas LEMKE, Michael BRUCH, *Organisation in der modernen Gesellschaft. Eine historische Einführung,*, Wiesbaden 2002.

ULICH, Dieter, Begriffsbestimmungen und Theoriediskussion, in: Dieter ULICH, Philipp MAYRING, *Psychologie der Emotionen*, Stuttgart u. a. 1992, 28–57.

ULICH, Dieter, *Das Gefühl. Einführung in die Emotionspsychologie*, 3. Aufl., Weinheim 1995.

VESTER, Heinz-Günther, *Emotion, Gesellschaft und Kultur. Grundzüge einer soziologischen Theorie der Emotionen*, Opladen 1991.

VINCENT-BUFFAULT, Anne, *Histoire de larmes*, Paris 1993.

VOGL, Joseph, *Kalkül und Leidenschaft. Poetik des ökonomischen Menschen*, München 2002.

VOSS, Christiane, *Narrative Emotionen. Eine Untersuchung über Möglichkeiten und Grenzen philosophischer Emotionstheorien*, Berlin 2004.

WÄCHTER, Hartmut, Zur Kritik an Peters und Waterman, in: *Die Betriebswirtschaft* 45, 1985, 608–609.

WALZER, Michael, *Vernunft, Politik und Leidenschaft. Defizite liberaler Theorie*, Frankfurt a. M. 1999.

WASSMANN, Claudia, *Die Macht der Emotionen. Wie Gefühle unser Denken und Handeln beeinflussen*, Darmstadt 2002.

WEBER, Claudia, Die Zukunft des Clans. Überlegungen zum japanischen Managementstil, in: Gertraude KRELL, Margit OSTERLOH (Hg.), *Personalpolitik aus der Sicht von Frauen – Frauen aus der Sicht der Personalpolitik*, 2. Aufl., München–Mering 1993, 148–172.

WEBER, Claudia, Welche Maske zu welcher Gelegenheit? Anmerkungen zur Debatte um Frauen im Management, in: Walter MÜLLER-JENTSCH (Hg.), *Profitable Ethik – Effiziente Kultur. Neue Sinnstiftungen durch das Management*, München–Mering 1993, 209–228.

WEBER, Marianne, *Max Weber. Ein Lebensbild*, 2. Aufl., Heidelberg 1950 [1926].

WEBER, Marianne, Vorbemerkung, in: Max WEBER, *Politik als Beruf*, Neudruck Stuttgart 2002 [1919], 3.

WEBER, Max, *Wirtschaft und Gesellschaft*, Tübingen 1922.

WEBER, Max, *Wissenschaft als Beruf*, 6. Aufl., Berlin 1967 [1919].

WEBER, Max, Richtungen und Stufen religiöser Weltablehnung, in: Max WEBER, *Soziologie. Universalgeschichtliche Analysen*, hg. und erläutert von Johannes WINCKELMANN, 5. Aufl., Stuttgart 1973 [1915], 441–483.

WEBER, Max, *Die protestantische Ethik*. Eine Aufsatzsammlung hg. von Johannes WINCKELMANN, Hamburg 1975 [1904/05].

WEBER, Max, *Politik als Beruf*, Neudruck Stuttgart 2002 [1919].

WEEDON, Chris, *Feminist Practice and Poststructuralist Theory*, Oxford 1987.

WEEDON, Chris, *Wissen und Erfahrung. Feministische Praxis und Poststrukturalistische Theorie*, Zürich 1990.

WEHLER, Hans-Ulrich, *Die Herausforderung der Kulturgeschichte*, München 1998.

WEIBLER, Jürgen, Symbolische Führung, in: Alfred KIESER, Gerhard REBER, Rolf WUNDERER (Hg.), *Handwörterbuch der Führung*, 2. Aufl., Stuttgart 1995, 2015–2026.

WEISKOPF, Richard (Hg.), *Menschenregierungskünste. Anwendungen poststrukturalistischer Analyse auf Management und Organisation*, Wiesbaden 2003.

WEISKOPF, Richard, Management, Organisation, Poststrukturalismus, in: Richard WEISKOPF (Hg.), *Menschenregierungskünste*, Wiesbaden 2003, 9–36.

WEISKOPF, Richard, Gouvernementabilität. Die Produktion des regierbaren Menschen in post-disziplinären Regimen, in: *Zeitschrift für Personalforschung* 19, 2005, 289–311.

WEISKOPF, Richard, Bernhard MARK-UNGERICHT, Strategy, perverted competition and social relations, in: *Global Business Review* 1, 2000, 193–296.

WIELAND-BURSTON, Joanne, *Chaotische Gefühle. Wenn die Seele Ordnung sucht*, München 1989.

WILLMOTT, Hugh C., Strength is Ignorance; Slavery is Freedom: Managing Culture in Modern Organizations, in: *Journal of Management Studies* 30, 1993, 515–552.

WILLMOTT, Hugh C., Managing the Academics: Commodification and Control in the Development of University Education in the U. K., in: *Human Relations* 48, 1995, 993–1027.

WINSCHUH, Josef, *Praktische Werkspolitik*, Berlin 1923.

WULF, Christoph, Dietmar KAMPER (Hg.), *Logik und Leidenschaft. Erträge Historischer Anthropologie*, Berlin 2002.

WUTHENOW, Ralph-Rainer, *Die gebändigte Flamme: Zur Wiederentdeckung der Leidenschaften im Zeitalter der Vernunft*, Heidelberg 2000.

ŽIŽEK, Slavoj, *Liebe deinen Nächsten? Nein, danke! Die Sackgasse des Sozialen in der Postmoderne*, Berlin 1999.

ŽIŽEK, Slavoj, *Die gnadenlose Liebe*, Frankfurt a. M. 2001.